CB064462

MATT ABRAHAMS

PREFÁCIO DE GIOVANNI BEGOSSI

PENSE RÁPIDO

FALE MELHOR

TRADUÇÃO DE **PEDRO KARP VASQUEZ**

COMO SE COMUNICAR BEM EM MOMENTOS DE PRESSÃO

AGIR

Título original: *Think Faster, Talk Smarter: How to Speak Successfully When You're Put on the Spot*

Copyright © 2023 by Matthew Abrahams LLC

Copyright da tradução © by Editora Nova Fronteira Participações S.A.

Direitos de edição da obra em língua portuguesa no Brasil adquiridos pela Agir, selo da Editora Nova Fronteira Participações S.A. Todos os direitos reservados. Nenhuma parte desta obra pode ser apropriada e estocada em sistema de banco de dados ou processo similar, em qualquer forma ou meio, seja eletrônico, de fotocópia, gravação etc., sem a permissão do detentor do copirraite.

Editora Nova Fronteira Participações S.A.
Av. Rio Branco, 115 — Salas 1201 a 1205 — Centro — 20040-004
Rio de Janeiro — RJ — Brasil
Tel.: (21) 3882-8200

Dados Internacionais de Catalogação na Publicação (CIP)

A159p   Abrahams, Matt
         Pense rápido, fale melhor: como se comunicar bem em momentos de pressão/ Matt Abrahams; tradução de Pedro Karp Vasquez. – 1 ed. – Rio de Janeiro: Agir, 2025.

         Título original: *Think faster, Talk Smarter: How to Speak Successfully When You're Put on the Spot*

         ISBN: 978.65.5837.187-8

         1. Comunicação. 2. Desenvolvimento pessoal. I. Vasquez, Pedro Karp. II. Título.

                                                    CDD: 793.7
                                                    CDU: 793.7

André Felipe de Moraes Queiroz – Bibliotecário – CRB-4/2242

Conheça outros livros da editora:

Para toda a minha família, meus professores, mentores e colaboradores.

Vocês me ajudaram a pensar mais rápido e a falar melhor.

*Não existe agonia maior do que guardar uma história
não contada dentro de você.*
— Maya Angelou

*Normalmente leva-se mais de três semanas para se preparar
um bom discurso improvisado.*
— Mark Twain

SUMÁRIO

Prefácio 11
Introdução 15

PARTE 1
O método "Pense rápido, fale melhor".
Seis passos para melhorar a comunicação espontânea 31

Capítulo 1 – Acalme-se: Dome a fera da ansiedade 33
Capítulo 2 – Destrave: Potencialize a mediocridade 53
Capítulo 3 – Redefina: Reflita sobre sua mentalidade 79
Capítulo 4 – Escute: Não fale por falar… Esteja presente 103
Capítulo 5 – Estruture: Planeje sua espontaneidade 125
Capítulo 6 – Foque: O palavrão da comunicação espontânea 149

PARTE 2
Falando melhor em situações específicas 175

Primeira aplicação: Falando sério em conversa fiada 177
Segunda aplicação: Brindes que atormentam
(e homenagens e apresentações também) 193
Terceira aplicação: Faça uma proposta (im)perfeita 205
Quarta aplicação: Dominando as sessões de perguntas
e respostas 219
Quinta aplicação: Feedback não falha 233

Sexta aplicação: A arte de pedir desculpas   247
Epílogo   261
Apêndice 1   267
Apêndice 2   271
Agradecimentos   273
Notas   277

Prefácio

NÃO PULE ESTE PREFÁCIO!

"Quero aprender a conversar." Foi com essa solicitação inusitada que um aluno da Suíça, que morava há catorze anos no Brasil, me surpreendeu durante uma aula de oratória. Não era um aluno qualquer, tratava-se do diretor jurídico de uma multinacional bilionária, alguém que já havia alcançado o topo na vida profissional. Ainda assim, o Senhor H., como vamos chamá-lo aqui para preservar sua identidade, enfrentava um desafio muito específico e pessoal: desejava ser "bom de papo", mais envolvente, capaz de improvisar e cativar pessoas durante conversas cotidianas.

Essa falta de desenvoltura na sua comunicação espontânea era um fantasma que o assombrava há tempos. "No meu país, somos muito reservados. Jamais expomos nada que possa comprometer nossa privacidade — talvez por isso os bancos suíços sejam tão famosos", ele explicou, com um sorriso tímido. Coincidentemente, naquele exato período, eu estava lendo o livro que agora você tem em mãos. Por um capricho curioso do destino, ele trazia a exata resposta para o dilema do Senhor H. *Hora de colocar esses ensinamentos à prova*, pensei.

Propus que ele aplicasse alguns dos princípios e das técnicas apresentados na obra em sua rotina. Para minha surpresa — e dele também —, apenas 24 horas depois, recebi uma mensagem animada: "Missão cumprida! Já conheci um Pelé, um Matheus, um Carlos, um Pablo e um Gabriel... Muito obrigado por me ajudar a fazer mais conexões através da arte da conversa."

Uma das vantagens de ser um ávido leitor de livros de oratória e desenvolvimento pessoal é conseguir identificar com total clareza quais autores apenas fazem um resumo de outras obras e quais realmente se propõem a dar uma contribuição única e inovadora. Após ler dezenas de obras sobre o tema, posso afirmar com certeza: o livro de Matt Abrahams pertence à segunda categoria e coloca o autor ao lado de escritores consagrados, como Dale Carnegie, Nicholas Boothman e Robert Cialdini, para citar alguns.

Abrahams, de modo brilhante, identificou algo óbvio, mas que passa despercebido por 99% dos estudiosos de comunicação: a maior parte da vida é improviso. Seja respondendo a uma pergunta após uma apresentação, seja conversando descontraidamente com amigos, a verdade é que raramente contamos com tempo de preparação ou roteiros para nos comunicar. Essa falta de uma estrutura a ser seguida faz muitas pessoas ficarem paralisadas. E é aqui que Abrahams brilha. O professor de Stanford não oferece **uma** estrutura, e sim mais de **dez estruturas práticas, simples e eficazes**, adaptáveis às mais diversas situações da vida cotidiana.

Quando comecei minha jornada no campo da comunicação, em 2010, enfrentei os mesmos medos e obstáculos que você pode estar encontrando agora. Momentos de paralisia diante de um público, aquele "branco" desconfortável e a constante autocrítica dizendo "Você não é bom o suficiente". Mas algo mudou quando percebi que a comunicação não é um dom reservado a poucos, e sim uma habilidade treinável e poderosa. Isso me permitiu deixar de ser um nerd antissocial e me tornar bicampeão brasileiro de oratória.

E se tem uma coisa que eu aprendi nessa caminhada é que, se eu consegui, qualquer um consegue. O sucesso pessoal e profissional que você procura está na comunicação que você ainda não domina, acredite.

Este livro é um guia prático que transforma o complexo em simples e o inatingível em possível. Dividido em duas partes, ele apresenta um método comprovado para pensar mais rápido e falar melhor. Na primeira parte, o autor explora seis passos fundamentais que vão desde domar a ansiedade até planejar sua espontaneidade.

Você descobrirá que a comunicação vai além das palavras: trata-se de presença, de escuta ativa e até mesmo do poder da pausa. Na segunda parte, o livro mergulha em situações específicas que todos enfrentamos. De conversas triviais a discursos desafiadores, passando por brindes, propostas comerciais e até o delicado ato de pedir desculpas. Cada capítulo é uma oportunidade de transformar sua comunicação da água para o vinho.

Se há algo que este livro faz de forma exemplar é ensinar que erros não são falhas, e sim degraus para o sucesso. Você aprenderá a reformular suas inseguranças, a lidar com pensamentos negativos e a ver a comunicação como um jogo cooperativo, no qual o objetivo é conectar, e não competir. Ao longo das páginas, você será desafiado a criar seu próprio "kit de comunicação espontânea", a construir histórias memoráveis e a transformar até as situações mais embaraçosas em oportunidades de crescimento. Não se trata de evitar o medo de falar em público, e sim enfrentá-lo com estratégias práticas, baseadas em ciência e em experiências reais.

Imagine um mundo onde sua mensagem é tão clara e impactante que as pessoas não só entendem, mas se sentem fortemente compelidas a agir. Um mundo onde você domina a fina arte de se comunicar de maneira espontânea, seja no calor de uma reunião inesperada, seja em uma homenagem improvisada, seja ao conduzir uma conversa casual com potencial de deixar uma marca profunda. Parece um sonho? Este livro está aqui para provar que é uma realidade ao alcance de todos.

Pense rápido, fale melhor não é apenas um livro sobre comunicação, é um convite para se tornar a melhor versão de si mesmo. Prepare-se para descobrir o poder transformador de ser ouvido, compreendido e, acima de tudo, lembrado. As ferramentas estão aqui. Agora, cabe a você usá-las para escrever a próxima grande história da sua vida.

Como Matt diz: o jogo começa na faixa preta.

Seja bem-vindo a essa jornada transformadora.

São Paulo/SP, 6 de janeiro de 2025
Giovanni Begossi, El Professor da Oratória.

Introdução

"O que *você* acha?"

Todos nós já nos vimos algum dia em uma saia justa diante dessa indagação aparentemente simples e inofensiva. Enquanto os outros esperam por nossa resposta, nos sentimos desconfortáveis, ansiosos ou até aterrorizados.

Pense em como você se sentiria caso a indagação "O que *você* acha" fosse...

- atirada no seu colo por seu chefe em uma reunião virtual com incontáveis participantes, em um momento em que você está mais interessado em finalmente almoçar do que discutir o assunto em questão.
- feita a você em voz alta em um elevador lotado, no momento em que vocês estão saindo de uma apresentação que foi sem dúvida malsucedida.
- feita a você em uma entrevista do emprego dos sonhos por um dos mais importantes executivos da empresa, no momento em que você almoça com ele e mais meia dúzia de integrantes da diretoria.
- direcionada casualmente a você por um professor célebre em meio a um auditório grande e cheio.

Esse tipo de pergunta inesperada nos intimida e nos coloca em uma situação complicada. Nós nos sentimos pressionados a responder rapidamente, com objetividade e uma pequena dose de carisma, se possível. Acima de tudo, o que queremos de verdade é não passar vergonha e evitar ser desmoralizados em público.

Vamos ser honestos: o que *realmente* pensamos quando alguém nos faz uma pergunta traiçoeira como essa é: QUE MERDA!

COMUNICAÇÃO ESPONTÂNEA OU *COMBUSTÃO* ESPONTÂNEA?

A necessidade de falar de forma espontânea ocorre inúmeras vezes no dia a dia, mesmo que ninguém nos peça com todas as letras que digamos o que pensamos. Estamos em uma festa de casamento e um dos convidados nos chama para fazer um brinde. Entramos em uma reunião virtual e, de repente, nos deparamos com o CEO da empresa querendo participar da conversa. Estamos em um coquetel chique e um colega nos apresenta a um importante cliente em potencial. Estamos fazendo uma apresentação e o moderador nos pede que fiquemos mais 15 minutos para uma rodada informal de perguntas e respostas.

Outras vezes nos encontramos em situações desafiadoras nas quais precisamos tomar decisões rápidas sobre assuntos importantes. Cometemos uma gafe e então precisamos encontrar um jeito de resolver a situação. O equipamento disponível para nossa apresentação falha e precisamos contornar o imprevisto de alguma forma. Falamos algo inadequado em um momento de frustração e agora precisamos pedir desculpas. Temos um lapso de memória e esquecemos o nome de alguém ou um argumento que estávamos prestes a apresentar.

Para um grande número de pessoas, a comunicação espontânea é simplesmente aterradora. Nos Estados Unidos, por exemplo, uma pesquisa recente demonstrou que as pessoas têm mais medo de falar em público do que de altura, de insetos, de agulhas, da escuridão, de zumbis, de fantasmas e de palhaços.[1] E esse pavor de falar em público se refere a uma palestra organizada com antecedência para um público específico. A pesquisa demonstrou que a ideia de falar em uma situação inesperada pode nos apavorar ainda mais, já que neste caso não pudemos preparar um roteiro ou rascunho para nos guiar.[2]

Até aqueles que não têm muito receio de falar em público ficam desconcertados quando cometem erros, não conseguem dar uma boa resposta a uma pergunta ou cativar a audiência em uma situação em que são obrigados a improvisar uma fala. A frustração em relação à nossa falta de habilidade em circunstâncias como essas é tão comum quanto a ansiedade em relação às futuras interações espontâneas. Ambas podem arruinar nossas melhores intenções de nos apresentar como os comunicadores preparados, entusiasmados e sensíveis que gostaríamos de ser.

OFUSCADOS PELOS REFLETORES

Eu gostaria que você tentasse algo: cruze os braços como você costuma fazer. Agora, cruze-os novamente, só que desta vez colocando o braço que estava por baixo por cima. Perceba como sente um estranhamento. Por um microssegundo você fica sem saber muito bem o que fazer com os braços. Sua mente se dissocia do seu corpo e você se sente confuso, talvez até um pouquinho assustado.

Ser colocado em uma saia justa com a responsabilidade de se comunicar pode provocar o mesmo tipo de desconforto. Assim como você sabe perfeitamente como cruzar os braços, em geral tem total clareza do que pretende dizer. Porém, quando a situação é inesperada — você está sendo pressionado em uma situação social —, você pode se sentir confuso, estressado, ameaçado. Seu instinto de "bater ou correr" é acionado, seu coração começa a acelerar, seus membros tremem e você se encontra em um estado que chamo de "encanamento revertido", no qual o que costuma ser seco (as palmas das mãos) se torna úmido e o que costuma ser úmido (sua garganta) se torna seco. Quando tenta se recuperar, você hesita, divaga, gagueja. Enxerga por caminhos que não levam a lugar nenhum. Olha para os pés ou se encolhe na cadeira. Fica inquieto e irrita o público com seus balbucios e pigarros.

Você pode até ficar completamente travado. Na Consumer Electronics Show, uma conceituada feira de tecnologia, de 2014, Michael Bay, diretor de *Armageddon* e da franquia *Transformers*, entre outros filmes, teve problemas com o teleprompter durante uma apresentação para investidores corporativos. Forçado a improvisar, Bay ficou praticamente mudo, ainda que estivesse expondo um assunto que conhecia melhor do que ninguém: os próprios filmes. Depois de divagar de forma atrapalhada durante algum tempo, encontrou forças apenas para gaguejar um pedido de desculpas e sair do palco. Um jornalista comentou maldosamente que o público não "teve um desgosto como esse desde *Transformers 2*".[3]

"FALAR DE IMPROVISO NÃO É MINHA PRAIA"

Depois, naquele mesmo dia, ao tentar explicar sua apresentação malsucedida, Michael Bay disse simplesmente: "Eu acho que palestras ao vivo não são a minha praia." Muitas pessoas acham que a habilidade de improvisar é um talento nato ou uma questão de personalidade — algo que alguns têm e outros, não. Dizemos a nós mesmos que não nascemos com o talento de falar com desenvoltura em público, alegando: "Sou tímido" ou "Sou uma pessoa de números, não de palavras". Pior ainda: alguns de nós chegamos a pensar que não somos bons ou inteligentes o suficiente.

Às vezes uma única experiência desastrosa é capaz de nos convencer de que somos maus comunicadores. Irma, uma bibliotecária na casa dos sessenta anos, desejava fazer um breve discurso no casamento de sua querida neta, previsto para ocorrer em alguns dias, mas sentia arrepios de pavor diante da possibilidade de ficar de pé e falar na frente dos convidados. Quando indaguei a respeito dos seus medos, Irma me explicou que tudo havia começado no ensino médio, quando respondeu a uma pergunta e a professora a humilhou diante de toda a turma afirmando: "Essa foi a pior e mais estúpida resposta que recebi de um estudante em uma aula."

Essa experiência não apenas impediu que Irma participasse de festas e eventos sociais desde então, como se tornou também um marco na vida dela. Irma decidiu se tornar bibliotecária pesquisadora precisamente porque sabia que, nesta profissão, seria pouco provável que acabasse em uma situação que exigisse falar de improviso. Pense a respeito disso por um momento: Irma estabeleceu sérias restrições em sua vida simplesmente pelo medo de repetir aquela única ocasião desastrosa em que precisou elaborar uma resposta na hora.

Talvez esse exemplo seja extremo, mas a verdade é que muitos de nós nos comportamos de modo parecido. Experiências malsucedidas nos fazem crer que somos incapazes de reagir de maneira apropriada, e acabamos temendo ter de falar de improviso mais uma vez. Em outras ocasiões um círculo vicioso pode se instalar: nosso emocional nos leva a nos expressar de modo ainda pior, o que nos deixa mais nervosos, inibindo nossa capacidade de reagir. Chega um momento em que a ansiedade ultrapassa os limites, o mantra "Eu não consigo fazer isso" se repete em nossa mente sem parar, e nos recolhemos nas sombras, deixando de comunicar nossas potenciais boas ideias. Procuramos nos sentar na última fileira do auditório ou na extremidade da mesa de reunião, desaparecemos nas reuniões virtuais, desligando câmeras e microfones.

Nossa pretensa inabilidade de nos comunicarmos espontaneamente pode arruinar nossa vida e carreira. Anos atrás, quando eu trabalhava para uma pequena startup na área da tecnologia, um colega meu (a quem chamarei de Chris) teve uma boa ideia para posicionar o produto principal da empresa. Como sua ideia era realmente ousada, envolvendo uma mudança total na estratégia da empresa, ela foi submetida a análises profundas. Quando os outros pediram que ele explicasse melhor o que tinha em mente, fazendo-lhe perguntas difíceis, porém necessárias, Chris congelou. Ele ficou nervoso e passou a dar respostas vagas, evasivas ou fora do tema. Decepcionados, o chefe e os colegas recusaram as propostas de Chris e questionaram sua capacidade. Ele acabou deixando a empresa. Seis meses mais tarde, quando uma nova equipe entrou, a empresa acabou adotando as mesmas ideias que haviam sido propostas por Chris. A diferença foi que a nova equipe teve firmeza para expor e defender com assertividade suas proposições.

PENSE RÁPIDO, FALE MELHOR

Estou escrevendo este livro porque existe esperança para Irma, Chris e toda e qualquer pessoa desafiada pela possibilidade de falar espontaneamente em público. Vejam a história de Archana, outra aluna minha, que lutou muito para conseguir interagir com os outros. Ao se mudar para os Estados Unidos e migrar para uma nova profissão, ela se sentia insegura e evitava se expressar verbalmente. "Eu me julgava com severidade", relembrou ela. "Ficava extremamente nervosa e então evitava me posicionar nas reuniões de trabalho." Não tardou para que percebesse que esse comportamento a estava colocando em uma posição de desvantagem, fazendo-a perder boas oportunidades para progredir na carreira.

Depois de se dedicar a aprender e dominar algumas técnicas comprovadamente eficazes, Archana achou que podia relaxar mais e expressar a própria personalidade. Silenciando as vozes críticas em sua mente, tornou-se mais confiante, o que lhe permitiu se posicionar com maior frequência e facilitou o ato de falar em público de modo improvisado. Em pouco tempo, ela começou a coordenar as reuniões de trabalho sem se sentir tão ansiosa. Quando um membro da equipe faleceu, Archana surpreendeu a si mesma ao se voluntariar para compartilhar algumas palavras gentis sobre o falecido.

Algumas pessoas são naturalmente mais extrovertidas, desinibidas, desenvoltas ou despreocupadas que outras. Porém, qualquer dificuldade que venhamos a ter nesse aspecto não precisa definir nosso destino. O que mais determina a maneira de nos comunicarmos de improviso não é um talento inato ou adquirido, e sim nossa postura em relação a esse desafio.

A maioria de nós encara a ideia de uma fala espontânea em público como assustadora, o que nos deixa frustrados e reticentes. Ao pensar nessas interações, acabamos nos desesperando, ficamos inseguros e tendemos a perder o controle da situação. Em outras palavras: nos transformamos em um obstáculo para nós mesmos. Caso consigamos aliviar a pressão, seremos capazes de nos posicionar de um modo melhor e, com a prática de alguns exercícios fundamentais, podemos nos tornar comunicadores mais habilidosos em qualquer situação não planejada. Podemos até nos destacar nesse tipo de situação, passando a *apreciá-las*. Todos nós somos capazes de aprender, como costumo dizer, a pensar mais rápido e falar melhor.

Não importa o quanto nos consideremos hábeis com as palavras e sociáveis, a partir do momento em que passamos a empregar o método "Pense rápido, fale melhor", nos tornamos cada vez mais confiantes e relaxados. É esse método que será apresentado neste livro, assim como algumas estruturas previstas para que você possa enfrentar contextos específicos, os quais eu também fornecerei.

Esse método é dividido em seis etapas.

Em primeiro lugar, devemos reconhecer aquilo que já sabemos: a comunicação em público, de forma mais ampla, e o discurso improvisado, de forma mais específica, são desafiadores e estressantes. Assim, é preciso desenvolver um sistema de gerenciamento da ansiedade para nos ajudar a lidar com o nosso nervosismo.

Em segundo lugar, precisamos refletir sobre nossas concepções acerca da comunicação verbal e como julgamos a nós mesmos e os outros, passando a encarar esse tipo de situação como uma oportunidade para estabelecer conexões e obter colaboração.

Em terceiro lugar, devemos nos permitir adotar mentalidades diferentes, arriscar e encarar os erros como "tomadas perdidas".

Em quarto lugar, precisamos escutar com atenção o que os outros estão dizendo (talvez não com palavras), ao mesmo tempo que nos sintonizamos com nossa voz interior e nossa intuição.

Em quinto lugar, precisamos aprimorar a maneira de nos expressar para tornar nossas falas mais objetivas, inteligentes e atraentes do que nunca.

Por fim, em sexto lugar, precisamos fazer nossos ouvintes se concentrarem na essência do que desejamos comunicar, tornando nossa fala cada vez mais precisa, relevante, concisa e acessível.

Podemos utilizar em nossa comunicação oral algumas das ferramentas que essas seis etapas nos fornecem, com o auxílio de algumas táticas valiosas. Contudo, e ainda mais importante, essas seis etapas representam as habilidades que precisamos desenvolver ao longo do tempo conforme nos preparamos para os desafios de falar em público de maneira espontânea, com os quais, mais cedo ou mais tarde, vamos nos defrontar. Muitos presumem que falar bem sob pressão requer algum tipo de talento natural, como pensamento ágil ou uma boa lábia. Ainda que algumas pessoas tenham essas habilidades naturalmente, os verdadeiros segredos para dominar o discurso de improviso são a *prática* e a *preparação*. Todos podemos nos tornar oradores de sucesso, basta dedicar tempo, aprender como deixar velhos hábitos para trás e fazer escolhas mais conscientes. Pode parecer paradoxal, mas o fato é que, para se expressar em público de forma espontânea, é preciso muita preparação e o aprimoramento das competências necessárias para cultivar nossas ideias e desenvolver nossa personalidade ao máximo.

Quando adquirimos uma nova habilidade, isso nos ajuda a aliviar a pressão que exercemos sobre nós mesmos. Lembre-se de que é preciso tempo para se tornar um comunicador excelente e capaz de enfrentar qualquer tipo de desafio. Você não deve se estressar tentando adquirir esse talento de uma hora para outra; basta saber que o simples fato de estar se empenhando em se aperfeiçoar nesta área já é digno de comemoração. Muitas pessoas nem mesmo pensam a respeito da comunicação espontânea, e, se chegam a pensar nisso, não têm coragem para tomar uma atitude. Ao passo que você não só *está* consciente do problema, como também tem coragem de enfrentá-lo, e prova disso é o fato de estar lendo este livro.

Tornar-se adepto da comunicação espontânea demanda paciência, comprometimento e refinamento, mas, como as pessoas que orientei e ensinei podem testemunhar, o impacto que isso pode ter em nossa vida é absolutamente transformador.

A VIDA NÃO É UM TED TALK

Um dos mitos mais inúteis e persistentes acerca da comunicação espontânea é a noção de que os melhores e mais carismáticos comunicadores se expressam com perfeição. Observe como os tão bem-

-sucedidos palestrantes do TED Talk são eloquentes, ainda que estejam se expressando de forma casual, sem consultar qualquer tipo de anotação. Ou observe como grandes líderes como Steve Jobs, ex-CEO da Apple, e a ex-primeira-dama Michelle Obama são carismáticos e convincentes quando falam para auditórios lotados.

Mas a verdade é que os TED Talks seguem um roteiro bastante preciso, que às vezes é até editado, e líderes como Steve Jobs e Michelle Obama ensaiam suas apresentações durante meses a fio. Costumamos confundir essas comunicações que foram planejadas e previamente lapidadas com aquilo que encontramos com mais frequência em nossa vida: falas espontâneas e comentários improvisados. Assim, avaliamos o que fazemos nessas situações corriqueiras com os mesmos parâmetros aplicados às apresentações ensaiadas. Isso é um erro. Em vez de buscar a perfeição, como fazemos com nossas apresentações, deveríamos aceitar nossas *imperfeições* e focar o melhor que podemos entregar em cada situação. Se nos policiarmos para reduzir nosso lado excessivamente crítico, poderemos diminuir o nível de estresse e alcançar mais dos nossos objetivos relacionados à comunicação.

Na verdade, se esforçar para criar a apresentação "perfeita" só faz aumentar as chances de nos comunicarmos imperfeitamente. Se tentarmos memorizar nosso caminho para o sucesso ou nos fixar em determinada maneira de falar, vamos nos preocupar tanto em lembrar exatamente o planejado que correremos o risco de congelar e nos desconectar do que está acontecendo a nossa volta. Perderemos a oportunidade de nos adaptar à situação e de responder de forma autêntica às demandas do momento. Nós nos distanciaremos daquilo que é preciso fazer para pensar mais rápido e falar melhor: ser autêntico, estar totalmente presente e estabelecer uma conexão real com o público.

Um pianista clássico que interpreta uma composição de Chopin memoriza antecipadamente até a última nota da partitura em busca da realização da performance perfeita. Falar espontaneamente em público, no entanto, tem mais a ver com o espírito do jazz: trata-se de improvisar e entrar em sintonia com aqueles que estão por perto. Para sermos bons improvisadores e comunicadores espontâneos, temos que abandonar uma série de conceitos acerca da comunicação verbal e dominar um novo conjunto de habilidades. Temos que reagir com agilidade e eficiência aos sinais que captamos no ambiente. Devemos perceber os anseios da audiência. Precisamos adaptar nossa fala para atender a essas demandas. E devemos administrar nossas inseguranças para impedir que elas nos limitem.

Isso não quer dizer que planejamento e ensaio não têm espaço na comunicação corriqueira. Eles têm. Mas alguns de nós já adquirimos essas habilidades — talvez até em excesso. Agora é preciso encontrar nosso equilíbrio desenvolvendo as capacidades necessárias para a comunicação espontânea também. Precisamos incorporar novas ferramentas e desenvolver novas abordagens capazes de transformar nossas ideias preconcebidas e nossos hábitos consolidados em *escolhas* que faremos de acordo com as necessidades do momento.

AS VIRTUDES DA LETRA *A*

Lembra-se de Irma, que decidiu ser bibliotecária depois de ter vivenciado uma experiência desagradável na escola? Eu passei por algo bastante diferente na juventude. Você deve ter percebido ao ver a capa deste livro que meu sobrenome começa com "Ab". Esse detalhe determinou minha vida de uma maneira que me ajudou a escrever o livro que você agora tem nas mãos. Como os professores e outras autoridades têm o hábito de chamar as pessoas pelo sobrenome em ordem alfabética, eu quase sempre era o primeiro a ser chamado. Para falar a verdade, só consigo me lembrar de duas ocasiões, na infância e na adolescência, em que isso *não* aconteceu (os sobrenomes que precederam o meu foram Abbott e Abbey, caso você esteja se perguntando).

Por ser sempre o primeiro a ser chamado, eu não podia contar com as respostas de outros alunos para formular a minha e, no geral, tinha pouquíssimo tempo para me preparar. Até no ensino fundamental eu era o garoto que sempre tinha que responder primeiro. No início foi esquisito, mas acabei me acostumando, passando a me soltar aos poucos, a improvisar, a arriscar uma piada ou outra. E o restante da turma ficava feliz em me ouvir compartilhar minhas ideias antes que o professor os chamasse.

Essa atitude positiva me inspirou a me arriscar mais, a ficar menos ansioso e a agarrar as oportunidades quando elas surgem. Quando cheguei ao ensino médio, já era conhecido como um garoto extrovertido, sempre disposto a falar e a ser o primeiro a expor as ideias. Alguns até chegavam a me considerar inteligente, divertido ou charmoso. Mas eu sou naturalmente inteligente, divertido ou charmoso? Lógico que não! Basta perguntar aos meus filhos e vocês terão a resposta... Eu apenas tive muitas oportunidades de falar de improviso no dia a dia, então essa prática constante tornou a comunicação espontânea muito natural para mim.

Eu desejo que *você* se torne tão confiante e relaxado ao falar em público de forma improvisada quanto eu me tornei. E o bom é que você não vai precisar mudar o sobrenome para conseguir isso.

DE STANFORD COM AMOR

Durante a década de 2010, os professores da Escola de Negócios de Stanford, onde leciono, perceberam uma interessante tendência. Muitos deles avaliam o conhecimento dos alunos chamando-os de surpresa e fazendo-os falar diante de dezenas ou mesmo centenas de estudantes. Nós costumamos passar alguns estudos de caso como dever de casa e então selecionar um ou mais alunos na turma para participar de uma sabatina tão grande que impressionaria até Sócrates.

Nossos alunos são brilhantes, articulados e motivados. São capazes de redigir e expor um discurso formal com enorme talento. Muitos deles fizeram ótimos discursos como oradores de turma, como parte das suas precedentes experiências profissionais. Apesar disso, diversos desses estudantes se apavoram com as chamadas aleatórias para falar diante da turma. Muitos chegam à sala de aula extremamente ansiosos, enquanto outros preferem nem comparecer quando pressentem que podem ser chamados. Eles tendem a congelar de medo quando estão sob pressão e têm dificuldade para elaborar uma resposta rápida, assertiva e inteligente, embora saibam exatamente o que devem dizer.

Sendo "o cara da comunicação", que dá aulas no programa da Escola de Negócios e Estudos Avançados de Stanford, me pediram que desenvolvesse uma nova ferramenta de ensino capaz de facilitar a interação social em sala de aula, para complementar a grade do curso já existente de comunicação formal. Mergulhei então no trabalho, lendo tudo o que pude encontrar sobre comunicação espontânea e consultando revistas acadêmicas nos campos da comunicação, psicologia, biologia evolucionária, sociologia e educação. Estudei também manuais de comédia improvisada, do tipo *stand-up*, e também exemplos de comunicação espontânea na política, na medicina e nos negócios, entre outros setores. Mais importante ainda: solicitei os conselhos dos meus colegas de Stanford, muitos dos quais você vai ver neste livro.

Combinei todo esse material com minhas experiências como professor do curso Estudos Avançados em Comunicação de Improviso de Stanford, e em parceria com o conferencista Adam Tobin, para criar uma oficina com o título provocativo de "Pense rápido, fale melhor: comunicação eficaz em situações estressantes de palestras espontâneas". Para minha surpresa e deleite, essa oficina acabou se tornando uma espécie de tradição na nossa escola de negócios. A maioria dos estudantes de MBA de Stanford agora aprende a pensar mais rápido e a falar melhor. Também apresentei esse material on-line, em vídeos e podcasts, e para empresas, instituições oficiais e organizações não governamentais para que um número cada vez maior de pessoas pudesse pensar mais rápido e falar melhor.

As respostas têm sido excelentes. Diversos estudantes afirmaram que passaram a aproveitar melhor as aulas, pois não temem mais ser chamados aleatoriamente para expor suas ideias diante da turma. Outras pessoas, que me encontraram on-line, confidenciaram que minhas técnicas as ajudaram a fazer entrevistas de trabalho excelentes, arrasar nas reuniões, passar nos exames orais, conquistar novos clientes, impressionar os chefes e até a ficar noivas. Clientes corporativos relataram que as ferramentas que ofereço no curso possibilitaram que tivessem uma comunicação melhor, relações pessoais mais sólidas, um ambiente de trabalho mais agradável e, por fim, resultados mais positivos nos negócios.

E se *você* pudesse se sentir mais confortável e confiante em situações em que a comunicação espontânea é exigida? E se o fato de ser escolhido para falar não fosse uma provação ou um fardo, e sim uma oportunidade para aprender, se envolver, se conectar e até se divertir? E se conseguisse eliminar todas as suas inseguranças, o suor nas mãos e as pausas angustiantes e passasse a se comunicar de forma mais lógica, objetiva e atraente? E se pudesse aproveitar essas situações para pensar mais rápido e falar melhor?

Agora você pode. "Pense rápido, fale melhor" é um método conciso e prático que qualquer pessoa pode utilizar para finalmente se sentir bem quando tiver que falar de improviso. A primeira parte expõe um poderoso método dividido em seis etapas para a compreensão dos obstáculos que normalmente costumam interferir na comunicação espontânea. Vou mostrar como identificar os maiores desafios que aumentam a pressão nas situações em que é preciso improvisar uma fala. Embora você talvez nunca tenha pensado a respeito desses obstáculos, eles surgem com frequência em meu trabalho com universitários, empresários e líderes que atuam em diversas áreas. Você vai aprender a controlar sua ansiedade (Capítulo 1: Acalme-se), a impedir que o perfeccionismo o paralise (Capítulo 2: Destrave) e a eliminar conceitos limitantes e persistentes (Capítulo 3: Redefina). Em seguida, compartilharei táticas e ferramentas que você poderá usar para se superar. Você vai aprender a escutar o seu público e a perceber o que é realmente necessário em cada caso (Capítulo 4: Escute), a organizar o pensamento em um segundo (Capítulo 5: Estruture) e a aperfeiçoar suas ideias para que elas se tornem mais precisas e atraentes (Capítulo 6: Foque).

Na segunda parte, serão analisados os contextos mais usuais em que uma pessoa é convocada a improvisar uma fala. Vou explorar técnicas específicas para contornar os desafios mais comuns da comunicação verbal, como elaborar uma avaliação eficiente e arrasar nas entrevistas. Vou descrever as estratégias que usei ao capacitar empreendedores a encontrar o tom adequado para a exposição dos seus projetos e ideias; para se inserir em conversas animadas; para fazer brindes, homenagens e apresentações que os ouvintes adorem; e até para elaborar pedidos de desculpas que tenham um grande impacto. Eu incluí um resumo desses sistemas no primeiro apêndice.

Já no segundo apêndice, compartilho um QR Code que direcionará você para o site de *Think Faster, Talk Smarter* [em inglês], no qual posto sempre novos materiais e vídeos debatendo ou demonstrando as ideias contidas neste livro e também outras perspectivas.

Caso tenha procurado esta leitura com o objetivo de se preparar para uma oportunidade específica de falar em público, talvez queira pular direto para a segunda parte ou os apêndices, e não há problema algum nisso. Mas não se esqueça de que as estratégias mais básicas para transformar suas habilidades de comunicação estarão esperando por você na primeira parte.

Nesse meio-tempo, vou desafiar as ideias preconcebidas e oferecer técnicas contraintuitivas para ajudá-lo a superar qualquer armadilha que encontrar nos momentos em que precisar falar de improviso em público. Para tornar esse material mais fácil de lembrar, vou destacar táticas específicas que devem ser testadas (vou intitulá-las: "Tente isso"), bem como exercícios para possibilitar a prática mais aprofundada de ferramentas fundamentais ("Pratique isso"). Como vou sugerir, você pode usar essas técnicas para se recuperar de antigos fracassos, neutralizar situações explosivas, receber ou dar más notícias de maneira mais sensível, flertar com aquela pessoa atraente que chamou sua atenção, brilhar em coquetéis e se comunicar de modo geral de maneira mais eficaz, afetuosa e charmosa em qualquer evento social.

DANDO A VOLTA POR CIMA DE IMEDIATO

É claro que não posso prometer que você se sairá perfeitamente bem em todas as ocasiões só porque aprendeu as técnicas apresentadas aqui. Mas, para ser sincero, eu não iria querer que você tivesse um desempenho espetacular todas as vezes. Digo isso porque situações espontâneas são, por definição, espontâneas... Aqueles que se saem melhor são flexíveis, ágeis e criativos ao fazer uso das técnicas e das ferramentas que vou apresentar. Eles são capazes de ajustar a fala de acordo com o público. Ainda assim, o fato de ter uma metodologia eficiente guardada na manga fará uma grande diferença diante dos desafios que a vida possa lhe oferecer. Isso deixa você mais confortável e confiante ao se deparar com qualquer situação de discurso de improviso, já que terá uma base sólida para superar obstáculos que, de outra forma, pareceriam intransponíveis.

Dominar a arte da comunicação espontânea é como aprender um esporte. Primeiro é preciso assimilar os princípios fundamentais e depois aplicá-los nas situações práticas com as quais você for confrontado. Você pode não conseguir um gol de placa durante um jogo decisivo ou bater o pênalti da vitória, mas será capaz de ter sempre bom desempenho em todas as partidas e sentir-se satisfeito consigo mesmo.

O segredo consiste em acreditar no seu treinamento e se permitir arriscar, desafiar aquilo com que já esteja habituado e experimentar. Não é preciso abandonar tudo o que você sabe, basta explorar e incorporar uma abordagem alternativa para se familiarizar com uma área da comunicação que tem sido sistematicamente ignorada. Use esse livro como um guia para sua prática contínua. Consulte-o antes de sua próxima palestra importante, cerimônia de casamento, reunião corporativa, viagem de trabalho, aparição na mídia — qualquer situação em que você preveja a possibilidade de ser convocado a improvisar uma fala e deseje se sair bem. Ao incorporar as novas técnicas e ferramentas às suas habilidades de comunicação, você será capaz de falar com brilhantismo em qualquer circunstância.

É engraçado como nós, humanos, não somos preparados para enfrentar alguns dos momentos mais importantes da vida. Esses momentos nos pegam de surpresa, causando um curto-circuito em nosso cérebro que nos faz demonstrar apenas uma pequena fração de nossa verdadeira personalidade. Todavia, podemos fazer algo a respeito disso. Podemos aprender a reagir rapidamente diante de uma audiência, expressando-nos de forma inteligente, coerente, interessante e indiscutivelmente autêntica. Podemos aprender a ser realmente quem somos e a expressar mais daquilo que de fato pensamos. Vamos em frente, então. Ao assimilar e aplicar as seis técnicas que se seguem, você também será capaz de pensar mais rápido e falar melhor.

PARTE 1

O método "Pense rápido, fale melhor"

Seis passos para melhorar a comunicação espontânea

- Acalme-se • Destrave
- Redefina • Escute
- Estruture • Foque

Capítulo 1: Acalme-se
DOME A FERA DA ANSIEDADE

Com um pouco de esforço, podemos dominar nossa ansiedade em relação à comunicação espontânea para que ela não nos domine.

Descascar cebolas quase sempre me faz chorar, mas muito tempo atrás uma cebola me causou uma reação emocional muito diferente: pânico total! Eu estava participando de um processo seletivo para a posição número 99 em uma empresa de software bastante promissora. Eu havia ido bem em todas as etapas, e a última era uma entrevista com o CEO, que se orgulhava de entrevistar pessoalmente todos os funcionários que a firma pretendia contratar.

Quando cheguei na hora marcada, já encontrei o chefão à minha espera. Isso me deixou um pouco desconcertado — pela minha experiência, executivos poderosos eram tão ocupados que costumavam chegar atrasados em todos os compromissos. Mas eu estava prestes a ser surpreendido de novo, dessa vez de um jeito mais sério. Em menos de dois minutos de conversa, o CEO me fez uma pergunta que eu nunca poderia ter imaginado (depois descobri que ele era conhecido por fazer perguntas sem respostas precisas justamente para ver como as pessoas reagiam sob pressão). "Se você fosse uma cebola e eu descascasse suas três primeiras camadas, o que eu encontraria?", indagou.

Bem... Ok. Eu esperava conversar sobre a minha formação acadêmica, minhas experiências profissionais, meus objetivos e por que a empresa deveria me contratar. Então por que ele estava me perguntando a respeito de cebolas?

Apesar de toda a experiência em falar de improviso que eu adquirira nos meus tempos de estudante, me vi num dilema do tipo "bater ou correr", como a maioria das pessoas encara situações desse tipo. Meus ombros ficaram tensos. Minha garganta secou. Meu cérebro entrou em pane. Fiquei ansioso e suando frio. Eu queria muito me sair bem na entrevista, mas estava sendo vencido pelo nervosismo. Eu não tinha a menor ideia do que dizer.

FALANDO BEM SEM SE APAVORAR

Para nos aperfeiçoarmos em comunicação espontânea, ou em qualquer outro tipo de comunicação, devemos aprender em primeiro lugar a controlar a intensa ansiedade que pode se manifestar. Como eu já mencionei, um ataque de nervos pode nos dominar, consumindo nossa energia, nossa atenção e nossa capacidade de ação.[1] Corremos o risco, inclusive, de sermos aprisionados no que pode ser definido como uma *espiral de ansiedade*, pois ela pode nos fazer sentir culpa e perder a confiança em nós mesmos — nos sentimos solitários, enfraquecidos, marginalizados, o que só aumenta esse sentimento.[2] Em casos extremos, podemos travar quando colocados contra a parede para falar de improviso. Nossa ansiedade supera nossa capacidade de lidar com a situação.[3]

A boa notícia é que há técnicas capazes de reduzi-la e, assim, nos tornar mais capazes de comunicar nossas ideias em qualquer circunstância sem que a ansiedade leve a melhor sobre nós. E também podemos nos tornar mais atraentes e convincentes para os outros.

O objetivo não é aniquilar totalmente esse sentimento, mas sim impedir que ele nos prejudique. Algumas situações sempre vão nos desesperar, e isso é normal, pois um pouco de ansiedade não deixa de ser algo positivo. Estresse demais compromete o desempenho, mas pesquisas recentes demonstraram que, em uma dose moderada, ele pode nos motivar.[4] Quando nos sentimos um pouco estressados ou assustados, nosso corpo se energiza e se prepara para entrar em ação, nossa mente fica mais alerta e focada e passamos a prestar mais atenção às pessoas que nos cercam. Pesquisas realizadas com ratos demonstraram que a exposição ao estresse ajuda a melhorar a memória, levando o cérebro a desenvolver novas conexões cerebrais.[5]

Pela minha experiência, a melhor maneira para domar o monstro da ansiedade é adotar uma abordagem de duas vertentes. Em primeiro lugar, é preciso combater os *sintomas* que se manifestam na ocasião. Em seguida é necessário tratar das *origens* ocultas dessa emoção. Neste capítulo nos concentraremos nos sintomas e, mais adiante, vamos discutir as principais fontes de ansiedade. No que diz respeito aos sintomas, algumas técnicas simples podem ser de grande ajuda. Utilizando-as nos momentos de ansiedade ou antes de situações que exigirão uma resposta rápida, poderemos nos sentir mais confortáveis e confiantes, nos tornando capazes de enfrentar o desafio de maneira mais eficiente. Na próxima vez que estivermos em uma entrevista de emprego ou em qualquer outra situação de comunicação espontânea e formos surpreendidos por uma pergunta relativa às camadas de uma cebola, estaremos mais preparados para enfrentá-la.

DOMINANDO SEU ABC

Ao longo dos anos, registrei boa parte dos sintomas que as pessoas manifestam quando estão ansiosas. É possível agrupá-los em algumas categorias, que podem ser consideradas o ABC da ansiedade da comunicação espontânea.[6]

Quando os outros nos colocam em uma saia justa, experimentamos sintomas *afetivos*, aqueles relacionados ao nosso humor e a como nos sentimos. As pessoas que se encontram em uma situação complicada geralmente ficam estressadas, assustadas e sem reação. Elas se sentem vulneráveis, sobrecarregadas e pressionadas.

Nós também demonstramos sintomas de natureza *comportamental* ou fisiológica. Suamos, trememos, gaguejamos. O coração acelera. A voz falha, nossa respiração fica entrecortada. Tendemos a falar rápido demais, de modo mais agitado. Ficamos corados. Nossa boca seca.

A terceira e última categoria de sintomas é de ordem *cognitiva*. Nós nos sentimos confusos, travamos ou nos esquecemos daquilo que desejávamos ou precisávamos falar. Focamos o fato de que estamos sendo observados e não conseguimos nos concentrar naquilo que as pessoas esperam de nós. Somos dominados por pensamentos negativos, oprimidos por uma voz interior afirmando que não estamos preparados, que vamos fracassar, que os outros são muito mais capacitados do que nós, e assim sucessivamente.

ATENÇÃO PLENA IMPORTA

Vamos explorar como devemos lidar com esses sintomas, começando por aqueles de natureza afetiva. Uma maneira poderosa de neutralizar os sentimentos e os pensamentos negativos que nos afligem em momentos de dificuldade é praticar a atenção plena [*mindfulness*, em inglês].[7] Constate e reconheça esse tipo de pensamento. Não os ignore ou os renegue, e não impeça a si mesmo de experienciá-los. Tente neutralizá-los no exato momento em que os vivencia, afirme a própria determinação de impedi-los de definirem quem você é. S. Christian Wheeler, professor da Universidade de Stanford, relatou: "Ali estava eu e então havia aquele sentimento de ansiedade dominando meu corpo. O distanciamento psicológico nos permite observar o sentimento sem nos agarrarmos a ele."[8]

TENTE ISSO

Da próxima vez que sentir uma emoção negativa, como a ansiedade, lembre-se de que sua emoção não o define. Imagine que você é outra pessoa o observando sentir isso.

Reconheça seus sentimentos de cabeça erguida, lembrando-se de que é normal e natural sentir-se ansioso e que a maioria das pessoas no seu lugar sentiria o mesmo. Você pode dizer a si mesmo: "Agora eu estou nervoso. Estou assim porque isso representa um grande desafio para mim, uma vez que minha reputação está em jogo. Essa é uma reação totalmente lógica e normal." Ao se permitir constatar e identificar como seu cérebro e seu corpo estão reagindo, você consegue reassumir o controle da situação, evitando sentir-se distraído e perdido. Ao afirmar que seus sentimentos de angústia são perfeitamente normais e naturais, você evita que a emoção assuma o controle e acabe causando problemas. Você se permite se libertar da opressão e ajudar a si próprio, respirando fundo ou ponderando sobre o que vai responder quando alguém fizer uma pergunta.

Ao se conscientizar em relação ao que sente, você pode ir além e modificar seus sentimentos de maneira mais positiva, para deixá-lo mais energizado do que paralisado. A maioria das pessoas que fica nervosa antes de falar em público pensa que deve tentar se acalmar. Muitas apelam para o álcool ou outras substâncias; outras recorrem a visualizações tais como o célebre conselho de imaginar o público "usando apenas roupas íntimas".[9] Mas essas medidas causam mais mal do que bem, pois nos deixam confusos ou distraídos. Como minha amiga e professora Alison Wood Brooks sugere, um método mais eficiente é o de transformar ansiedade em entusiasmo. Ela realizou uma série de experimentos demonstrando que as pessoas que dizem a si mesmas que estão animadas (repetindo em voz alta "eu estou animada") antes de falar em público melhoraram seu desempenho. Elas também se mostraram mais entusiasmadas ao encararem esse desafio não como uma ameaça, mas como uma oportunidade (vou aprofundar esse tema mais adiante).[10]

Acontece que os efeitos da ansiedade em nosso corpo são muito parecidos com os provocados pela empolgação. Essas duas emoções nos colocam em um estado de "alerta máximo". Assim como ocorre com o *mindfulness*, transformar a ansiedade em algo estimulante nos faz sentir no controle da situação. Não podemos controlar nossa reação fisiológica primária de encarar o fato de falar em público como uma ameaça, mas podemos administrar a forma como a assimilamos e lidamos com ela. Ter essa sensação de controle nos faz ver de outra forma a experiência de falar em público, ajudando a melhorar nosso desempenho.

DESACELERE, ACALME-SE E EQUILIBRE-SE

Um método amplamente comprovado para controlar problemas comportamentais é concentrar-se na respiração. Faça longas e profundas respirações abdominais, do tipo que faria se estivesse praticando yoga ou tai chi chuan. Esforce-se para realmente encher seu abdômen ao inalar e perceberá que, ao respirar dessa forma, você vai se sentir gradativamente mais calmo, seu ritmo cardíaco ficará mais controlado e sua fala, mais tranquila.

Ao respirar, concentre-se na duração da inspiração e da expiração. Eu tive o privilégio de contar com a participação do neurocientista Andrew Huberman no meu podcast *Think Fast, Talk Smart*, e ele observou o seguinte: o efeito mágico da respiração profunda para aliviar a ansiedade ocorre no momento da expiração. Ao expirar, você estará reduzindo o nível de dióxido de carbono nos pulmões, o que acalma o sistema nervoso. Uma boa estratégia nestes casos é tentar fazer a expiração ser duas vezes mais longa do que a inspiração. Você pode contar até três ao inspirar e até seis ao expirar. Diversos estudos demonstraram que realizar respirações profundas dessa forma pode acalmar o sistema nervoso em questão de segundos.[11] Use esse método de respiração duas ou três vezes seguidas e o seu ritmo cardíaco vai começar a desacelerar.

Você vai perceber que a velocidade da sua fala também se reduzirá. Falar tem a ver com respiração e seu controle sobre ela. Quanto mais rápido você respira, mais acelerada se torna sua fala. Desacelere a respiração, e sua fala se tornará automaticamente mais calma.

Se você fala rápido demais, vai descobrir que apenas a respiração profunda não será capaz de corrigir isso. Nesse caso, tente desacelerar também os seus movimentos corporais — os gestos das mãos, a forma de balançar a cabeça, de girar o tronco e assim por diante. Nós tendemos a sincronizar nossa fala com nossos movimentos corporais. Quem dispara as palavras em alta velocidade também gesticula no mesmo ritmo, com gestos abruptos. Desacelere seus movimentos, e sua fala vai desacelerar na mesma proporção.

Como parte do instinto de bater ou correr, nosso corpo libera adrenalina, o hormônio que nos possibilita escapar de uma ameaça em busca de abrigo. A adrenalina aumenta o ritmo cardíaco, contrai os músculos e os deixa trêmulos. Essa sensação de tremor pode ser diminuída se dermos alguns passos ou fizermos pequenos gestos com as mãos, o que reduz nossa necessidade de movimento.[12] Caso você precise fazer um brinde inesperado em uma cerimônia de casamento, tente andar lentamente de um lado para o outro enquanto fala. (Já reparou como os advogados nas séries de TV sempre andam de um lado para o outro quando devem responder a algum questionamento do juiz ou quando se dirigem ao júri?) Você não vai querer distrair as pessoas se movimentando demais, mas dar poucos passos no momento em que estiver mudando de assunto pode ajudar a diminuir seu tremor.

O que você pode fazer para evitar suar em bicas ou ficar corado quando está sob pressão? Muita coisa. Em uma situação de estresse, o coração bate mais rápido, os músculos ficam tensos, as veias se contraem e a pressão sanguínea e a temperatura corporal aumentam. Tudo isso nos faz corar e transpirar profusamente, assim como ocorre quando praticamos exercícios físicos.

É possível neutralizar esses sintomas ao esfriar o corpo. Concentre-se nas suas mãos. Assim como a testa e a nuca, as mãos ajudam a regular a temperatura corporal. Você nunca esquentou o corpo em uma manhã muito fria ao segurar com ambas as mãos uma caneca quente de café ou de chá? Esse é o seu termorregulador interno em ação. Nos momentos em que precisar dar uma resposta rápida ou achar que pode ser convocado para tal, tente segurar algo frio, como uma garrafa ou um copo d'água. Eu faço isso sempre que me sinto ansioso ao precisar improvisar uma resposta (sim, eu também fico ansioso às vezes). Experimente, pois isso realmente ajuda.

Por fim, faça também algo para corrigir a famigerada boca seca que o aflige quando você se vê obrigado a falar em público. Quando você fica nervoso, suas glândulas salivares se fecham. Para contornar a situação, beba um pouco de água, masque um chiclete ou chupe uma pastilha ou bala. É mais prudente não fazer isso enquanto estiver falando, pois ter algo na boca pode atrapalhar sua dicção. Porém, vale a pena fazê-lo um pouco antes para ativar suas glândulas salivares.

DOMINE SEU CÉREBRO

Vamos supor que eu esteja coordenando uma importante reunião virtual, da qual participam mais de vinte parceiros e clientes, e de repente há uma falha, impossibilitando que meu colega, que deveria falar nos 15 minutos seguintes, entre em cena. Alguém precisa ocupar esse vazio súbito, e terá que ser eu mesmo, já que sou o organizador do encontro. Mas enquanto meu corpo entra no modo "bater ou correr", fico escutando aquelas malditas vozes em minha cabeça: "Não sei o que dizer", "Todo mundo vai me julgar", "Vou ser despedido depois dessa".

Posso expulsar essas vozes derrotistas da minha cabeça e retomar o controle da situação apelando para mantras mais positivos. Jogadores profissionais de golfe fazem isso o tempo todo, repetindo palavras como "calma" ou "confiança" para neutralizar autossugestões negativas. Nós também podemos adotar mantras destinados a nos lembrar dos nossos propósitos mais profundos. Em uma situação de comunicação espontânea, você pode repetir para si mesmo frases como:

- "Minha contribuição é importante."
- "Já consegui me virar em situações complicadas antes. Vou conseguir agora também."
- "Não há problema nenhum comigo. O que vou falar é interessante."

A repetição de mantras positivos tem o poder de redirecionar nossos pensamentos, libertando-nos da tenebrosa espiral das ideias derrotistas.[13]

Se tudo se apagar da sua mente, tente voltar e partir outra vez na direção correta. Lembre-se do que acabou de ser dito e repita isso. Dessa forma, concederá a si mesmo alguns instantes para retornar aos eixos. Muitas pessoas usam uma técnica semelhante quando perdem as chaves: elas refazem na mente todos os passos e evocam todos os lugares em que estiveram, permitindo assim que a memória indique onde as chaves foram deixadas.

Talvez você ache que repetir o que acabou de dizer não é uma boa ideia, pois isso vai distrair a audiência. Com certeza, se fizer isso cinquenta vezes em um período de três minutos, isso não vai ajudá-lo, mas, de modo geral, a repetição é uma boa estratégia. Ao repetir algum ponto-chave para seu público algumas vezes, você o enfatiza e permite que as pessoas o assimilem. Dizer algo de formas diferentes também permite que as ideias se tornem mais compreensíveis e dignas de nota. A repetição é positiva. Você percebeu? Eu acabei de fazer exatamente isso: repeti uma ideia três vezes. Não foi tão ruim assim, foi?

Você também pode ganhar algum tempo para organizar os pensamentos fazendo perguntas genéricas para o público. Vou contar um segredo: quando estou dando aula, às vezes perco o fio da meada. Dou tantas aulas que não consigo me lembrar com precisão se já dei determinada matéria para a turma diante de mim ou se foi para outra. Esse tipo de lapso momentâneo me apavora e tenho o instinto de reagir de imediato para evitar ficar com cara de bobo. Minha estratégia nesses casos é fazer uma pausa e dizer: "Antes de continuarmos, eu gostaria que vocês refletissem um momento de que forma o que nós acabamos de discutir pode ser aplicado em sua vida."

É verdade que tenho sorte, já que ensino comunicação, de modo que os alunos podem realmente aplicar de imediato na vida deles boa parte das minhas lições. Contudo, tenho certeza de que você conseguirá pensar rapidamente em um tipo de pergunta genérica capaz de lhe conceder tempo suficiente para retomar o caminho correto.

Em uma reunião virtual, por exemplo, você pode perguntar algo do tipo: "Vocês poderiam explicar de que forma vão compartilhar essas informações com os seus colegas?" Ou, quando estiver coordenando uma reunião, pode dizer: "Vamos fazer uma pequena pausa para pensar de que forma tudo o que discutimos pode ser aplicado em nossos objetivos gerais."

Uma pergunta simples é capaz de levar as pessoas a pensar, o que tira por um momento o foco de você, permitindo que possa se recompor e retomar o controle da situação. Se você sabe que terá que comparecer a um evento — almoço de trabalho, conferência ou casamento — no qual é provável que seja convocado a improvisar uma fala, você pode pensar em algumas perguntas adequadas à situação e guardá-las na manga por precaução.

TENTE ISSO

Da próxima vez que estiver em uma situação na qual talvez precise improvisar uma fala, prepare uma ou duas perguntas que poderá fazer ao público caso se atrapalhe e não saiba o que dizer.

Se o mero pensamento de ter um branco em público pode apavorá-lo, o fato de dispor dessas ferramentas vai deixá-lo mais confortável e confiante. Você também pode tentar ponderar antes de participar de um evento no qual talvez precise improvisar uma fala. Pergunte a si mesmo quais são as chances de você travar em público. A maioria das pessoas que pondera sobre o assunto avalia que a probabilidade de ter um branco em casos semelhantes oscila entre 20% e 25%. Mas isso significa que as chances de que tudo corra bem são muito maiores, variando de 75% a 80%. Eu prefiro apostar nesses últimos números.

Depois, pergunte a si mesmo: caso eu trave em público, qual é a pior coisa que pode acontecer? A maioria de nós responderá: "Vou ficar envergonhado", "Vai ser constrangedor", "Vou perder a chance de conseguir a promoção que tanto quero" ou "As pessoas vão começar a me evitar". Podemos fazer uma longa lista de consequências terríveis. Todavia, precisamos colocar nossos medos em perspectiva e admitir que a maioria das coisas que tememos não vai acontecer. De modo geral, as pessoas estão tão ocupadas com as próprias ansiedades e a própria imagem que não estão prestando tanta atenção assim em nós. Esse fenômeno é tão comum que os psicólogos até criaram um nome para ele: "efeito holofote".[14] O mais provável é que estejamos superestimando as impressões negativas que os outros possam ter a respeito do que dizemos.

O processo de ponderação diminui a ansiedade, proporcionando-nos um pouco mais de controle. Você também pode reduzir bastante as chances de ter algum problema ao planejar sua fala antes de se apresentar. Uma estrutura lhe fornece um mapa, e é muito mais difícil se perder quando se tem um mapa. Você pode achar que só é possível estruturar suas observações caso as planeje com a devida antecedência, mas isso não é verdade. Conforme veremos no Capítulo 5, é perfeitamente viável organizar suas ideias no momento de falar.

BEM... HUM... TIPO... SABE COMO É

Ao abordarmos a questão dos sintomas cognitivos, devemos fazer algo a respeito das desagradáveis palavras que saltam de nossa boca apenas para preencher o silêncio enquanto pensamos no que dizer. Não estou afirmando que você deve banir completamente essas palavras; algumas pessoas chegam até a usá-las como se fossem normais e naturais, de tal forma que atualmente alguns roteiristas as incluem nos diálogos de filmes, programas de TV ou peças de teatro. O problema é que o uso *excessivo* deste tipo de termo — tais como "bem", "hum", "tipo", "é isso aí" — pode se tornar uma fonte de distração para a plateia, poluindo o discurso como se fossem "pichações verbais". Felizmente existe uma técnica que você pode empregar para impedir que essas palavras apareçam nas suas palestras. E, mais uma vez, isso tem a ver com a respiração.

Inspire profundamente e, ao expirar, eu gostaria que você dissesse: "Hum." Pode fazer isso? Ótimo. Agora eu gostaria que você dissesse "hum" no momento da inspiração. Você não consegue fazer isso, consegue? É praticamente impossível dizer seja o que for quando estamos inspirando. A fala é um fenômeno que se dá no momento da expiração. É preciso expulsar o ar para poder falar. E isso nos fornece a chave para nos livrarmos dessas palavras que costumam pontuar nossas frases e sentenças.

O truque é o seguinte: quando estiver falando em público, tente articular suas frases de forma que fique totalmente sem fôlego ao terminar de proferi-las. Tente isso algumas vezes — não é tão difícil assim e nem é preciso usar frases muito longas para obter esse efeito. Basta tentar coincidir sua expiração com o término da frase. Eu comparo isso a um ginasta visualizando o fim do seu salto. Se conseguir sincronizar sua fala com a respiração desta forma, terá que inspirar ao final de cada frase, o que tornará mais difícil a ocorrência de palavras que não têm muita utilidade.

Essa técnica também ajuda a inserir pausas curtas na sua fala. Como comunicadores, temos a tendência de pensar que precisamos preencher todo o tempo de fala com palavras, pois qualquer espaço vazio seria estranho. Mas isso não é verdade! Ao pontuar suas palestras com pausas estratégicas, você permitirá que a audiência reflita a respeito daquilo que acabou de ser dito.

TENTE ISSO

Para treinar a sincronização de frases com sua respiração, eu recomendo que fale uma série de frases durante o dia e, ao fim de cada uma, "pouse" abaixando o tom e ficando sem fôlego. Pense em todas as etapas necessárias para a realização das ações cotidianas. Caso fale enquanto desempenha uma atividade que domine bem, não precisará pensar muito a respeito do que está dizendo e, portanto, poderá se concentrar na maneira de concluir as frases. Eu gosto de falar enquanto preparo um sanduíche de pasta de amendoim e geleia:

"Primeiro você pega duas fatias de pão." "Então você passa a pasta de amendoim em uma das fatias, mas não muito." "Depois você passa a geleia na outra fatia, mas não muito." "Então você une as duas fatias." "A pasta de amendoim de uma fatia deve estar voltada para o lado com geleia da outra." "Corte o sanduíche ao meio e então se delicie." Quando chegar em cada palavra sublinhada, tente abaixar o tom e assegurar que esteja sem fôlego. Se quiser dar um passo além, tente falar usando ferramentas de preparação de discursos como os sites Poised.com, Orai ou LikeSo [em inglês], que fornecerão feedback imediato a respeito do uso de palavras sem muita utilidade.

O quadro a seguir resume as várias técnicas que podem ser usadas para eliminar a ansiedade nas situações em que é preciso se comunicar espontaneamente.

TÉCNICAS PARA CONTROLAR SEUS SINTOMAS DE ANSIEDADE

Técnica	Descrição	Comentário
Pratique meditação *Mindfulness*	Identifique seus sentimentos e aceite-os.	Esses sentimentos são perfeitamente normais e racionais.
Respire	Inspire profundamente expandindo o abdômen de forma consciente.	A respiração profunda ou aquela praticada na yoga elimina a ansiedade. Tente expirar duas vezes mais lentamente do que inspira.
Desacelere seus movimentos	Desacelere os gestos que faz com as mãos e todos os demais movimentos corporais.	Sua fala costuma ser sincronizada com os movimentos do corpo. Desacelere-os e você também vai desacelerar a sua fala.

Técnica	Descrição	Comentário
Esfrie o corpo	Segure uma garrafa de água ou outro objeto frio.	Ao resfriar o corpo, você transpira menos e fica menos ruborizado.
Salive	Masque um chiclete ou chupe uma pastilha.	Isso reativará suas glândulas salivares.
Pense positivamente	Recite um mantra positivo em sua cabeça.	Isso vai neutralizar os pensamentos negativos e levar seus pensamentos em uma direção positiva.
Retroceda e faça perguntas antes de prosseguir	Repita o que acabou de dizer e faça perguntas ao público ouvinte.	Evite repetir-se demasiadamente, mas use essa estratégia quando perder o fio da meada: repita o que acabou de dizer e faça perguntas à plateia relacionadas ao tema.
Pondere	Imagine o que de pior pode acontecer caso falhe e vai perceber que mesmo "o pior" não é tão ruim assim.	Lembre-se de que as pessoas estão mais focadas nelas do que em você. Isso fará com que a racionalidade prevaleça.
Inspire para reduzir as palavras desnecessárias	Programe suas frases para que você precise inspirar depois de falar.	Você perceberá que todas as palavras usadas para preencher vazios vão desaparecer.

TENTE ISSO

Crie um kit de comunicação espontânea com todas as ferramentas necessárias para controlar a ansiedade momentânea. Inclua, por exemplo, uma garrafa de água gelada, pastilhas ou chicletes e um cartão com uma afirmação positiva. Levando em consideração as dicas fornecidas neste capítulo, o que mais você precisa incluir no seu kit? Mantenha esse kit ao alcance, no celular, na carteira ou na mochila, para que possa utilizá-lo quando perceber que precisará improvisar uma fala.

CRIE UM PCA DE USO PESSOAL

Para sermos bem-sucedidos no combate aos sintomas da ansiedade, devemos incorporar essas estratégias. Reflita por um momento acerca das técnicas que compartilhei. Quais delas lhe parecem mais interessantes, naturais e úteis? Você já empregou alguma delas? Já utilizou outros mecanismos de controle da ansiedade em outras áreas da vida (como uma competição esportiva ou uma paquera) que podem ser adaptadas para controlar seu medo de falar em público?

Depois de revisar as técnicas, selecione as suas favoritas para criar aquilo que eu chamo de Plano de Controle da Ansiedade (PCA) personalizado. Ao contribuir com seu senso de autonomia e foco, seu PCA pode ajudar a entusiasmá-lo ou estimulá-lo a falar. Selecione um conjunto de técnicas (entre três ou cinco delas) que acredita que poderão ajudá-lo a controlar os sintomas de ansiedade que mais o atormentam. (Você também pode desejar incorporar técnicas para controlar as fontes subjacentes do medo de falar em público, que vou analisar detidamente mais adiante.) Então tente criar um acrônimo capaz de lembrá-lo dessas técnicas quando necessário. Eis aqui dois exemplos:

TIPOS DE PLANOS DE CONTROLE DA ANSIEDADE

BOOM

Bem presente e alerta: concentre-se naquilo que está acontecendo no momento e não nas hipotéticas consequências negativas futuras.
Observe seus movimentos: desacelere sua gesticulação para moderar a velocidade da sua fala.
Oxigene-se: expire durante o dobro do tempo que levou na inspiração.
Mantra: repita mentalmente uma palavra ou frase capaz de ajudá-lo a focar e se acalmar.

APR

Aceite o fato de que a ansiedade é normal: reconheça que você não é a única pessoa a sentir-se tensa e ansiosa em determinadas situações.
Pondere: tenha em mente que mesmo se você for um fracasso total, isso não será o fim do mundo.
Resfrie-se: segure algo frio para abaixar sua temperatura corporal.

Eu peço a todos os meus clientes e alunos que criem um PCA pessoal, e eles sempre me agradecem pela sugestão: às vezes as pessoas me escrevem anos mais tarde para relatar que ainda praticam as técnicas. Segundo elas, criar e empregar o PCA certo contribuiu grandemente para aumentar a autoconfiança nos momentos em que se viram obrigadas a improvisar uma fala. A verdade é que pequenas mudanças mantidas no longo prazo realmente trazem grandes resultados.

Uma mulher com quem trabalhei, Stephanie, assumiu a função de CEO na empresa da família antes de completar trinta anos. Ao assumir o cargo, foi obrigada a adotar um comportamento capaz de impor respeito a 75 funcionários das mais diversas origens e idades, e sua tarefa se tornou ainda mais árdua quando a pandemia de Covid-19 interrompeu os negócios. Alguns funcionários, em certos casos algumas décadas mais velhos do que ela, sentiram-se inseguros e procuraram nela uma liderança. Conforme Stephanie se via forçada a tomar uma série de medidas drásticas para assegurar a sobrevivência da empresa, os funcionários passaram a criticá-la pelas mudanças que os afetavam.

Stephanie achava a comunicação diária com seus subordinados extremamente estressante, sobretudo pelo fato de o inglês não ser sua língua materna. Ela ficou cada vez mais tímida, deixando transparecer a ansiedade ao gaguejar e agir com mau humor. Sua ansiedade se tornou tão grande que ela começou a ter dificuldades para dormir e até para desempenhar suas funções cotidianas na empresa. Chegou a pensar em desistir de sua posição de CEO.

Para ajudar Stephanie, nós desenvolvemos um PCA destinado a impedir que ela continuasse preocupada com a definição de metas futuras. Com o passar do tempo, Stephanie foi modificando e aprofundando seu PCA para torná-lo cada vez mais personalizado. Quando voltamos a conversar na primavera de 2022, soube que seu PCA havia se concentrado em três palavras muito importantes para ela: Coração, Discurso e Mente, ou CDM. *Coração* se referia às razões pelas quais ela se via forçada a falar: Stephanie ficava menos ansiosa quando se lembrava da sua intenção de servir ao público e se concentrar nas necessidades dos funcionários e não em si mesma. A função de *Discurso* era fazê-la se concentrar no que era tecnicamente necessário dizer para manter a atenção dos ouvintes. Sabendo que, ao ficar nervosa, tendia a falar rápido demais e a gaguejar, ela se forçou a desacelerar os movimentos corporais e a fazer pausas estratégicas para lançar perguntas aos funcionários. *Mente* era uma dica para lembrá-la de que a possibilidade de travar e colocar tudo a perder era bem menor do que ela temia.

Stephanie continua se empenhando para superar essa dificuldade, mas graças à sua disposição a utilizar seu PCA e as técnicas descritas neste capítulo, sua ansiedade está mais controlada. Passou a liderar com mais eficiência e a curtir mais seu trabalho. Para falar a verdade, agora ela chega inclusive a ensinar outras pessoas a se tornarem mais confiantes em suas habilidades de comunicação.

Um PCA não é uma solução instantânea, mas sim um experimento de longo prazo, em que cada técnica corresponde a uma hipótese. Uma vez que você tenha definido seu PCA, é preciso testá-lo em situações da vida real. Estude-o antes da próxima reunião de trabalho ou do próximo evento social. Teste as técnicas anotadas sempre que possível. Elas foram realmente úteis? Caso não tenham sido de grande utilidade, substitua-as por outras, e não se esqueça de criar uma nova sigla correspondente à mudança.

Não existe solução fácil ou rápida para eliminar o medo de falar em certas situações. O que podemos fazer é nos engajarmos em um processo gradual de controle das nossas emoções para que elas não interfiram em nossos projetos de comunicação.

DESCOBRINDO *VOCÊ*

Sentir-se seguro com a própria capacidade de se virar é um fator determinante para garantir o sucesso em discursos formais e apresentações, e é de vital importância quando precisamos improvisar uma fala. Como veremos no próximo capítulo, administrar a própria ansiedade o deixa livre para se comportar de forma mais natural e autêntica quando você estiver sob pressão. Você se tornará mais ousado, ágil, relaxado e descontraído. Será capaz de se conectar com sua plateia com mais agilidade e profundidade, podendo reagir de maneira mais adequada aos desejos dela. Sobretudo, você sentirá *prazer* em se comunicar. Tudo isso tornará sua fala mais sedutora, e você não vai se apavorar na hora de um discurso.

Quando aquele CEO me perguntou o que encontraria caso eu fosse uma cebola da qual ele retirasse as três primeiras camadas, eu me senti imediatamente invadido pela ansiedade, mas consegui me controlar e reverter a situação. Comecei com parte do meu PCA, fazendo uma respiração profunda e repetindo mentalmente o meu mantra: "Eu tenho algo de valioso a oferecer." Quase de imediato eu estava pronto para me recompor e improvisar.

Tentei me concentrar na cebola propriamente dita, buscando nela a inspiração para minha resposta. Então disse: "Cebolas me fazem chorar. Quando corto cebolas, meus olhos sempre se enchem de água. Eu não sei se isso só acontece comigo, mas o fato é que choro com facilidade. Assim, procuro me cercar de pessoas capazes de chorar e de expressar claramente seus sentimentos."

Emendei com um relato acerca de como, no meu trabalho anterior, eu havia contratado pessoas apaixonadas pela profissão e dispostas a compartilhar emoções. Essa abertura e disposição tornava minha equipe coesa e colaborativa. Ainda que às vezes discordássemos uns dos outros, cada um sabia onde estava e respeitava os colegas e suas opiniões. Compartilhar esse exemplo com o CEO nos levou a uma discussão mais profunda sobre empatia, confiança e segurança psicológica, assim como a importância desses fatores na minha vida pessoal e na função para a qual eu estava sendo entrevistado.

Concentrar-me na cebola e ver aonde esse pensamento poderia me levar foi uma importante decisão feita no calor do momento, do tipo que eu não teria coragem de tomar e de comunicar com clareza caso tivesse deixado a ansiedade me dominar e me paralisar. Enquanto eu falava, percebia que o CEO esboçava um discreto sorriso — ele não esperava por aquela resposta. Creio que a maioria dos candidatos diria algo como: "Caso você descasque a cebola, verá como sou proativo" ou "Você vai ver como eu sou honesto". No meu caso, o CEO recebeu uma resposta inesperada, criativa e tocante, que mostrou algo singular a meu respeito. Acabei conseguindo o emprego e tive uma excelente experiência de trabalho naquela empresa. Eu não fazia ideia disso na época, mas esse emprego alterou profundamente minha trajetória profissional.

Embora eu saiba que diversos fatores contribuíram para que a empresa decidisse me contratar, tenho certeza de que ajudou muito o fato de eu ter conseguido me sair bem quando o CEO me colocou em uma sinuca de bico. Você também será capaz de fazer sua personalidade brilhar em casos semelhantes. O importante é controlar a ansiedade para não deixar que ela lhe impeça de dar o primeiro passo na direção certa.

PRATIQUE ISSO

1. Pegue seu PCA e o teste na próxima vez que precisar falar em público sem preparação prévia. Avalie como foi, quais ferramentas funcionaram e quais não foram de grande utilidade. O que você mudaria no seu PCA para torná-lo mais eficiente?
2. Na próxima vez que experienciar uma emoção excessivamente forte, seja ela positiva ou negativa, permita-se parar por um momento para aceitá-la e absorvê-la. Como você se sente? Reflita sobre o motivo pelo qual essa emoção mexeu com você. Ela faz sentido na situação em que você se encontra? Caso outra pessoa tivesse sido impactada pela mesma emoção, você seria capaz de ajudá-la a entender por que aquilo era apropriado e razoável?
3. Desafie a si mesmo a adotar uma rotina de cinco minutos de respiração profunda todos os dias, durante uma semana inteira. Faça esse exercício em um local reservado e silencioso, no qual seja possível se concentrar em sua respiração. Assegure-se de que sua expiração seja duas vezes mais longa do que a inspiração. Observe como se sente ao fim de cada prática.

Capítulo 2: Destrave
POTENCIALIZE A MEDIOCRIDADE

*No que diz respeito à comunicação espontânea,
bom o suficiente já é ótimo.*

Ansiedade é um assunto delicado. Então, tire um momento para relaxar jogando "Grite o nome errado".[1] Nunca ouviu falar desse jogo? Você vai jogá-lo para ganhar um prêmio.

Eu me apaixonei por esse jogo quando vi Adam Tobin, meu amigo e mentor de autoaperfeiçoamento, demonstrá-lo e aplicá-lo em uma das aulas de um curso que ministramos juntos chamado "Discursando de improviso". O jogo é muito simples: caso você esteja sentado na mesa do seu escritório, ou em almofadas confortáveis em sua sala, levante-se, por favor, e caminhe um pouco pelo aposento. Caminhe a esmo, mudando de direção de quando em quando. Ou, melhor ainda, você pode fazer isso ao ar livre, pois um pouco de ar fresco nunca fez mal a ninguém.

Enquanto caminha, aponte um objeto aleatório e diga o nome dele em voz alta. Só que, neste caso, o objetivo é denominar cada objeto por um nome *errado*. Caso aponte para um vaso de plantas, diga: "cavalo", "cor-de-rosa", "todavia", "cheeseburger" ou "genial" — qualquer coisa, *exceto* "vaso de plantas". Depois de ter feito isso, aponte para outro objeto e diga rápido um nome errado. Não importa qual seja, mesmo se for um dos nomes que você atribuiu ao vaso de plantas, não tem problema.

Continue apontando rapidamente para diferentes objetos enquanto diz em voz alta seus nomes incorretos. Pouco importa o que lhe vier à cabeça: diga-o em voz alta. Faça isso durante 15 ou vinte segundos e depois pare.

Como você se saiu? Foi fácil dar o nome errado às coisas? Esse jogo é aparentemente simples, mas a verdade é que ele se revela desafiador para a maioria das pessoas.

Quando estudantes ou outro tipo de plateia jogam "Grite o nome errado", eles tendem a andar pela sala cheios de cautela, apontando as coisas sem falar. Suas fisionomias ficam sérias, como se estivessem tentando reduzir um polinômio à sua forma mais simples. Evitam estabelecer contato visual comigo ou com os demais. Depois eles admitem que acharam o jogo desafiador; alguns confessam: "Eu me senti um idiota" ou "Não sou bom nisso". Alguns até dizem: "Foi maldade me obrigar a fazer papel de palhaço."

Conforme os psicólogos já comprovaram, nosso cérebro processa mais facilmente os estímulos em conformidade com padrões já conhecidos do que os estímulos inesperados. Por exemplo: caso você peça a uma pessoa que leia os nomes das cores (púrpura, azul, amarelo), ela vai achar mais fácil fazer isso caso esses nomes estejam escritos na cor que a palavra representa. Contudo, caso veja "púrpura" escrito com tinta amarela, o cérebro vai empacar.[2] Esse fenômeno foi comprovado em um célebre experimento denominado "Efeito Stroop",* que também ocorre no jogo "Grite o nome errado".

Eu juro que não sou sádico quando peço aos estudantes — e a você — que gritem o nome errado. O fato é que, ao tentar fazer algo errado, você desenvolverá uma habilidade fundamental para obter sucesso no campo da comunicação espontânea: a maximização da mediocridade.

"Mediocridade" costuma ser considerada uma palavra negativa, e com toda a razão. Ninguém deseja potencializar a própria mediocridade. Todavia, é exatamente isso o que precisamos fazer no campo da comunicação espontânea. Esse é um paradoxo delicioso: quanto mais se permitir ser medíocre, mais você se tornará um orador excelente.

---

* No campo da psicologia, o "Efeito Stroop", ou "Efeito Jaensch", é uma demonstração de interferência no tempo de reação a uma tarefa. (N. T.)

Quando desempenhamos as tarefas do dia a dia, sempre nos esforçamos para fazer tudo direito. Contudo, no âmbito da comunicação espontânea não existe algo como um caminho "correto", "perfeito" ou "melhor". Existem apenas formas melhores ou piores. A simples tentativa de "fazer o melhor" já é suficiente para nos atrapalhar. Isso nos sobrecarrega de tensão e pode nos fazer travar, impossibilitando nossa reação imediata e adequada às demandas de nosso público, além de nos impedir de mostrar nossa verdadeira personalidade.

Para dar o melhor de si quando se encontrar em uma sinuca de bico, você deve renunciar à ideia de ser o orador perfeito do tipo TED Talks e se sentir confortável com a perspectiva de talvez cometer algum erro. Devemos nos esforçar para aceitar a mediocridade. Neste capítulo, tentarei persuadi-lo a aceitar a ideia de que se conformar com a imperfeição é o segredo do sucesso nas comunicações espontâneas. Vamos começar observando como seu anseio pela excelência pessoal pode prejudicar sua atuação como orador.

OS ATALHOS QUE TOMAMOS NA JORNADA PARA CONSEGUIR FAZER A "COISA CERTA"

Dois processos mentais distintos nos dividem quando pensamos em "fazer a coisa certa" no campo da comunicação espontânea. Para compreender o primeiro deles, vamos retornar ao jogo "Grite o nome errado". Eu gostaria de convidá-lo a fazer uma nova tentativa por 15 ou vinte segundos, durante os quais você deve apontar para objetos ao acaso e falar alto a primeira coisa que lhe vier à mente.

Você terminou? Perfeito. Desta vez, pense nas palavras que proferiu. Muito embora o jogo consistisse em dizer em voz alta palavras de forma aleatória, você percebeu como seu cérebro, consciente ou inconscientemente, acabou criando uma estratégia para executar essa tarefa? As palavras que você proferiu seguiram algum padrão?

Quando meus alunos jogam esse jogo, eles frequentemente relatam que as palavras que dizem acabam pertencendo a uma determinada categoria. Ao apontar os objetos em rápida sucessão, eles acabam gritando nomes de frutas, de animais, de cores e assim sucessivamente. Outros confessam que copiam as palavras já ditas pelos colegas, ou acabam falando o nome real do objeto escolhido. Enquanto outros ficam pensando em silêncio nas palavras que vão utilizar quando chegar a vez de eles jogarem.

Como Adam Tobin assinalou no relatório que fez a respeito desse jogo, essas estratégias são perfeitamente normais, pois parte de nosso cérebro tenta corresponder adequadamente aos desafios com os quais é confrontado. Os psicólogos explicam isso por intermédio da teoria da sobrecarga cognitiva, a qual assegura que, de modo geral, temos apenas um número finito de memória funcional para consagrar às tarefas que nos são impostas.[3] Quando um volume excessivo de informações bombardeia o cérebro de uma só vez, costuma acontecer o mesmo que ocorre com os equipamentos informatizados com os quais lidamos em nosso mundo supertecnológico: nossa memória fica sobrecarregada e nós temos que fazer um enorme esforço para aprender. Para evitar esse problema, nosso cérebro tenta nos ajudar, criando rápida e instantaneamente os chamados atalhos mentais, ou *heurísticas*, que nos permitem resolver problemas e desempenhar tarefas que nos são impostas. As heurísticas são as ferramentas básicas que empregamos em nossos esforços para "fazer a coisa certa" e atingir a perfeição.[4]

Em geral, nos apoiamos nas heurísticas durante nossas comunicações espontâneas. Quando um cliente irritado nos confronta com um problema, nosso cérebro entra em modo automático e costuma dar respostas padronizadas do tipo: "Lamento que não esteja funcionando da maneira correta. O senhor montou o produto da forma indicada pelo manual?" Quando sabemos que um amigo sofreu uma perda, dizemos: "Minhas condolências." Quando um parente compartilha notícias ruins, damos uma resposta convencional do tipo: "Não se preocupe. Tenho certeza de que tudo vai dar certo." Quando um amigo nos pergunta o que achamos do relacionamento ruim que ele tem com um colega de trabalho, respondemos sem pensar: "Essas coisas são assim mesmo."

Heurísticas são essenciais, pois nos ajudam a responder a situações complexas com rapidez e eficiência, aliviando nossa sobrecarga cognitiva. Ao sermos confrontados com uma tarefa, não precisamos pensar muito — simplesmente a realizamos. Caso não tivéssemos heurísticas, nos sentiríamos continuamente bloqueados. Pense só como ficaríamos confusos em um supermercado: seríamos obrigados a avaliar os prós e os contras de cada tipo e cada marca de molho de tomate antes de decidir qual comprar. Em vez disso, simplesmente estabelecemos um critério do tipo: "Quero um molho de tomate orgânico, mas que não seja muito caro."

O SURPREENDENTE PODER DO "PORQUE"

Entretanto, essa eficiência tem um custo, sob dois aspectos diferentes. Em primeiro lugar, as heurísticas limitam nossa espontaneidade, interferindo em nossa capacidade de estar presente. Em um famoso experimento realizado pela psicóloga Ellen Langer, os participantes se aproximavam das pessoas que estavam em uma fila esperando para usar uma máquina de fotocópias e perguntavam se podiam passar na frente delas. O fura-filas dava uma desculpa diferente a cada pessoa, em alguns casos usando a palavra "porque" acompanhada de uma justificativa. Conforme ela descobriu, quem aguardava a vez pacientemente na fila ficava mais disposto a aceitar que alguém passasse na frente quando ouvia uma justificativa introduzida pela palavra "porque". Isso sempre acontecia, tanto nos casos em que as justificativas eram sólidas ("Estou com muita pressa") ou fracas ("Desculpe-me, mas tenho que fazer algumas cópias. Posso usar a fotocopiadora porque eu preciso fazer algumas cópias?"). A palavra "porque" aparentemente fazia as pessoas agirem de modo automático, acionando algum gatilho mental do tipo: "Caso essa pessoa realmente precise, vou deixá-la passar na minha frente." Em vez de estar presente no momento e escutar atentamente o que era dito, uma simples palavra justificando um pedido acionava um gatilho que fazia as pessoas agirem sem parar para pensar.[5]

Mas muitas vezes não nos empenhamos em desacelerar para observar as nuances do ambiente no qual nos encontramos, deixando detalhes sutis, ou nem tão sutis assim, passarem despercebidos. Se você escolher um molho de tomate orgânico apenas com base no preço, talvez deixe de notar as variedades do produto (por exemplo: se é mais encorpado ou se tem vodca na composição) ou se foi adicionado algum tipo de ingrediente indesejado, como açúcar. Assim sendo, talvez acabe tomando uma decisão da qual vai se arrepender mais tarde.

Quando utilizamos as heurísticas nas relações interpessoais, perdemos as nuances, inclusive as dicas que possam estar nos sendo enviadas por membros da audiência. Vamos imaginar que um colega de trabalho peça inesperadamente sua opinião sobre uma reunião da qual vocês acabaram de participar. Seu mecanismo heurístico "dê um feedback sobre a reunião" é acionado automaticamente e você responde comentando os próximos passos necessários, os ajustes no planejamento e outros assuntos que foram abordados. Mas talvez seu colega esteja em busca de algo completamente diferente, como a validação de sua capacidade de liderança ou apenas seu apoio e acolhimento. Você ficou tão preso à ideia de "eu preciso dizer o que achei dessa reunião" que acabou perdendo a oportunidade de se conectar com seu colega com maior profundidade.

Para alcançarmos uma comunicação espontânea eficiente, precisamos romper com nossos padrões consolidados. Em vez de tentar responder o mais rápido possível a uma demanda, precisamos bloquear a reação heurística e tirar um momento para realmente nos situar e obter clareza a respeito do que está de fato em jogo. No caso do exemplo acima, uma resposta não heurística seria algo como: "Você quer um feedback a respeito de algum assunto específico ou apenas uma impressão geral do que foi discutido?" Outra possibilidade seria indagar ao seu colega o que *ele* achou da reunião antes de verbalizar sua própria opinião. Uma pergunta como essa pode lhe fornecer dicas para que você responda no tom mais adequado.

IMPORTANTE: ESSA É A MANEIRA CERTA DE SE COMER ESPAGUETE!

O uso da heurística oferece um segundo problema: limita nossa criatividade. Como nosso cérebro é condicionado a operar segundo regras predeterminadas, tendemos a obter respostas previsíveis, familiares e lógicas. Nós nos tornamos menos propensos a ter reações novas, mais criativas ou inovadoras. Um dos meus exemplos preferidos sobre este assunto vem de uma aula que minha colega Tina Seeling ministrou para seus alunos de Stanford.[6] Ela dividiu a turma em duas equipes que competiriam para obter as soluções mais criativas e inovadoras para os negócios. Cada grupo dispunha de duas horas de prazo e cinco dólares de orçamento. Usando esses recursos, eles deveriam tentar obter o maior lucro possível, sem infringir a lei, evidentemente. Depois disso, cada grupo teria três minutos para relatar suas ideias de negócios diante da turma. A equipe que tivesse o maior lucro seria a vencedora.

A maioria dos grupos concebeu ideias de negócios instigantes, porém não especialmente surpreendentes. Um grupo conseguiu levantar um bom dinheiro fazendo reservas em restaurantes concorridos e depois as vendendo para clientes famintos (isso ocorreu antes do advento das reservas on-line). Outro conseguiu angariar uns duzentos dólares simplesmente se oferecendo para medir a pressão e calibrar os pneus dos carros dos alunos no estacionamento da universidade. De início eles cobravam uma taxa fixa para calibrar os pneus, mas depois descobriram que ganhavam muito mais simplesmente deixando que os outros estudantes lhes oferecessem gorjetas.

Outro grupo concebeu uma estratégia inteiramente diferente. Seus participantes chegaram à conclusão de que o bem mais valioso que eles poderiam negociar não era a habilidade em prestar qualquer tipo de serviço específico para clientes avulsos, e sim oferecer assessoria para empresas que desejavam recrutar estudantes para trabalhos temporários. Para gerar receita, eles venderam o tempo de apresentação deles de três minutos para uma empresa que lhes pagou 650 dólares, muito mais do que todos os outros grupos ganharam.

Outras equipes seguiram um raciocínio heurístico: "Para fazer dinheiro, precisamos encontrar algo que os clientes potenciais achem atraente." Mas esse pensamento heurístico os aprisionou e limitou suas ideias. A equipe vencedora não usou um recurso heurístico e assim eles se abriram para um questionamento bem diferente: "Qual o recurso mais valioso que eu possuo? E como posso encontrar um jeito de rentabilizar *isso* da forma mais eficiente?"

As heurísticas podem nos ajudar a reagir rapidamente quando estamos sob pressão, mas geralmente não permitem abertura para encontrarmos soluções inovadoras e criativas capazes de impressionar a audiência. A mágica só acontece quando ultrapassamos as reações heurísticas para nos aventurarmos em territórios não desbravados.

Tempos atrás eu tive o privilégio de dar aulas de inglês para o ensino médio ao longo de dois anos. Se você procura um ambiente propício para testar sua habilidade de improvisar, esse é o local perfeito para isso. Cada dia me confrontava com um desafio inesperado de comunicação, fazendo com que eu realmente andasse pisando em ovos.

Em uma das turmas eu tinha um aluno superdotado que, por alguma misteriosa razão, encontrava grande prazer em tumultuar as aulas. Sua tática: durante os debates ele lançava em voz alta, de modo inesperado e imprevisível, palavras aleatórias ou frases despropositadas. Por exemplo, eu poderia estar comentando sobre *O grande Gatsby*, de Fitzgerald, quando de repente escutava uma voz gritando no fundo da sala: "Minha camiseta está suja" ou "Tenho medo de pombos". Os outros alunos achavam essas intervenções engraçadas. Eu, nem tanto...

Eu sabia que esse rapaz estava tentando chamar a atenção, então procurei não dar muita bola. Mas um dia não consegui me conter. Eu havia feito um lanche antes da aula e calhou de eu ter um pacote de queijo parmesão na mesa. De repente, no meio da aula, o garoto gritou: "Eu adoro espaguete!" Todo mundo riu. Eu queria desesperadamente que ele ficasse quieto e se comportasse. Reparando no pacote de queijo ralado, falei: "Ei, pega!" E joguei o pacote na direção dele: "É assim que se come espaguete!"

Foi uma reação espontânea de comunicação da minha parte que acabou dando bom resultado. Todo mundo riu — eles acharam engraçadíssimo. Nós seguimos em frente com a aula e o rapaz ficou quieto. Até aquele momento eu havia reagido às suas provocações de forma heurística, pensando: "Ignore-o e siga em frente" ou "Pare a aula, dê uma bronca nele por estar causando tumulto e o ameace com algum tipo de punição caso continue não se comportando". Contudo, naquele momento específico, pensei em uma forma totalmente diferente e inesperada de lidar com o problema, uma capaz de expressar minha verdadeira personalidade e o meu senso de humor. Meus alunos adoraram minha reação e passaram a me encarar de um jeito diferente: como um professor com o qual era possível dialogar de uma forma mais autêntica.

CONTROLE SUAS HEURÍSTICAS

Para aperfeiçoar sua capacidade de comunicação não é preciso abandonar completamente as heurísticas. Pelo contrário, o importante é você se tornar mais atento a respeito dos atalhos que costuma pegar para ser capaz de ativá-los ou desativá-los quando necessário e, assim, se tornar mais ágil e flexível. Todos nós desejamos incrementar nossa capacidade de fazer escolhas acertadas quando nos comunicamos em vez de simplesmente dar uma resposta padronizada.

Uma estratégia eficiente é ficar alerta para as situações nas quais costumamos usar a heurística. Normalmente nós apelamos para as respostas heurísticas quando sentimos algum tipo de estresse. Podemos estar sendo obrigados a tomar uma decisão sem saber o que fazer diante do excesso de opções. Talvez estejamos nos sentindo cansados, com fome ou atrasados, ou podemos nos sentir desconcertados em uma situação ambígua. Para evitar o uso da heurística, a primeira coisa que devemos fazer é tentar evitar o estresse. Podemos controlá-lo assim que ele começa a surgir, procurando cuidar de nós mesmos, desacelerando e ponderando (veja o Capítulo 1). Ao reduzir a ansiedade, conseguimos nos abrir para um engajamento mais profundo e significativo.

Podemos ainda aprender mais a respeito da heurística observando outras pessoas usando-a. Dessa forma, buscamos evitar os mesmos padrões. Exercendo nosso papel de pais ou responsáveis, ao observar outros responsáveis elevarem a voz para os filhos quando eles lhes incomodam com algum pedido, podemos decidir não agir da mesma forma quando nossas crianças estiverem nos incomodando, e sim procurar nos tranquilizar, baixar a voz e realmente prestar atenção ao que elas estão dizendo.

Também devemos reservar um momento para refletir a respeito das próprias ações. Caso lideremos uma equipe e estejamos procurando formas mais produtivas de comunicação quando surgem problemas, podemos adquirir o hábito de refletir diariamente a respeito de como reagimos nessas situações. Será que reagimos de modo automático e previsível? Algum tipo específico de gatilho foi acionado nesses casos? De que forma nossas reações foram úteis? O que podemos fazer para evitar o uso contínuo da heurística?

Uma forma efetiva de administrar o uso dos atalhos mentais é dar uma sacudida em nossa maneira de pensar ou agir. Atletas destros costumam praticar os exercícios com a mão esquerda para se manterem sempre preparados, e há aqueles que usam uma bola mais pesada do que o normal nos treinos. Assim, todos os hábitos consolidados são eliminados e eles são obrigados a reaprender como operar. Conheço um escritor que sempre escreve em um lugar diferente para se libertar dos padrões preestabelecidos. Embora em geral trabalhe em seu escritório, algumas vezes escreve em salas de espera de hospitais, saguões de hotéis, aeroportos, cinemas vazios, tribunais e até em funerárias. Conforme me confidenciou, escrever em lugares diferentes o faz romper com os padrões habituais, liberando um fluxo de novas ideias.

Os especialistas em criatividade costumam trabalhar proativamente para provocar um curto-circuito nas reações heurísticas. Para gerar novas ideias, a firma de design IDEO emprega uma técnica que consiste na busca de inspiração em outros contextos aparentemente sem qualquer relação com o campo de atividade deles, mas nos quais condições e princípios similares podem ser aplicados. Em determinado momento, por exemplo, a empresa foi contratada para redesenhar a sala de emergência de um hospital a fim de torná-la mais eficiente. Uma estratégia previsível seria visitar diversas salas de emergência de hospitais importantes para adotar um projeto semelhante. Porém, caso fizessem isso, os designers da IDEO se limitariam a seguir as reações heurísticas previsíveis para o planejamento de salas de emergência.

Adotando uma estratégia diversa, a IDEO procurou estudar outros ambientes de uso intensivo, para saber como eles funcionavam nas condições ideais.[7] Um caso que eles estudaram foi a forma como as equipes de Fórmula 1 operam nos pit stops. A IDEO disse que equipes responsáveis pelos pit stops operam de forma análoga às equipes das salas de emergência: ambas precisam agir com rapidez e eficiência, sob grande pressão, para detectar e sanar problemas. Ignorando o projeto arquitetônico heurístico das salas de emergência e buscando inspiração nas equipes de pit stop, a IDEO conseguiu adotar uma série de novas ideias na concepção das salas.

Por exemplo: as equipes de pit stop costumam identificar de antemão o tipo de reparo emergencial com o qual terão que lidar durante uma corrida. Para cada um, elas produzem um kit com as ferramentas e as peças de reposição de que vão precisar. Assim, quando surge a necessidade de efetuar algum reparo, a equipe pode entrar rapidamente em ação sem precisar procurar as ferramentas e peças necessárias. A IDEO criou kits similares nas salas de emergência para lidar com os problemas mais comuns que costumam aparecer, como overdoses e ataques cardíacos. Com essa inovação, as salas de emergência passaram a operar com mais eficiência no atendimento aos pacientes. O fato de romper com os padrões heurísticos fez toda a diferença.

Todos nós podemos nos beneficiar com a quebra de nossos atalhos mentais. Ao fazer isso, concedemos a nós mesmos o espaço necessário para nos tornarmos mais eficientes e criativos em nossas comunicações.

TENTE ISSO

Siga meu desafio de sete dias "Controle suas heurísticas". Em primeiro lugar, pense nas heurísticas que você utiliza normalmente ao se comunicar. Talvez você inicie seus e-mails com a fórmula "Espero que você esteja bem" ou diga "Boa pergunta" quando é questionado. A cada dia, durante uma semana, pense em uma ação na qual possa eliminar o uso da heurística. Em um dia, talvez você identifique uma situação que julgue estressante e tome providências para controlar sua ansiedade. Pode reservar dois ou três minutos para refletir sobre o seu comportamento. Ou pensar em um elemento novo que pode ser adicionado para quebrar os padrões de comportamento enraizados.

O NOME "ERRADO" CORRETO

O uso das heurísticas não é o único processo mental que nos atrapalha quando tentamos "fazer a coisa certa" na comunicação espontânea. Para revelar outra, vamos voltar por um momento ao jogo "Grite o nome errado". Quando peço que os participantes relatem suas experiências com o jogo, muitas vezes eles se recriminam. Costumam responder assim: "Eu fui mal", "Não fui criativo", "Eu me saí muito pior do que fulano ou sicrano". Alguém pode surpreender e dizer: "Eu poderia ter pensado em nomes mais 'errados'." Quando solicito que desenvolvam suas respostas, eles dizem algo do tipo: "Bem, eu ia chamar essa cadeira de gato, mas ambos têm quatro pernas e os gatos costumam se sentar nas cadeiras, então achei que não estaria sendo muito inovador. Eu poderia ter dito 'taco' ou 'Galápagos', que não têm nada a ver com cadeiras."

Pense um pouco sobre esta resposta. As regras do jogo exigem simplesmente que a pessoa grite um nome errado. Eu não disse nada sobre o que poderia ser "errado", nem defini um critério para indicar que erro seria melhor que o outro. O objetivo não era competir ou se comparar com os outros. Mas, ainda assim, os estudantes tentavam jogar da forma "certa", procurando se esmerar na maneira de serem errados.

Esse tipo de autoavaliação pode nos ser útil em muitas situações, já que é importante procurarmos sempre fazer o melhor possível a fim de progredir na vida. Para ser sincero, devo dizer que você corre o risco de perder o emprego ou destruir seu relacionamento amoroso caso não pense e analise o que diz e fala. Todavia, em determinadas circunstâncias, em especial aquelas que surgem inesperadamente, adotar um comportamento padronizado ou ficar monitorando nossas ações pode ter o efeito de *atrapalhar* nosso desempenho. Isso sobrecarrega nossa capacidade cognitiva, impedindo-nos de manter o foco, a criatividade, a autoconfiança e a reação que desejamos. Pode até nos fazer travar.

Certa vez tive um aluno que, ao participar do jogo "Grite o nome errado", ficava apontando sempre para o mesmo objeto. Ele tentava dizer uma palavra, mas não conseguia. Quando lhe perguntei o que estava acontecendo, ele respondeu que não conseguia pensar "no nome errado correto para dizer". Ficava analisando cada uma das palavras que pipocavam em seu cérebro de acordo com um conjunto de regras pessoal e nenhuma delas correspondia aos critérios que ele próprio havia imposto a si mesmo.

Não é difícil entender por que cobramos tanto de nós mesmos a ponto de exigir um perfeccionismo inatingível. A maioria de nós cresceu em uma cultura que incentiva a competitividade. Responsáveis, professores, mentores, *coaches*, chefes, entre outros, estão sempre definindo as formas certas de fazer as coisas, e isso não é de todo ruim. No decorrer da vida, todos nós recebemos aplausos e prêmios pela execução correta das nossas tarefas, ganhando elogios, dinheiro, medalhas, troféus e títulos honoríficos. E fomos punidos ao fracassar, seja com uma simples avaliação negativa, notas baixas ou o desprezo coletivo. Fracassar é doloroso, enquanto triunfar é um prazer. Então não é de admirar que estejamos sempre nos analisando e nos criticando internamente, talvez com muito mais rigidez do que deveríamos.

Outra razão que nos leva a julgar nosso desempenho é o fato de que, ao fazer isso, ficamos mais calmos e com certa sensação de controle. Situações imprevistas e ambíguas tendem a nos deixar vulneráveis e expostos. Procurar realizar nossas tarefas da melhor forma possível, às vezes beirando o perfeccionismo, nos proporciona uma sensação de controle. Antes de grandes eventos, eu costumo imaginar precisamente o que pretendo falar. Hoje percebo que isso representa uma tentativa de dominar meu destino quando as coisas parecem estar tomando rumos indesejados.

É evidente que eliminar a tendência ao perfeccionismo exige que tenhamos muita confiança em nossa capacidade de atingir nossas metas. É exatamente esse tipo de autoconfiança que desejo que você adquira. Posso assegurar que você será grandemente recompensado se conseguir fazer isso. Depois de pedir aos meus alunos ou ao público das minhas palestras que deixem o autojulgamento de lado, eu peço a eles que repitam o jogo "Grite o nome errado". A maioria deles joga de maneira bastante diferente e os sorrisos crescem nas suas faces. Eles se movem mais rapidamente no ambiente para apontar para os objetos e não têm dificuldade em escolher as palavras erradas, se divertindo bastante na dinâmica.

Nós nem sempre nos permitimos *viver* sem nos preocupar excessivamente com o que fazemos. Mas deveríamos.

TER CORAGEM DE SER TEDIOSO

Como podemos parar de nos julgar com tanta severidade? Uma técnica muito eficiente que é tão surpreendente quanto simples é o fato de nos permitirmos fazer o que precisa ser feito. Nada mais, nada menos. Em vez de se empenhar para brilhar, concentre-se em apenas passar o recado para a audiência.

Essa técnica constitui o princípio central do mundo da improvisação. Os grandes improvisadores ultrapassam os obstáculos colocados pelo perfeccionismo dizendo a si mesmos que "bom o suficiente já é ótimo" e que eles devem ter a "coragem de ser tediosos".[8] Eles sabem que quanto mais você ousa ser tedioso, maiores são as chances de que seja qualquer coisa *menos* tedioso, porque estará usando ao máximo todos os seus recursos cognitivos ao se comunicar com o público. "Ser óbvio é o mantra criativo mais forte que existe", me confidenciou o especialista em improvisação Dan Klein. "Quando tenta ser original, você se parece com todo mundo que também tenta parecer original, ao passo que quando você é óbvio, você expressa a própria personalidade — e isso é muito mais autêntico."[9]

Steve Johnston, executivo do setor de entretenimento, foi presidente e sócio administrador do ícone da comédia Second City durante cerca de vinte anos. Atualmente ele ajuda a administrar a Mindless Inc., uma instituição que preconiza e emprega métodos de improvisação capazes de incrementar o desenvolvimento cerebral. Ele comentou que as pessoas tendem a pensar que precisam ter uma Ideia Genial para discursar, passando uma mensagem bela, importante ou transcendental — o que ele compara com uma catedral. Mas o fato é que contribuir para a construção de uma conversa com um único tijolinho também é importante. Nós contribuímos com tijolos ao esperar, escutar atentamente e, às vezes, oferecer algum tipo de conexão entre as ideias alheias. Não precisamos dizer sempre algo original ou inovador. É suficiente — e, com frequência, extremamente poderoso — ajudar a levar uma discussão adiante ao estabelecer conexões entre as diferentes opiniões. Não tente ser uma catedral. Concentre-se em ser o tijolo mais útil que você pode ser.

Cultivar uma atitude tediosa pode nos parecer estranho no começo e até um pouco inquietante. Quando convido meus alunos de Stanford a terem coragem de ser tediosos, eles olham espantados para mim e chegam a suspirar. Ninguém jamais os convidou a fazer algo do gênero. Mas suspender o autojulgamento e abandonar um pouco o controle excessivo é precisamente o que esses estudantes precisam para conseguir se comunicar espontaneamente de maneira eficaz. Eles já são inteligentes, motivados e proativos, de modo que o próximo passo é pegar os preciosos recursos cognitivos que estão desperdiçando na busca pela perfeição e redirecioná-los para estarem presentes e engajados na tarefa que precisam desempenhar. Essa mudança necessita de certo esforço de início, o que pode parecer contraditório com minha tentativa de fomentar o uso de menos energia. Mas os estudantes percebem que passam a se comunicar com mais tranquilidade e autenticidade com a prática.

Lembre-se de que não existe certo ou errado no que diz respeito à comunicação, apenas maneiras melhores ou piores. Mudar o anseio de fazer uma palestra perfeita para simplesmente realizá-la elimina a tensão. Isso nos permite nos concentrar menos na melhor maneira de se comunicar e apenas atuar de forma mais autêntica e eficaz. Nossa comunicação se torna mais fácil, menos penosa e muito mais pessoal. Nós podemos focar aquilo que é de fato necessário em vez de dispersarmos nossa atenção censurando nossa fala.

TENTE ISSO

Reserve um minuto para pensar em uma ou duas ocasiões em que você se comunicou espontaneamente muito bem — quando apenas fez aquilo que precisava ser feito e não avaliou indevidamente seu desempenho. Como se sentiu depois? Lembre-se de que pode repetir esses bons desempenhos e confiar mais em si mesmo ao adotar uma postura mental de "ter coragem de ser tedioso".

FAÇA TOMADAS PERDIDAS

Quando concedemos a nós mesmos a permissão de atuar sem a obsessão pela performance perfeita, podemos começar a nos libertar da pressão de evitar os erros a todo custo.

Ao aceitar os erros, aprendemos a julgá-los da maneira correta: não como opositores do sucesso, mas como um caminho até ele. Quando o professor de marketing em Stanford, S. Christian Wheeler, participou do meu podcast, salientou que os erros e os fracassos são naturais e essenciais no processo de aprendizado. Quando somos bebês e crianças, não nos preocupamos em cometer erros. Estamos sempre nos atrapalhando nas tarefas mais simples: andar, usar uma colher, amarrar os cadarços dos sapatos. Quando nos tornamos adultos, nós procuramos nos distanciar dos erros, o que nos impede de aprender e crescer. "Precisamos aprender que o fracasso é algo grandioso", diz Wheeler, "porque ele nos indica que estamos atuando além das nossas possibilidades e que precisamos adquirir outras habilidades para sermos capazes de lidar com a situação".[10]

Podemos diminuir ou até eliminar nossa tendência de autoavaliação negativa e autorrecriminação ao escolher aceitar ou mesmo acolher nossos erros. Permitir que qualquer pequeno deslize que cometemos — ou que pensamos ter cometido — nos estresse é mentalmente exaustivo. Descobri ser útil encarar os erros como as "tomadas perdidas" que costumam acontecer durante a produção de um filme. Quando uma equipe filma uma cena, ela sempre realiza diversas versões, ou "tomadas". Talvez prefira fazer um close-up em vez de um plano aberto, ou que os atores estejam de pé e não sentados, ou ainda que mudem o tom das suas falas e assim por diante. Eles fazem isso não porque alguma tomada é necessariamente certa ou errada, mas porque o diretor ou a equipe desejam ampliar o leque de opções e ter certeza de que não deixaram escapar nenhuma forma de melhorar cada cena. Eles buscam a variedade — as tomadas que sejam mais criativas, únicas e impressionantes.

Podemos encarar nossas palestras e demais falas públicas como oportunidades para testar diferentes formas de expressão (falarei mais a respeito disso no próximo capítulo). Quando eliminamos a pressão de cada interação, os eventos se transformam em apenas mais uma "tomada" entre tantas outras, uma que ajudará a nos revelar a forma mais eficaz de comunicação. Encarados desta forma, os erros podem nos ajudar. Em vez de nos diminuir, eles podem nos empoderar e nos conduzir ao caminho para nos tornarmos melhores comunicadores.

Encarar os erros como "tomadas perdidas" pode ser incrivelmente poderoso, e não apenas quando o assunto é se comunicar. Como praticante de longa data das artes marciais, certa vez cheguei em um momento em que fui barrado por um muro — metafórico, e não concreto — e não sabia o que fazer para ultrapassá-lo. Eu havia atingido certo nível de competência, mas não conseguia ir além.

Um dos maiores problemas, como descobri mais tarde, era a maneira como eu estava desferindo o soco. Na minha ânsia de dar o soco perfeito, eu estava deslocando meu corpo de uma forma que diminuía a força dos meus golpes. Meus socos poderiam parecer bons, mas na verdade eram pouco eficientes.

Para corrigir esse problema, tive que me concentrar nas tomadas perdidas em vez de ficar só pensando naquilo que eu achava ser a forma perfeita de golpear. Tentei diversas maneiras de mover o corpo no momento em que desferia os golpes e, a cada nova tentativa, observava o resultado obtido, avaliando sua eficácia. Alguns ajustes que tentei não deram certo — e até me fizeram sentir dor em locais nos quais não deveria sentir — ou então a potência dos meus golpes diminuía, ou, na melhor das hipóteses, continuava igual. Eu então descartava cada tomada perdida e tentava outros ajustes, até enfim descobrir uma forma de alinhar o corpo no momento de desferir o soco que proporcionava muito mais força ao golpe. Meu jeito não era o mais perfeito, mas era o que funcionava melhor para mim. Foi somente quando passei a considerar o erro como parte importante do processo de aprimoramento que eu consegui melhorar de fato.

No contexto profissional, podemos aceitar e processar bem os erros admitindo-os publicamente e trabalhando metodicamente para eliminá-los. Uma empresa de informática na qual trabalhei promovia o que eles denominavam de "Sextas dos fracassos". Toda sexta-feira a empresa inteira se reunia para almoçar, e, neste encontro, alguns colegas compartilhavam uma experiência malsucedida que tiveram no decorrer da semana. Os chefes, então, concediam um prêmio para o "melhor" fracasso. O objetivo era desmistificar o fracasso de forma a estimular o processo de correr riscos e motivar a equipe a aprender com os erros. O interessante é que o fracasso vencedor não podia ser igual a qualquer outro já ocorrido, precisava ser diferente, pois as experiências malsucedidas só são valiosas quando dedicamos tempo para aprender as lições que elas podem nos ensinar.

TENTE ISSO

Pense em um tipo de comunicação verbal que você faça com regularidade, como uma avaliação semanal ou reunião virtual. Desafie a si mesmo a experimentar novas estratégias de comunicação. Você pode transmitir uma emoção diferente, modular sua entonação, transformar uma afirmativa em uma pergunta, pedir que os outros exponham os seus pontos de vista, mudar sua postura corporal e assim por diante.

CONVERSAS, NÃO PERFORMANCES

Tenhamos consciência disso ou não, a maioria de nós lida com as situações inesperadas de comunicação espontânea da mesma forma com que encara as palestras e conferências formais: como performances. Quando encontramos um grupo de pessoas pela primeira vez, conversando descontraidamente, ou falamos diante de um público maior do que o normal, tendemos a nos sentir como se estivéssemos no palco diante de uma plateia. Mas isso pode acontecer até diante de apenas duas ou três pessoas, caso elas nos façam sentir sob pressão. Nós presumimos que essas pessoas estão examinando criticamente cada um de nossos gestos, julgando-os de modo criterioso. Isso pode aumentar a pressão sobre nós, levando-nos a tentar ajustar nossa comunicação de modo a corresponder às expectativas da audiência.

Pense em atividades em que realizamos performances: quando tocamos um instrumento musical, praticamos algum esporte ou atuamos em uma apresentação teatral. Nesses casos, existe uma maneira certa e uma errada de se comportar. Quando desafinamos, perdemos um passe ou esquecemos nossas falas, o erro fica evidente para todo mundo. Algumas modalidades esportivas chegam a quantificar quantos passes um jogador errou ou quantas cobranças de pênalti ele perdeu.

Levando isso em conta, encarar as oportunidades de comunicação espontânea não como performances, mas sim como *conversas*, pode nos tranquilizar. As conversas são mais corriqueiras e descontraídas do que as performances. Normalmente não ensaiamos antes de conversar com alguém. Não pensamos a respeito de erros ou acertos enquanto conversamos, apenas tentamos seguir o fluxo e estabelecer uma conexão com o outro. Embora algumas conversas sejam desagradáveis e nós possamos nos sentir julgados, ainda assim o desconforto é muito menor do que em apresentações diante de um grande grupo. Podemos relaxar e ser nós mesmos.

Para sermos capazes de encarar comunicações como conversas, são necessários três passos. Em primeiro lugar, devemos *ajustar o uso da linguagem*. Quando estamos em um palco ou em uma saia justa, tendemos a usar palavras frias, formais e passivas. Fazemos isso porque ficamos ansiosos e procuramos nos impor diante dos ouvintes. Às vezes aumentamos o distanciamento entre nós e eles ao cruzar os braços ou recuar para o fundo do palco.

Vamos supor que você seja um médico e está diante de um grupo de colegas. Talvez você se pegue fazendo comentários como: "É imperativo que os médicos sejam convocados a resolver esse problema." Palavras como essas criam uma distância entre você e os outros. Mas se você disser "*Nós* precisamos revolver esse problema", estará falando de maneira não só mais simples e sintética, como também mais persuasiva. A palavra "nós" é mais inclusiva e torna a comunicação mais direta, mais próxima de uma conversa informal. Quando você emprega uma linguagem como essa, seus interlocutores tendem a fazer o mesmo. A sensação de interação como performance se dissipa, e a conexão com os demais é reforçada. Você se torna mais capaz de resolver o problema em questão simplesmente dizendo de forma clara que essa é uma tarefa que deve ser resolvida por todos os presentes.

Outra forma de transformar comunicações em conversas é *fazer mais perguntas*. As perguntas, até as retóricas, são uma via de mão dupla. Você não está mais sozinho "em cima do palco" e diante do público — você estabelece um diálogo. Até quando estiver fazendo uma declaração, pode encará-la como se fosse a resposta para uma pergunta não formulada. Isso basta para estabelecer um tom de diálogo com os demais, aliviando a pressão sobre você.

Responder às próprias questões não formuladas também pode servir para aliviar a pressão nos casos de palestras formais. Um professor muito distinto que conheço, ganhador do prêmio Nobel, desejava melhorar a qualidade das suas conferências, que julgava adequadas, porém um pouco rígidas. Ele passou então a estruturar suas falas em torno de importantes questionamentos que surgiam no decorrer das pesquisas, usando essas questões como títulos dos slides da apresentação. Elas passaram a servir então de indicadores do conteúdo a ser tratado, e ele começou simplesmente a fornecer ao público as respostas para essas perguntas. Essa estratégia tornou suas conferências mais semelhantes a conversas descontraídas, permitindo que ele se conectasse com o público e se sentisse mais relaxado. O professor não estava interessado em apresentar cada ideia com um planejamento rígido para torná-la mais elegante ou perfeita. Ele simplesmente passou a dialogar descontraidamente com os ouvintes, antecipando as perguntas que eles poderiam ter e fornecendo as respostas.

Por fim, devemos nos *precaver em relação à armadilha da memorização*, na qual muitos de nós caem. Quando nos preparamos para entrevistas de emprego ou outra situação em que precisaremos falar de improviso, vale a pena pensar antecipadamente em alguns pontos fundamentais ou em algumas respostas prontas que podem ser usadas, pois assim saberemos exatamente o que dizer quando necessário.

Anotar o que desejamos dizer pode nos ajudar bastante, mas memorizar talvez seja contraproducente, porque pode passar a sensação de que nossa comunicação é excessivamente formal ou demasiado ensaiada, e aumentar nosso nível de ansiedade quando tentarmos nos lembrar de considerações longas demais ou dos comentários engraçados que desejamos encaixar em nossas falas. Nós passamos a examinar detidamente tudo aquilo que falamos e prestamos atenção excessiva a qualquer desvio do roteiro, considerando-o um erro. Além disso, empregando muita energia mental para lembrar nossas falas, reduzimos a capacidade de reagir com naturalidade às observações feitas pelas outras pessoas. Nossa capacidade cognitiva é diminuída, tanto para escutar o que os outros estão dizendo quanto para elaborar uma resposta.[11] Ficamos presos em nossas mentes, e não onde deveríamos estar: presentes no momento.

Em vez de tentar memorizar suas palestras, faça notas sintéticas e objetivas dos pontos-chaves que deseja desenvolver. Ao montar uma estrutura de fácil memorização para a sua apresentação, você poderá estudar detalhadamente o material e preencher as lacunas de modo mais eficiente à medida que avançar em sua fala. (Você encontrará mais a respeito de estrutura no Capítulo 5.)

SAINDO-SE BEM DO SEU PRÓPRIO JEITO

Conselho	Explicação	Resultado
Fique atento às heurísticas	Em geral, apelamos para elas em caso de estresse. Comece a perceber se você está com fome, cansado ou irritado.	Quando reflete e desacelera, você consegue ser mais original e conectado.
Ouse ser tedioso	Não se preocupe em "fazer a coisa certa". Siga o conselho da Nike e "Apenas faça".	Quando para de monitorar ou se preocupar demais com a performance, visando à perfeição, você abre espaço para a criatividade e se sente mais livre.

Conselho	Explicação	Resultado
Aceite os erros	Encare o fracasso como uma etapa do caminho para o sucesso.	Em vez de considerar seus deslizes como fracassos, pense em si mesmo como uma estrela de cinema lidando com uma "tomada perdida" em uma filmagem.
Converse	Lembre-se de que as pessoas não estão o julgando tão severamente quanto você pensa.	Quando encaramos nossas interações públicas como conversas em vez de performances, as coisas fluem bem melhor.
Escolha a informalidade	Para transformar performances em conversas, recalcule a rota, ajuste sua linguagem e torne-a mais casual.	Você consegue ser mais convincente quando muda a forma de se expressar, adotando um tom menos rígido.
Dialogue. Não faça monólogos	Você não deve se comportar como um sábio no palco. Assim, faça perguntas e troque ideias com o público.	Tanto a vida quanto as palestras são mais agradáveis e bem--sucedidas quando existe uma via de mão dupla.
Espontaneidade é sempre melhor	Resista à tentação de decorar suas palestras. Basta tomar notas e fazer um roteiro dos pontos principais.	A memorização sobrecarrega o cérebro, causa estresse e torna nosso desempenho excessivamente formal.

RECONECTE-SE COM O SEU EU ESPONTÂNEO

Anthony Veneziale é um grande mestre em comunicação espontânea. Desde o início da década de 2000, participa do grupo de comediantes de improviso Freestyle Love Supreme, que fundou em parceria com Lin-Manuel Miranda, e já foi premiado com um Tony. Ele também é cofundador da empresa de *coach* em comunicação Mindless Inc. e da FLS Academy, uma entidade dedicada a "promover as vozes criativas que se expressam usando a improvisação e o *freestyle rap*".[12] Se existe alguém que sabe se comunicar bem quando se encontra sob os refletores, esse alguém é Anthony Veneziale. E se você acha que estou mentindo, dê só uma olhada no TED Talk dele de 2019, totalmente improvisado a partir de slides de um PowerPoint que ele não havia visto antes.[13] Para ele, improvisar não é apenas um passatempo interessante, nem mesmo uma carreira, é um estilo de vida.

Veneziale seria a última pessoa que você pensaria que poderia ficar nervoso quando pressionado a dar uma resposta rápida. Mas a verdade é que houve um tempo em que improvisar uma fala era extremamente difícil e estressante. Quando criança, Veneziale tinha problemas de fala que o impediam de pronunciar corretamente as letras "r" e "w". Seus quatro irmãos mais velhos implicavam com ele sem dó por causa disso, tornando-o cada vez mais tímido e temeroso de se expressar verbalmente. Ele procurava se isolar, temendo o fracasso social e a vergonha que iria passar quando tivesse que abrir a boca.

Veneziale conseguiu superar seus problemas tratando-se com um fonoaudiólogo que o desafiou a se arriscar a falar em público, se oferecendo a responder em primeiro lugar a uma pergunta em sala de aula, por exemplo, ou solicitando explicações ao professor diante de toda a turma. A cada vez que ele ousava fazer isso, o fonoaudiólogo o recompensava com bonequinhos colecionáveis ou guloseimas. E assim, graças a essa "terapia de exposição de risco controlado", aos poucos ele se tornou mais confiante, a ponto de se candidatar para um teste para a peça de teatro da escola. Como ele disse mais tarde:

"Foi tipo assim: 'Agora eu consigo fazer isso. Consigo falar *root beer* e não sai mais *woot beer*.' Minha boca não está mais cheia de pedras como eu sentia quando era criança." Ele foi ficando cada vez mais engraçado e relaxado como orador, chegando a entrar para o grupo de teatro humorístico de improviso da faculdade. Exposições pequenas, que aumentaram gradualmente, à comunicação de improviso fizeram uma profunda diferença.

Precisamos reconhecer que algumas pessoas sentem medo do fracasso com mais intensidade do que outras. É provável que quem pertence a um grupo social sub-representado se sinta marginalizado e com um peso extra nas costas devido à pressão de representar esse grupo diante do resto do mundo. Quando temos de assumir responsabilidades grandes assim, a possibilidade de fracasso se torna ainda mais assustadora e, dependendo das nossas trajetórias e experiências passadas, podemos resvalar na síndrome do impostor e sentirmos que não nos encaixamos ou que somos incapazes de atender às expectativas.

Permita-me elucidar algo: você se *encaixa* em qualquer situação e suas contribuições *são* valiosas.

Vivek Venugopal, vice-presidente comercial na Mindless Inc., nos aconselha a refletir a respeito do ponto de vista único que nós podemos trazer para qualquer tipo de comunicação pública, seja ela formal ou espontânea. Ele nos estimula a sermos nós mesmos e nos lembrarmos "da razão pela qual você foi convidado a viajar mundo afora para palestrar. A razão pela qual alguém lhe pediu que dissesse algumas belas palavras em um casamento. A razão pela qual você está engajado em uma conversa íntima com alguém. Não é por seus títulos e diplomas, mas sim em virtude do somatório das suas experiências de vida. Foi sua trajetória que trouxe você até aqui. Reconheça seus talentos individuais e os manifeste em suas falas".[14]

Acredito firmemente que todos temos uma grandiosidade interior como oradores de improviso. Só precisamos parar de criar obstáculos para nosso avanço. Em vez de apequenar nossa personalidade, mascarar nossos pensamentos e ideias com formalidades desnecessárias, devemos libertar nossas ideias e nos reconectar com nosso eu espontâneo. Como meu amigo mestre em improvisação nos lembra, nossa vida diária é espontânea. Nenhum de nós sai de casa pela manhã com um roteiro rígido preestabelecido — a não ser, talvez, políticos em campanha. Mas isso não acontece com o restante de nós. *Nós sabemos* ser espontâneos.[15] Nossa tarefa é simplesmente a de administrar nossos medos e praticar espontaneidade em nossas interações sociais.

PRATIQUE ISSO

1. Da próxima vez que participar de uma reunião, observe como costuma se comportar. Qual é o tipo de atalho mental que você usa? Por exemplo: costuma dizer "ótima ideia" para agradar seus colegas quando eles sugerem algo? Antes de apresentar ideias e responder perguntas feitas pelos presentes, você costuma dizer "boa pergunta" a fim de ganhar tempo para pensar? Identifique três tipos de atalhos diferentes que utiliza com frequência. Reflita a respeito de cada um e pense como pode reagir de maneira mais espontânea. Tente recorrer a essas alternativas nas próximas oportunidades.
2. Depois de uma nova conversa espontânea com alguém, reflita por alguns minutos. Avalie todos os autojulgamentos que fez no decorrer do encontro. Você é mais duro consigo mesmo do que imagina? Suas avaliações e seus julgamentos revelam algum tipo de padrão? Seus autojulgamentos contribuem para melhorar seu desempenho no momento da comunicação ou a tornam mais difícil?
3. Pense sobre suas falhas de comunicação e como afetaram você. Por mais dolorosas que essas experiências tenham sido, elas lhe trouxeram algum benefício? Quais foram as lições fundamentais que elas lhe ensinaram?

Capítulo 3: Redefina
REFLITA SOBRE SUA MENTALIDADE

É possível recuperar o controle quando estiver em uma saia justa. Você precisa mudar o ponto de vista.

A maioria das pessoas não gosta de se sentir perdida em um local desconhecido. Elas encaram isso como um inconveniente, uma perda de tempo e até uma ameaça para sua segurança. Então, recorrem ao GPS. Dispondo da tecnologia para dizer aonde ir, ninguém se sente inteiramente perdido e temeroso de perder o rumo e acabar em apuros em um local desconhecido. E as pessoas prestam menos atenção ao entorno e às paisagens que percorrem, pois estão mais preocupadas em chegar ao destino do que em apreciar a jornada.

Meu amigo Dan Klein, professor em Stanford e especialista em improvisação, usa uma abordagem completamente diferente. Ele costuma sair para uma caminhada ou corrida *com a intenção de* se perder. Conforme relatou no meu podcast, é óbvio que ele não tenta "se perder em algum lugar perigoso onde corra o risco de sofrer uma agressão".[1] Apenas tenta se perder um pouco, só pelo prazer da descoberta de lugares novos e potencialmente maravilhosos.

Certa vez, Klein estava correndo pela vizinhança, em Bay Area, São Francisco, e decidiu tentar uma pequena aventura. Como havia se mudado recentemente para lá, se acostumara a correr apenas ao longo de uma ciclovia perto de casa. Teve então o impulso de virar à direita em um cruzamento só para ver onde a rua ia dar e, mal havia percorrido um quarteirão, descobriu uma trilha bem no meio da cidade. Ele já passara de carro por ali, mas nunca havia reparado no caminho.

Seguindo a trilha, ele se deparou com um pequeno jardim urbano, um verdadeiro oásis verde secreto. "Eu me senti imediatamente transportado", disse ele, "não somente pela beleza da vegetação nativa da região, mas também pelo aroma das plantas. Foi uma incrível explosão olfativa de vegetação nativa californiana".[2]

Dan se deteve por um instante para absorver a sensação e apreciar a beleza natural que o cercava. Foi uma experiência memorável e enriquecedora que ele jamais teria desfrutado caso não tivesse corrido o risco de se desviar do caminho conhecido e de se aventurar em outra rua. Desde então, passou a fazer o aquecimento antes da corrida nesse jardim. Ele respira fundo e absorve os perfumes das plantas, "e então eu estou preparado para correr".

Quando rompemos com nossas metas e expectativas habituais, saudando o mundo com a mente aberta, curiosidade e um espírito aventureiro, podemos nos beneficiar de diversas maneiras inesperadas. Isso é válido para quando nos desviamos do caminho de sempre e também para quando nos comunicamos espontaneamente. Ao transformarmos nosso modo de pensar, podemos acolher as demandas inesperadas de comunicação espontânea sem temor, encarando-as como boas oportunidades de aprendizado, crescimento e colaboração. Ao realizar essa mudança, obtemos melhores resultados como oradores ao mesmo tempo que passamos a realmente curtir a jornada.

O estresse da comunicação espontânea nos leva a encará-la como algo ameaçador, como uma cruzada na qual deveremos nos defender e nos proteger. Gastamos tanta energia nos preparando para defender nossos pontos de vista que acabamos sem forças para realizar uma comunicação criativa e atraente. Além disso, passamos a emitir uma série de sinais físicos ou emocionais de que as coisas não vão bem. Nosso pensamento se torna defensivo em vez de inclusivo. Adotamos uma postura defensiva, chegando às vezes a dar um passo para trás ou a nos esconder atrás de uma cadeira, desligando a câmera do computador, cruzando os braços ou nos encurvando. Nossa respiração pode acelerar, nossas cordas vocais se contraem e nossa voz fica esganiçada. Assumimos um tom defensivo — apressado, áspero, severo, incomodado —, fazendo as mensagens que transmitimos se tornarem bruscas, excludentes, distantes e antipáticas.

Ao transmutar a comunicação espontânea em uma oportunidade e não uma ameaça, podemos relaxar, deixar nossa personalidade brilhar e até nos divertir. Nosso foco se amplia para abarcar uma série de novas possibilidades. Nossos corpos se tornam maiores e mais abertos, aproximando-nos dos demais e projetando uma presença mais íntima e envolvente. Nossa fala se torna mais confiante, habilidosa e controlada, e nossa mensagem, mais empática, inclusiva e atraente. Essas mudanças acabam criando um círculo virtuoso. À medida que relaxamos, nos conectamos e nos divertimos, convidamos aqueles ao nosso redor a fazer o mesmo. A positividade, a abertura e a curiosidade deles nos estimula a ir cada vez mais longe.

A essa altura é justo reconhecer que os propósitos das diferentes comunicações são distintos entre si. No caso das entrevistas de emprego, de uma argumentação de venda competitiva, eventos acadêmicos e de outros contextos semelhantes, é bem provável que encontremos pessoas tentando nos derrubar — sem dúvida eu me deparei com algumas. Em momentos de adversidade é provável que encontremos um público cético ou até mesmo hostil, sobretudo no caso das interações on-line. Mas é exatamente nesses casos que nossas habilidades de comunicação se tornam mais úteis e valiosas. Não apenas isso: podemos reformular nossa percepção dessas "ameaças" para que elas passem a nos ajudar de maneiras surpreendentes.

A maioria de nós vive temendo o confronto com detratores ou provocadores. Ficamos preocupados com a possibilidade de que eles nos distraiam, nos desconcertem, encontrem uma falha no nosso raciocínio e nos façam parecer idiotas. O comediante e fenômeno das redes sociais Trevor Wallace não teme esse tipo de interrupção. Ao contrário, ele gosta dos momentos disruptivos nos quais alguém da audiência o desafia. Conforme explicou, esses momentos são únicos, possuem uma qualidade mágica especial incapaz de ser reproduzida. Em vez de tentar escapar rapidamente desses embaraços, ele busca prolongá-los, formulando perguntas para os provocadores com a intenção de ver onde a coisa vai dar. Com frequência, Wallace acaba ouvindo histórias incrivelmente cativantes que nunca teriam sido reveladas em público de outra forma. Muitos desses momentos de questionamentos tiveram resultados tão positivos que Wallace os divulgou em suas redes sociais para compartilhá-los com um público mais amplo.[3]

Nós também podemos colher benefícios inesperados caso aceitemos tranquilamente esses momentos disruptivos em nossa vida em vez de tentar escapar deles. Na maioria dos casos, todos nós temos ao menos uma habilidade que pode nos abrir para novas oportunidades e possibilidades. Mesmo que uma pessoa nos interrompa com a pior das intenções, o melhor a fazer é dialogar da forma mais tranquila e autêntica possível. Tudo depende da nossa mentalidade.

Durante uma participação no meu podcast, Alia Crum, diretora do Laboratório do Corpo e da Mente da Universidade de Stanford, definiu mentalidade como "formas de ver a realidade que moldam nossas expectativas, nossa capacidade de entendimento e aquilo que desejamos fazer".[4] Com essa definição em mente, eu encorajo alunos e clientes a cultivar *quatro mudanças fundamentais de mentalidade* — mudanças nas abordagens e na forma de pensar — capazes de propiciar e incrementar uma abertura para muitas das oportunidades oferecidas pela comunicação espontânea. Algumas dessas mudanças podem soar familiares, outras nem tanto. Vamos examinar cada uma delas sucessivamente, assim como técnicas para tornar algumas mentalidades mais úteis e permanentes em nossa vida.

PRIMEIRA MUDANÇA DE MENTALIDADE: DA FIXA PARA A DE CRESCIMENTO

A psicóloga Carol Dweck de modo notório distinguiu duas formas de interpretação das nossas personalidades e potencialidades, que denominou de *mindset fixo* e *de crescimento*. Uma mentalidade fixa encara nosso conhecimento e nossas habilidades basicamente como imutáveis. Ou nós as temos, ou não as temos. Já uma mentalidade de crescimento encara nossa inteligência e capacidades de maneira mais fluida: mentes podem mudar, habilidades podem ser aprendidas, o desempenho pode ser melhorado.

Se adotarmos uma mentalidade fixa, tenderemos a desperdiçar muito tempo tentando comprovar nossa capacidade intelectual para os outros. Temos uma propensão a evitar situações desafiadoras, não nos sentimos motivados a melhorar, rejeitamos críticas e encaramos o sucesso alheio como uma ameaça ao nosso próprio sucesso. Em contrapartida, adotar uma mentalidade de crescimento dispara o desejo de aprender e progredir. Nós acolhemos os desafios, prestando atenção àquilo que possam nos ensinar. Aceitamos as críticas e nos esforçamos, pois sabemos que, com diligência e persistência, poderemos progredir. E, em vez de considerar o sucesso alheio uma ameaça, nos sentimos inspirados por esses exemplos e procuramos aprender com eles.

O trabalho de Carol Dweck lançou luz sobre os tremendos benefícios que podem ser aferidos quando pensamos em nós mesmos como pessoas dinâmicas e mutáveis. Pessoas que pensam desta forma têm uma chance muito maior de sucesso do que aquelas que encaram o próprio potencial de forma mais restritiva. Isso é bastante evidente no campo da comunicação verbal. Um estudo demonstrou que as pessoas que visualizam a si mesmas como capazes de crescer e efetuar mudanças positivas ficam muito menos ansiosas quando são obrigadas a falar em público, consideram-se mais preparadas para isso e refletem mais profundamente acerca das palestras que proferem e do impacto que causam.[5]

Uma mentalidade de crescimento corrobora com a ideia de que as comunicações espontâneas proporcionam boas oportunidades de aprendizado. Caso incorpore em suas interações sociais a noção de que ainda é um ser humano incompleto e, portanto, capaz de aperfeiçoamento, você provavelmente se sentirá mais curioso, engajado e aberto quando estiver falando em público. Não ficará tão estressado caso sua fala não saia como o planejado, pois vai encarar os deslizes como uma oportunidade de aperfeiçoamento das habilidades pessoais e de aprendizado de lições valiosas. Sem a necessidade de provar ou validar suas competências, você se sentirá menos pressionado ou acuado.

Há uma série de medidas à disposição para aprimorar nossa mentalidade de crescimento — além de ler o livro de Carol Dweck e assistir à palestra dela no TED Talk, coisas que eu recomendo fortemente.[6] Adotar e aperfeiçoar uma mentalidade de crescimento implica se concentrar no esforço empregado, e não nos resultados obtidos. Você está investindo tempo e energia no trabalho com seu PCA (o Plano de Controle da Ansiedade discutido no Capítulo 1) e deve se parabenizar por estar fazendo isso! Em eventos sociais, lembre-se sempre de que você tem contribuições valiosas a fazer e novos insights a alcançar com seus esforços. Experimente repetir um mantra para obter esse efeito, algo como "Eu tenho algo importante a dizer e a aprender".

Nos casos em que você tem dificuldade para se comunicar bem, adote o que Carol Dweck denomina de atitude do "ainda não". Você certamente tem o potencial para dominar diversos aspectos da comunicação espontânea; isso simplesmente *ainda não* ocorreu. Defina metas realistas e trace os passos necessários para alcançá-las. Avalie suas atuais competências e estude como aperfeiçoá-las e expandi-las a longo e curto prazo. Diga a si mesmo que alcançará todas as metas almejadas caso persevere no autoaperfeiçoamento e, ainda que o progresso possa ser lento, o simples fato de tentar melhorar sempre já é um ponto extremamente positivo a seu favor.

A atitude do "ainda não" também contribui para que você faça autoindagações importantes que podem estimular seu aprimoramento. Caso se sinta confuso quando tiver de responder a perguntas em público, vale a pena se questionar: como posso lembrar a mim mesmo de respirar profunda e lentamente durante uma sessão de perguntas e respostas? Quais são as heurísticas que estão me atrapalhando nessas situações? Qual é o mantra que devo utilizar para lembrar a mim mesmo que uma sessão de perguntas e respostas é uma oportunidade para a realização de tomadas perdidas?

À medida que for atingindo suas metas no campo da comunicação espontânea, se concentre na jornada em curso e não no resultado que está tentando obter. Visualize suas metas como uma trilha desafiadora ou uma montanha a ser escalada, empregando termos como "processo" e "aventura" para se lembrar de que a jornada ainda está em curso. Tome nota durante o percurso e revise seus insights e observações periodicamente, para avaliar o processo como um todo, incluindo os altos e baixos que você vivenciou.[7] Como as pesquisas efetuadas por Szu-chi Huang e Jennifer Aaker demonstraram, quando utilizamos a metáfora da jornada, nós nos tornamos mais dispostos a perseverar até atingirmos os nossos objetivos.[8]

TENTE ISSO

Pense em um aspecto da comunicação espontânea que você deseja adquirir ou aprimorar, como eficiência ao responder às perguntas da plateia, fazer um brinde em uma cerimônia ou corrigir um erro cometido no decorrer da fala. Quais são as etapas necessárias para atingir essas metas? Como você pode se concentrar em pequenos esforços para desenvolver as habilidades que deseja? Que passos você já deu? O que está funcionando e o que pode ser melhorado? A quem você pode pedir ajuda?

SEGUNDA MUDANÇA DE MENTALIDADE: EM VEZ DE PENSAR EM SI MESMO, PENSE NO SEU PÚBLICO

Quando consideramos ameaçadoras as situações em que precisaremos nos comunicar espontaneamente, concentramos a atenção em nós mesmos. *Somos nós* que estamos em uma saia justa. *Somos nós* que devemos provar nosso valor ou então fracassar. À medida que pensamos cada vez mais nessa ameaça, continuamos a focar a atenção direta e exclusivamente em nós — no que estamos dizendo, em como estamos agindo. Quando nos concentramos nos outros, passamos a nos preocupar demais com a forma como eles reagem a nós.

É possível quebrar essa dinâmica e adotar uma mentalidade de oportunidade ao mudar o foco de nós mesmos para o público. Quem são exatamente as pessoas que compõem nossa audiência? Com o que se importam? O que estão pensando nesse exato momento? Do que precisam e o querem de nós? Ao fazermos essas perguntas, constatamos que estamos em uma situação na qual temos condições de aprimorar o conhecimento e melhorar a vida de outras pessoas. Dependendo do conteúdo que temos para passar e do contexto, nós podemos empoderar, aprimorar, educar, inspirar ou divertir a plateia com nossas observações.

Patricia Ryan Madson, uma especialista em improvisação que é professora emérita da Universidade de Stanford, assinala que a primeira coisa que diz aos alunos em suas aulas é que improvisação "não se trata de você, mas sim das demais pessoas presentes e da maneira que podemos colaborar com elas para conseguir fazer alguma coisa em conjunto naquele momento específico".[9] Ela não é a única a compartilhar essa sabedoria. Ao longo de numerosas entrevistas que fiz para o meu podcast, uma das ideias que meus convidados enfatizaram com bastante frequência foi exatamente a de que é necessário se concentrar na audiência. Nosso desempenho melhora enormemente quando consideramos a comunicação espontânea uma oportunidade de prestar serviço aos outros e, no processo, aprender e aprimorar a nós mesmos. Ao fazer essa mudança de ponto de vista, conseguimos diminuir a pressão e buscar objetivos mais elevados.

Para que fique mais concentrado na audiência, Madson sugere que você comece a observar as pessoas e o ambiente assim que entrar na sala ou no auditório. Ensina ela: "Tente realmente se tornar um especialista, mas não no seu conteúdo, e sim naqueles ali reunidos e no que está acontecendo no momento." Madson assinala que, em ocasiões em que precisou se comunicar de maneira mais formal, as informações que ela captou do público a fizeram alterar algumas vezes os pontos que pretendia abordar. Talvez o ambiente fosse especialmente elegante, ou ela notou algum outro detalhe relacionado com o público sobre o qual precisava comentar. Nos casos de comunicação espontânea podemos obter uma série de valiosas informações, como o humor do público, o nível de energia deles, suas preferências e rejeições. Essas percepções nos fornecem dicas acerca do que as pessoas esperam de nós e qual seria a melhor forma de ajudá-las.

TENTE ISSO

Da próxima vez que participar de uma reunião, festa ou qualquer outro evento no qual possa ser convocado a improvisar uma fala, leve um tempo observando o contexto social. Preste atenção em quem está conversando com quem, em que local do salão ou do auditório as pessoas estão acomodadas, quem está mais animado e quem está mais ausente e qual é a energia geral. Observe também certos detalhes do ambiente, tais como iluminação, temperatura, mobília e assim por diante. Você ficará surpreso com a quantidade de informação útil que conseguirá obter com essa avaliação e como isso vai fazê-lo se sentir.

Ao considerar uma plateia, devemos nos lembrar de que, na maioria dos casos, nossos interlocutores *desejam* ver o nosso sucesso. Apesar do que se possa pensar, a verdade é que pouquíssimas pessoas desejam assistir a situações embaraçosas. Tudo o que nosso público deseja, na maioria das vezes, é uma interação agradável, produtiva e bem-sucedida conosco. Como Madson explica: "Ao contrário do jurado de uma competição olímpica, que fica escrutinando o desempenho dos atletas em busca do mais ínfimo erro, a audiência (seja de um seminário ou de uma apresentação artística ou profissional) é composta por um bando de pessoas iguais a você; elas estão ali para aprender com você e se divertir junto com você. Mas nós nos esquecemos disso quando ficamos imaginando situações catastróficas que podem ocorrer nas nossas apresentações."[10]

Imagine que você trocou de lugar com a plateia: *você* vai torcer para que essa pessoa fracasse? Caso tenha sido convidado para um evento, deva participar de uma reunião ou tenha iniciado uma conversa, você vai querer que as outras pessoas se sintam desconfortáveis e incapazes de se expressar com clareza? Lógico que não! O que você *gostaria* de ouvir caso estivesse escutando a si mesmo? Que tipo de experiência desejaria ter? Que tipo de informação ou de mensagem consideraria importante transmitir aos outros?

A executiva do Google Kathy Bonanno acredita que a maioria das pessoas em uma plateia nutre um simples desejo ao fazer perguntas ao palestrante: "desfrutar um bom momento" com o conferencista, ampliando um sentimento de conexão e cumplicidade. Assim, quando responde a perguntas do público, Kathy se empenha em criar esse tipo de situação. Segundo ela, essa técnica mental "realmente me fez relaxar bastante. Tudo o que desejo fazer é tentar estabelecer uma real conexão com as pessoas".[11] E, a julgar pelo feedback positivo que ela tem recebido, essa tática funciona mesmo.

Concentrar-se na experiência do público não implica negligenciar a nós mesmos, significa simplesmente que iremos nos sentir mais relaxados diante das pessoas caso tenhamos uma expectativa clara do que criará um bom momento com elas. Por exemplo, caso um amigo lhe solicite um conselho ou opinião, indague a respeito do contexto específico em questão e qual tipo de retorno ele espera obter de você. Ao compreendermos melhor nosso público, podemos nos comportar de maneira mais autêntica com ele e, em consequência, servi-lo melhor. O esforço consciente de nossa parte para estabelecer essa conexão fará com que passemos de uma posição defensiva para uma postura aberta em relação a tudo aquilo que podemos vivenciar ou realizar em parceria com o público.

Por último, quando estiver pensando sobre o que precisa para ser bem-sucedido, imagine como a situação ideal poderia ser. Da mesma forma que qualquer tipo de cuidador deve primeiro cuidar de si mesmo antes de ter condições de cuidar dos outros, nós precisamos garantir que temos o que necessitamos em todos os momentos para sermos capazes de nos comunicar com a máxima eficiência. Vivek Venugopal, da empresa de treinamento de comunicação Mindless Inc., aconselha as pessoas a "abraçar sua diva interior", pois "as divas sabem do que precisam para ter a melhor performance possível e têm a autoconfiança necessária para pedir por isso". Caso seja solicitado a fazer um brinde ou um tributo e queira sentir que as pessoas estão realmente prestando atenção, peça gentilmente que deixem os celulares de lado por um instante. Se deseja que os ouvintes estejam realmente atentos e engajados, explique a eles que essa não será uma comunicação de mão única, com apenas você falando e eles escutando. Seja honesto e direto com o público e isso será melhor tanto para você quanto para eles.

TENTE ISSO

Pense nos diferentes conferencistas e comunicadores, das mais diversas áreas de atuação, que você mais admira. Quais são os melhores palestrantes que você já ouviu e o que há de tão especial neles? Quais são seus oradores ou líderes empresariais favoritos e o que você mais admira no comportamento deles? Faça uma lista de táticas e ações eficazes e tente incorporar algumas delas quando precisar improvisar uma fala.

TERCEIRA MUDANÇA DE MENTALIDADE: DO "SIM, MAS..." OU "NÃO!" AO "SIM, E..."

Surpresa: eu tenho um presente para você! É outro jogo. Para esse aqui você vai precisar de um parceiro. Caso esteja em casa, peça ao seu marido ou a sua esposa, seu filho ou seu colega de apartamento que jogue com você. Se estiver lendo no trabalho no horário de almoço, chame um colega para ser seu parceiro. Caso esteja sozinho, convide um amigo que esteja on-line. O que desejo que você e seu companheiro de jogo façam é dar um presente imaginário um para o outro.

Seu parceiro deve lhe dar o presente primeiro. Peça que ele o segure nas mãos em frente ao corpo, como se estivesse entregando a você uma grande caixa embrulhada e com um belo laço. Sua tarefa consiste em fingir receber o presente, pegar a caixa, abri-la, olhar o que há dentro dela e dizer: "Ah, isso é maravilhoso! Muito obrigado pelo _____ (preencha com o conteúdo da caixa)." Diga a primeira coisa que lhe vier à mente para ser seu presente imaginário. Pode ser um bebê rinoceronte. Um abajur. Uma caixa de sabonetes. Um par de tênis velho e fedido. Seja o que for, agradeça ao seu parceiro de jogo por tê-lo presenteado com isso. Então, será a vez do seu parceiro explicar por que escolheu justamente esse presente, falando também de improviso tudo o que lhe vier à cabeça.

Por exemplo, ao abrir a caixa você exclama: "Oba! Muito obrigado por essa tartaruga!" E seu parceiro responde: "Ah, eu sabia que iria gostar porque você era muito fã das Tartarugas Ninja. Então, não seria uma ótima ideia ter a própria tartaruga?" Esse é um jogo que trabalha com dois tipos de espontaneidade diferentes: ao escolher o presente e depois em justificá-lo.

Agora, jogue de novo, mas trocando de papel com seu colega: dessa vez é você que vai dar o presente. Não é legal receber presentes mesmo que sejam imaginários? Quando meus alunos ou os membros da audiência das minhas palestras fazem essa dinâmica entre si, o resultado é sempre muito legal. Todo mundo se diverte, ri bastante, cria cumplicidade. As pessoas realmente se *conectam* umas com as outras.

Essa dinâmica de improvisação foi uma das primeiras que eu experimentei e permanece sendo uma das minhas favoritas. Nas mãos de grandes mestres dessa técnica, como Adam Tobin e Dan Klein, esse jogo pode ter resultados brilhantes e inesquecíveis. Eu o indiquei a você por duas razões: primeiro, pelo fato de evocar o tema principal deste capítulo: o que aconteceria se encarássemos nossos deslizes ou as perguntas desafiadoras do público como oportunidades e presentes em vez de desafios e ameaças? Não seria incrível? A experiência não se tornaria muito mais engraçada e prazerosa? Nós não estabeleceríamos uma conexão muito mais profunda com as pessoas ao nosso redor?

Esse jogo também representa mais especificamente a mudança de uma mentalidade, consolidando a concepção da comunicação espontânea como uma oportunidade. Frequentemente tendemos a resistir às ideias alheias que nos são apresentadas. Mesmo nos casos em que evitamos dizer "não" logo de cara, às vezes respondemos com uma variante do tipo: "Sim, mas..." Ou "Sim, parece uma boa ideia, mas seria melhor pensar mais sobre isso". Ou ainda: "Sim, entendi o que quer dizer, mas acho que você está errado." Nós criticamos, protestamos, fazemos ressalvas.

Nesse jogo não fazemos nada disso. Ao contrário: validamos tudo o que nossos parceiros dizem, enquanto eles também validam nossas respostas espontâneas. Cada participante diz algo bobo ao receber um presente. Embarcando na história, o parceiro aceita a sugestão dada sem restrições. Ele não reage de forma crítica, dizendo algo como: "Não foi isso que eu te dei." Em vez de "Sim, mas...", ele responde: "Sim, e..."

O conceito de "Sim, e..." é um dos princípios da improvisação.[12] A cada minuto nós nos distanciamos de uma postura crítica para nos concentrar na afirmação daquilo que nosso parceiro está dizendo e desenvolver as sugestões feitas por ele. Com essa abordagem, não existem perguntas certas ou erradas, existem apenas novas e próximas perguntas. Nós podemos responder "sim" para cada uma delas, expandindo-as com nossas contribuições.

"Sim, e..." é extraordinariamente simples e ao mesmo tempo poderoso. Concentre-se no "Sim, e..." em suas interações diárias com os outros e você passará a encarar cada momento como uma oportunidade de vivenciar algo inesperado e maravilhoso. Ao adotar essa postura, você impulsiona a si mesmo a escutar o que os outros têm a dizer para que você possa responder adequadamente (vou falar mais sobre a escuta no Capítulo 4). Você também abandona a vontade de controlar suas interações sociais ao perceber que não pode antecipar o desenvolvimento de cada encontro. Tudo o que pode fazer é escutar e responder, e então continuar a oferecer novas contribuições à medida que os outros dão as suas. Cada contribuição que fizer se torna uma oportunidade de conduzir o diálogo em uma direção nova e interessante.

Você pode adotar diversas estratégias para incorporar uma postura de "Sim, e..." em uma situação de comunicação espontânea. Em primeiro lugar, busque identificar pontos de conexão com os demais, mesmo em casos de negociações ou de conflitos. Tente partir desses pontos de concordância e procure retornar a eles no decorrer da conversa. Talvez perceba que a disposição em encontrar pontos em comum — de dizer "sim" — incentiva os outros a fazer o mesmo, permitindo que uma dinâmica positiva se estabeleça.

Eu me beneficiei com o uso do "Sim, e..." em diversas conversas desafiadoras. Ao identificar pontos de concordância com meus interlocutores, percebi que podia conduzir o diálogo em direções novas e mais criativas. Certa vez ajudei dois dos meus gerentes regionais a lidarem com a dúvida entre contratar um profissional de treinamento ou um de atendimento ao cliente. Após ouvir os argumentos de cada um deles justificando a necessidade de contratação para sua equipe, destaquei o fato de que todos nós compartilhávamos da mesma visão sobre as necessidades mais urgentes da empresa. Dessa forma, tínhamos a oportunidade de repensar a ideia do treinamento de funcionários como uma forma proativa de suporte ao cliente, podendo assim aproveitar a oportunidade para criar um novo cargo, unificando ambas as funções.

TENTE ISSO

Na próxima vez que sentir tensão ou conflito durante uma conversa, faça uma pequena pausa para estabelecer uma rápida lista mental dos pontos de concordância existentes entre você e seus interlocutores. Assim que houver identificado alguns, conduza a conversa na direção desses pontos de concordância para conseguir implantar uma dinâmica de "Sim, e...".

"Sim, e..." é uma ferramenta incrivelmente útil para desacelerar sua avaliação de uma ideia. Em vez de deixar que sua reação mais imediata dite suas respostas, use "Sim, e..." para que possa perceber a lógica básica da proposta. Ainda que a princípio pareça difícil dizer "Sim, e...", essa resposta pode se revelar mais plausível e natural quando você percebe as nuances das mensagens alheias e o contexto em que essas ideias foram geradas. Preste atenção aos seus próprios preconceitos. É fácil prejudicar a disposição dos outros em contribuir para o debate quando os julgamos precipitadamente. Por exemplo, quando você interrompe alguém ou responde muito rápido às suas sugestões, as pessoas tendem a se sentir desprezadas ou ignoradas. Em nosso curso de comunicação espontânea, Adam Tobin lembra aos alunos que, ao refrearem o impulso de julgar os outros, eles conseguem não só se abrir para novas sugestões, como também garantir uma variedade de ideias alheias.

QUARTA MUDANÇA DE MENTALIDADE: ENTRE FICAR PRESO NO QUE ACONTECEU E "A PRÓXIMA JOGADA"

No seu poderoso livro, *Improv Wisdom* [Sabedoria do improviso], Patricia Ryan Madson relata como a Universidade de Stanford solicitou que ela fizesse uma leitura na cerimônia de formatura diante de um auditório com mil pessoas, entre as quais se encontravam diversos dos membros mais influentes da diretoria. Antes de sua fala, o programa previa uma apresentação da orquestra sinfônica da universidade, após a qual Patricia devia subir no palco com uma capa sobre seu elegante vestido longo e ler uma citação de Jane Stanford, uma das fundadoras da universidade.

No dia do evento, Patricia esperou pelo fim da apresentação da orquestra e, quando achou que haviam terminado, se aproximou do púlpito e disse: "Agora, as palavras de Jane Stanford." Mas, para seu horror, a orquestra continuou a tocar. Patricia entrou em cena na hora errada, pois o previsto era que a orquestra tocasse dois movimentos e não apenas um. Percebendo a gafe cometida, risadas se espalharam na plateia.

A maioria de nós teria entrado em pânico e travado em uma situação como essa, mas não Madson. Ela simplesmente retornou ao seu assento e aguardou pacientemente. Quando a orquestra completou o segundo movimento da sinfonia, ela regressou ao palco e repetiu sua primeira fala: "Agora, sim, as palavras de Jane Stanford."

Madson aprendeu uma importante lição sobre como lidar com suas eventuais falhas: não fique ruminando a respeito delas. Apenas siga em frente. Como ela mesma explicou: "Quando você comete uma gafe, deve se concentrar no que precisa fazer adiante e não ficar pensando 'como eu fui fazer uma coisa destas?'." Ao agir assim, perceberá que a audiência apreciará sua força moral. "Acho que alguns de nossos heróis são pessoas que não se intimidam com nada. E o conselho que dou para os meus alunos é o de não se importar com os erros, pois o mais importante é sua capacidade de recuperar o controle da situação."[13]

O lendário treinador do time de basquete da Universidade Duke, Mike Krzyzewski, ou "Coach K", como ficou conhecido, ganhou fama por criar a expressão amplamente empregada no mundo do esporte "a próxima jogada". Se você errou uma cesta no basquete, não conseguiu rebater no baseball ou perdeu um passe no rúgbi, você tem que reconfigurar rapidamente sua mente para seguir em frente. Concentre-se no que precisa ser feito e não no que acabou de acontecer. Seguindo a mesma linha de raciocínio, se acertar uma cesta de três pontos, fizer um *grand slam* ou der o passe da vitória no rúgbi, você também precisa seguir em frente. Desempenho é algo fluido. Para dar sempre o melhor de si, você precisa permanecer focado no que está acontecendo no momento presente sem permitir que o que aconteceu antes quebre a sua concentração, por mais horrível ou maravilhoso que possa ter sido. Como Krzyzewski explicou certa vez: "Qualquer coisa que você tenha feito não tem a menor importância em comparação com aquilo que você está fazendo neste exato momento."[14] A antiga estrela do time de basquete da Universidade Duke e jogador profissional da NBA, Shane Battier, avaliou que o conceito da próxima jogada foi a "mais simples, porém a mais eloquente lição" que Krzyzewski ensinou aos seus jogadores.

Para os fins específicos deste livro, a ideia da próxima jogada é essencial para nos capacitar a agarrar as oportunidades que se apresentarem. Quando ficamos remoendo o passado, deixamos de prestar atenção às possibilidades latentes do momento presente. Todavia, caso consigamos nos disciplinar a nos mover rapidamente para a próxima jogada sem nos preocuparmos com aquilo que acabou de ocorrer, nós estaremos "começando do zero para lidar com a próxima oportunidade, com energia, convicção e positividade, de novo, de novo, de novo, de novo e de novo".[15]

Para muitos de nós, acionar a mentalidade da "próxima jogada" é assustador. Tendemos a ficar emocionalmente presos às nossas antigas realizações e temos dificuldade em quebrar esse padrão comportamental. Se for esse o caso, podemos praticar permanecer no momento presente e seguir para a próxima jogada com uma dinâmica que improvisadores iniciantes costumam chamar de "Nova escolha". Eles começam a interpretar uma cena e, em diversos momentos, o organizador os interrompe gritando: "Nova escolha!" O jogador deve abandonar de imediato a cena em curso e passar para a escolha seguinte, tentando responder às novas diretrizes indicadas pelos seus coadjuvantes. Você pode jogar sozinho usando um cronômetro para interrompê-lo em intervalos definidos por você ou recrutar um amigo para gritar "Nova escolha!" de tempos em tempos de modo aleatório. Praticar essa dinâmica, ainda que por uns poucos minutos, vai ajudá-lo a se sentir mais confortável em abandonar o que está fazendo e seguir em frente.[16]

A próxima vez que as coisas não estiverem indo bem no momento em que você estiver se comunicando, não se intimide. Conceda a si mesmo um breve momento para assimilar a emoção, e então se recomponha e siga em frente. Tie Kim, por exemplo, treinador voluntário de jovens — e um dos mais competentes —, usa o conceito de próxima jogada o tempo inteiro em sua vida profissional. Atuando como diretor financeiro em uma organização não governamental, ele se apresentou com frequência em ocasiões formais nas quais se atrapalhou com perguntas inesperadas vindas da plateia. Embora sinta o impulso de voltar para ter a possibilidade de corrigir o que havia dito, sua reação automática de incorporar a ideia da próxima jogada faz com que ele consiga lidar com qualquer imprevisto e possa seguir em frente com a palestra.[17] Assim sendo, suas apresentações têm sido cada vez mais bem-sucedidas.

Certa vez em 2018, logo após o massacre na Marjory Stoneman Douglas High School, em Parkland, na Flórida, eu dei uma palestra sobre a importância de escutarmos diversos pontos de vista e perspectivas. Estava empolgado em falar sobre esse tema, mas acabei me distraindo ao pensar nas histórias que tinha ouvido a respeito das jovens vítimas. Embora eu tenha levado anotações para me guiarem durante palestra, congelei e esqueci o que pretendia dizer.

Consegui dar a volta por cima simplesmente mudando o propósito que eu havia previsto para aquela apresentação. Contei ao público que eu havia passado boa parte da vida preparando pessoas com o conhecimento necessário para tornarem-se capazes de compartilhar suas perspectivas de vida, de forma que pudessem se sentir mais confiantes e ouvidas. Justifiquei meu pequeno deslize dizendo que a minha paixão pelo assunto acabou me tirando dos eixos. A clareza em relação ao meu objetivo me permitiu ajustar minha palestra naquele momento desconfortável e constrangedor. Reconheci o que havia sido testemunhado pelos presentes — que eu travei — e então trouxe a atenção das pessoas para aquilo que eu desejava tratar, seguindo adiante para a próxima jogada.

Existe uma célebre parábola zen que nos ajuda a lembrar de que não devemos julgar rápido demais os fracassos ou as vitórias, tanto os nossos quanto os dos outros. Um fazendeiro é avisado que um dos seus cavalos fugiu do estábulo. Quando seus vizinhos comentam a respeito da falta de sorte dele, o fazendeiro diz: "Pode ser." Quando o animal retorna acompanhado de diversos cavalos selvagens, os vizinhos comentam a respeito da sorte grande dele. "Pode ser", responde ele novamente. Quando seu filho tenta domar um dos cavalos selvagens e se machuca ao ser arremessado longe, os vizinhos vêm consolar o fazendeiro, que responde apenas: "Pode ser." Pouco depois o fazendeiro recebe a notícia de que as lesões do filho o fizeram ser dispensado do serviço militar. Mais uma grande notícia, mas o fazendeiro limita-se a repetir: "Pode ser."[18]

Nunca poderemos saber exatamente como um evento ou uma declaração vão impactar nossas vidas. Reviravoltas aparentemente negativas podem ser, na verdade, bênçãos disfarçadas, enquanto um golpe de sorte pode exigir sacrifícios futuros. É melhor, portanto, não perder tempo pensando nos resultados negativos ou positivos, e sim ter sempre em vista um objetivo maior. Da próxima vez que sofrermos um revés e ficarmos tentados a ruminar nossa falta de sorte, é melhor dizermos a nós mesmos: "Pode ser." E seguir em frente para a próxima jogada.

TENTE ISSO

Antes de enfrentar uma situação em que talvez você acabe em uma saia justa, escreva "Pode ser" em um pedaço de papel e o carregue em seu bolso. O ato de escrever e de carregar o papel no bolso o ajudará a evitar ficar pensando no que deve ou não dizer e, assim, a se concentrar na próxima jogada. Ou você pode também programar seu smartphone para enviar um alerta com as palavras "Pode ser" cinco minutos antes de falar em uma situação de comunicação espontânea.

ENCONTRANDO A PARTE DE CIMA NA PARTE DE BAIXO

Alguns anos atrás, quando eu liderava uma equipe em uma grande empresa, meus superiores me informaram que eu teria que demitir dez funcionários, o que correspondia a um quarto do time. A notícia causou um grande choque em mim, pois até então eu nunca precisara dispensar tanta gente de uma só vez. Ainda que eu tivesse consciência de que os negócios da empresa não iam muito bem em virtude da conjuntura geral, meus chefes me haviam dito apenas uma semana antes que minha equipe seria poupada dos cortes. Muitos dos funcionários eram amigos meus e seria horrível dar uma notícia dessas para eles. Eu me senti oprimido em todos os sentidos da palavra. Minha imagem como uma pessoa empática e um chefe solidário estava ameaçada.

Eu não tinha escolha a não ser me recompor e marcar reuniões com as pessoas escolhidas para serem demitidas. A primeira reunião foi com Sandy, uma amiga querida e gerente sênior da nossa equipe da Costa Leste. No momento em que ela entrou na sala de reuniões, senti meu estômago revirar. Eu me preocupava com o impacto que a demissão teria em sua vida, e também se a nossa amizade permaneceria a mesma depois desse episódio. Além disso, me sentia aflito por não saber se eu enfrentaria a situação com o devido profissionalismo, mas sem deixar de ser o mais empático possível.

Quando fechei a porta da sala, uma ideia me ocorreu. Sim, ter que demitir Sandy era horrível. Isso afetaria a vida dela e também a minha própria identidade. Mas e se eu pudesse enxergar um lado positivo nesta parte tão desagradável do meu trabalho? Pensei nas diferentes maneiras de conduzir a reunião. Sim, a perda de um emprego era uma experiência triste e dolorosa, mas haveria algum tipo de benefício ou de recursos embutidos naquela situação que eu poderia salientar para ajudar as pessoas a pensarem na próxima jogada? Será que conseguiria ajudar meus funcionários e amigos a superar o pânico compreensível para que pudessem começar a planejar suas próximas jogadas?

Muito embora Sandy tivesse tido sempre um bom desempenho em sua função na empresa, eu sabia que sua verdadeira paixão estava em outro lugar. Durante anos ela comentara a respeito da sua vontade de sair da firma para começar um programa de mentoria e aconselhamento para crianças deficientes. Ela havia atuado como voluntária em programas dessa natureza em algumas ocasiões e realmente havia apreciado muito a experiência. Sandy descrevia o trabalho de mentoria como um refúgio e uma experiência gratificante e mencionara diversas vezes sua intenção em se aprofundar nesse campo de atividade, incorporando técnicas e práticas que havia aprendido em nosso trabalho conjunto.

Quando nos sentamos, anunciei a Sandy sua demissão com clareza e objetividade. Depois de lhe conceder alguns minutos para se recompor, explanei as diversas formas que a empresa poderia ajudá-la a finalmente realizar seu projeto de mentoria. Indiquei o valor que ela receberia de indenização, assim como outros benefícios adicionais, e começamos a analisar de que forma isso poderia contribuir para a realização do seu sonho. Pensamos então nas diversas possibilidades de adaptar o trabalho educativo fomentado na empresa ao desenvolvimento do seu projeto pessoal.

Nossa conversa durou cerca de uma hora e foi dolorosa para ela e triste para mim, mas, ainda assim, foi melhor do que eu imaginara. Sandy não foi embora sentindo desespero. Em meio à mágoa e outros sentimentos negativos em relação à empresa, dava para ver o entusiasmo dela em relação ao futuro. Ainda que fosse difícil perder o emprego, ela percebia que essa era uma oportunidade única para mudar de carreira, construir algo a partir daquilo que ela vinha fazendo e finalmente se conectar com sua verdadeira paixão. Nos meses seguintes, Sandy deu início ao seu programa de mentoria e acabou ajudando muita gente.

Minha epifania com Sandy me forneceu a chave para lidar com as demais conversas demissionais da minha equipe. Eu reconhecia e compreendia a dor que estavam sentindo, mas também procurava demonstrar a eles a oportunidade que tinham em mãos. Eu me preparei para oferecer todas as respostas possíveis a respeito dos seus direitos após a demissão, assim como para indicar a pessoa certa para responder às indagações que eu não tinha condições de responder. Durante a maioria das conversas, passamos boa parte do tempo pensando juntos a respeito dos novos horizontes profissionais que se descortinavam para cada um dos membros da minha equipe. Diversos deles me escreveram mais tarde para agradecer a forma com que eu havia comunicado suas demissões e os ajudado naquele momento difícil.

Hoje percebo que lidei com a situação mobilizando cada uma das quatro mudanças de mentalidade que foram discutidas neste capítulo. Ao encarar as demissões como oportunidades potenciais de mudança de carreira, eu alertei aos membros da minha equipe como eles poderiam atuar para progredir (mentalidade de crescimento). Em lugar de ficar pensando em como aquelas conversas eram dolorosas para mim, eu me concentrei nas necessidades e nos desejos dos meus funcionários (pensar no seu público). À medida que os membros da minha equipe e eu analisávamos suas futuras possibilidades profissionais, complementávamos o pensamento um do outro ("Sim, e..."). Em vez de ficar paralisado e deprimido em virtude da decisão dos meus superiores de demitirem dez funcionários, procurei seguir em frente e manter conversas produtivas com os membros da minha equipe. Também busquei ajudá-los a não remoerem o que havia acontecido e se voltarem para as possibilidades que se abriam diante deles (ou seja, para a próxima jogada).

Essas conversas com os membros da minha equipe foram algumas das mais difíceis que tive em toda a minha vida. Penso nelas como uma mistura de comunicação espontânea e preparada. Meus superiores haviam me instruído a dialogar com os funcionários que seriam demitidos, mas eu não tinha a menor ideia do rumo que essas conversas poderiam tomar e me convenci de que seria necessário improvisar bastante em cada uma delas. Ao apresentar os desafios como oportunidades, pude trazer o melhor de mim em benefício dos funcionários demitidos, embora eu não tivesse a possibilidade de reverter a situação. Mas tive ao menos a chance de tornar as coisas um pouco mais toleráveis ao me concentrar no futuro e nas necessidades dos meus interlocutores.

Todos nós podemos fazer o mesmo, não apenas em momentos dolorosos como esse, mas em outras ocasiões mais amenas também. Podemos nos concentrar nas oportunidades que nos são oferecidas, liberando-nos para sermos mais criativos, vibrantes e alegres — para sermos mais felizes. Convido você a realizar essa sutil mas importante mudança de perspectiva, abandonando a postura defensiva e despreocupando-se com o resultado final. Permita a si mesmo se perder um pouco, para vislumbrar tudo aquilo que é possível. Em muitos casos, surpresas positivas podem ocorrer, mas apenas se mudarmos nossa mentalidade e nossa abordagem. Ao diminuirmos nosso anseio de controle e de proteção e adotarmos uma postura mais aberta, curiosa e equânime, criamos um novo espaço no qual nossas verdadeiras personalidades podem brilhar. Abrimos o caminho para o aprendizado e o crescimento — não apenas o nosso, mas também, e mais importante, o do nosso público.

PRATIQUE ISSO

1. Considere uma ocasião recente na qual precisou improvisar uma fala. O que as outras pessoas aprenderam com você? Como as coisas que você disse as ajudaram? Quais são as estratégias que pode adotar para lembrar a si mesmo do valor daquilo que tem a transmitir aos outros?
2. Na próxima vez em que precisar se comunicar espontaneamente, tente localizar os pontos de concordância e conexão entre você e seu interlocutor. Em seguida, analise o que pode estar o impedindo de concordar com essa pessoa. Refletindo a respeito das suas duas respostas anteriores, você pode se dispor mais facilmente a adotar uma postura do tipo "Sim, e…".
3. Pense a respeito de uma situação futura em que você possa ser convocado a falar de improviso. Faça uma lista das melhores oportunidades que podem decorrer dessa situação. Alguma delas o surpreende e o entusiasma? Agora faça uma lista das maiores ameaças que consegue antecipar. Alguma delas parece menos assustadora agora que você também está avaliando as oportunidades?

Capítulo 4: Escute
NÃO FALE POR FALAR...
ESTEJA PRESENTE

Às vezes o silêncio é a melhor forma de comunicação.

Quando a maioria das pessoas pensa em comunicação, elas pensam em falar. Contudo, para sermos realmente eficientes, também precisamos *escutar*, prestando muita atenção ao clima mental e emocional de nossa audiência para obtermos informações úteis.

Fred Dust, autor do livro *Making Conversation* [A arte de conversar] e ex-sócio e diretor mundial da empresa de design IDEO, experimentou o poder da escuta em primeira mão.[1] Em 2010, ele teve o privilégio de participar da equipe de consultores seniores do governo grego. A Grécia estava enfrentando gravíssimos problemas financeiros e buscando novas possibilidades de obtenção de recursos. Uma das possibilidades consideradas pelas autoridades era a venda de uma grande faixa litorânea, anteriormente utilizada como aeroporto, ao governo do Catar, que a desenvolveria. Diversas autoridades gregas de alto escalão, incluindo o primeiro-ministro e outros membros do gabinete presidencial, realizaram uma reunião aberta com os consultores para avaliar se esta poderia ser, de fato, uma boa ideia.

A maioria desses consultores, inclusive Dust, a consideraram óbvia, uma forma fácil de ajudar o país a evitar uma potencial falência. Aquela terra, em seu presente estado, não parecia agregar muito valor ao país — era apenas um aeroporto abandonado cheio de detritos, e o Catar parecia disposto a transformá-la em algo interessante e produtivo, capaz de beneficiar a economia grega.

O governo grego parecia concordar com essa opinião e estava inclinado a dar prosseguimento com a venda. Em vez de uma discussão aberta sobre os termos do acordo, os organizadores da reunião idealizaram o encontro como um evento planejado no qual os consultores ratificariam a ideia de venda das terras de forma a obter o aval público para o projeto.

Dust havia entrado na reunião predisposto a endossar a venda e pretendia oferecer algumas sugestões a respeito dos termos do acordo. Mas, à medida que a conversa avançava, ele notou algo peculiar: embora as autoridades gregas fossem favoráveis à venda, algumas delas não pareciam estar totalmente convencidas. De maneiras sutis — e outras não tanto —, algumas das autoridades salientaram o fato de que era importante que os atenienses, um povo tradicionalmente ligado ao mar, pudessem continuar a ter uma ligação física com ele. Como a faixa de terra em questão era uma das últimas áreas à beira-mar ainda disponíveis nas proximidades de Atenas, e como os projetos imobiliários precedentes haviam reduzido o acesso da população ao mar, eles temiam que os atenienses pudessem perder algo de espiritual e culturalmente importante para eles caso a venda se concretizasse. Conforme Dust observou: "Você podia ver e sentir como a proposta de venda da área era, na verdade, perturbadora para eles, pois implicava a perda da última porção livre à beira-mar que os atenienses ainda tinham."[2]

Quando chegou a vez de Dust expressar sua opinião, ele decidiu abandonar suas anotações e falar de improviso a respeito do descontentamento das pessoas com o plano. Ele não disse aos gregos que desistissem do negócio, mas apontou o fato de que não havia um consenso entre eles sobre tudo o que estariam sacrificando caso concretizassem a venda. Foi uma decisão arriscada, pois a reunião estava sendo filmada e Dust não queria causar qualquer tipo de problema ou mal-estar para as autoridades gregas. Conforme relatou mais tarde, ele se sentia muito desconfortável e enjoado enquanto falava, mas seguiu sua intuição apesar de tudo, expressando claramente o que acreditava que as autoridades precisavam e desejavam ouvir.

O que aconteceu em seguida deixou Fred Dust desconcertado. Quando a reunião foi adiada, diversos membros da segurança o cercaram, e Dust pensou ter estragado tudo e que o governo grego o estava escoltando para fora do país. Mas então o primeiro-ministro foi falar pessoalmente com ele. "Ele me perguntou se poderíamos jantar e disse que eu havia verbalizado exatamente o que ele e seus colegas de ministério estavam sentindo." No final das contas, a Grécia decidiu não vender a terra para o Catar. As autoridades gregas ainda precisavam encontrar uma solução para a crise econômica, mas pelo menos tiveram a satisfação de não trair o legado da capital do país. Por ter ficado alerta e escutado atentamente o que os políticos gregos estavam *realmente* falando, Dust foi capaz de rever seus planos em um piscar de olhos e improvisar um discurso autêntico que teve impacto profundo e extremamente positivo sobre a audiência.

Com frequência, durante situações em que precisamos improvisar um discurso, perdemos oportunidades de buscar sinais do que os outros estão pensando, sentindo ou necessitando. Costumamos perder essas oportunidades em virtude do ruído: físico, fisiológico e psicológico. Quando o ambiente é barulhento ou cheio de outras distrações, mal conseguimos ouvir nossos pensamentos, quanto mais prestar atenção no que os outros estão sentindo ou pensando. Nossos corpos podem nos distrair — quando estamos com fome, nervosos ou cansados, nossa capacidade de observação é prejudicada. Os fatores mentais também interferem. Julgamos o que estamos escutando ou ficamos ensaiando mentalmente o que pretendemos dizer em seguida. Nossos preconceitos e nossa presunção também fazem com que nos preocupemos mais com nós mesmos do que com o que os outros realmente precisam.

OS TRÊS RUÍDOS QUE NOS IMPEDEM DE ESCUTAR BEM

1. Ruído físico;
2. Ruído fisiológico (fome, cansaço, ansiedade);
3. Ruído psicológico (preconceitos, julgamentos, falas ensaiadas).

O PODER DE ESCUTAR

Para sermos capazes de estabelecer uma conexão efetiva com o público, concluímos que é importante combater a distração e voltar nossa atenção para ele. Precisamos escutar o que as pessoas estão dizendo e de que forma estão dizendo para conseguirmos obter dicas úteis sobre como estabelecer uma conexão real. Ao analisarmos o ambiente como um todo, seremos capazes de prestar atenção não apenas nas palavras que estão sendo ditas, mas também na comunicação não verbal e nos sinais que expressam as emoções profundas, os anseios e as necessidades do público. Como as pessoas estão reagindo ao que estamos dizendo ou fazendo? Como nosso ambiente social está influenciando nossa interação? Como nossa fala está ressoando na mente dos ouvintes, e o que não está? Que sinais a audiência está nos enviando sobre como ela se sente no momento?

Esforçar-se para responder a essas perguntas nos permitirá conduzir nossas falas de formas que as pessoas vão considerar mais relevantes, inteligentes e atraentes. Em contrapartida, acabaremos criando novas oportunidades para nós mesmos, seja para estabelecer confiança, começar um novo relacionamento, nos conectar mais fortemente de imediato, apreciar melhor as perspectivas alheias ou apenas nos tornar mais eficientes em nosso trabalho.

Ao aprender a escutar, conseguiremos obter informações e insights que não havíamos percebido antes. Isso nos permitirá identificar padrões de comportamento mais rapidamente e de diferentes formas. Ari Fleischer, secretário de imprensa na Casa Branca no governo de George W. Bush, chamava essa prática de "escutar por osmose". Ele relatou como se sentia mais apto a desempenhar suas funções quando se mantinha alerta e absorvia informação do que quando estava se pronunciando. Ele percebeu rapidamente que, em virtude da variedade de temas com os quais precisava lidar, não teria condições de opinar como um especialista a respeito de cada assunto ou de cada política com que se confrontava ao longo do dia. Em vez de se martirizar a respeito de situações para as quais não se sentia preparado, Fleischer se concentrou em incorporar o máximo de informação verbal e não verbal que podia. Quando se deparava com novas informações a respeito da política nas áreas da segurança ou da saúde pública, procurava fazer um lembrete mental e armazenar esses dados. Ele sabia que poderia utilizá-los mais tarde, quando fosse questionado ou instado a manifestar sua opinião. Com efeito, Fleischer descobriu um padrão interligando algo que tinha visto ou ouvido no passado com as coisas que via ou ouvia pela primeira vez. Conforme declarou: "Escutar por osmose realmente funciona. É impressionante a quantidade de informações que você é capaz de absorver. Um secretário de imprensa é exposto a uma infinidade de questões, e o melhor a fazer é tentar absorver tudo isso. Desta forma, quando estiver conduzindo uma coletiva de imprensa, você poderá utilizá-las."[3]

Meu mentor em improvisação, Adam Tobin, contava uma história a respeito da época em que estava expondo o conceito de um novo programa para o vice-presidente de uma rede de televisão. Uma das primeiras coisas que o executivo indagou a ele foi se o programa em questão era uma "história de ficção científica". Foi uma pergunta desconcertante, que parecia saída do nada, já que Tobin nunca associou o programa que estava tentando emplacar com ficção científica. Ainda assim, ele não descartou a pergunta por considerá-la idiota ou sem noção. Apoiando-se em seu talento para escutar e improvisar, Tobin indagou ao executivo por que ele havia feito aquela pergunta.

O vice-presidente explicou que não havia perguntado sobre ficção científica por achar que o projeto tivesse qualquer coisa a ver com o assunto, mas porque a direção da rede de televisão não queria nem ouvir falar em ficção científica — as três últimas apostas nesse gênero haviam fracassado. "O que esse executivo estava fazendo de fato", disse Tobin, "era me pedir munição para que ele pudesse convencer a direção. Na verdade, ele estava procurando resolver para mim um problema que eu nem sequer sabia que existia."[4] Tendo a paciência de escutar e estar presente, Tobin coletou uma nova informação que lhe permitiu se comunicar de maneira mais eficaz não só no momento de apresentar sua proposta de programa, como também em situações futuras. Ao saber escutar com a devida atenção, ele ampliou o leque de oportunidades que lhe eram oferecidas.

Escutar também descortina novas oportunidades, pois nos ajuda a estabelecer uma conexão efetiva com os outros. Uma pesquisa científica dividiu os participantes em duplas, nas quais uma pessoa falava e a outra ouvia. Alguns ouvintes receberam mensagens de texto pelo celular em uma tentativa deliberada de desviar a atenção daquilo que o outro participante estava dizendo. Os falantes cujos ouvintes não tiveram a atenção prejudicada pela interferência das mensagens de texto se expressaram sem ansiedade, de maneira clara e objetiva e com maior disposição em trocar ideias com seus interlocutores. Quanto mais escutamos, mais nos tornamos predispostos a estabelecer conexões com os demais. Em estudos posteriores com funcionários de empresas, os pesquisadores descobriram que "o ato de escutar parece tornar o funcionário mais relaxado, mais consciente a respeito do seu potencial e de suas eventuais debilidades, e menos predisposto a se expressar de forma defensiva".[5] Quando nos permitimos absorver mais informação e agir de maneira mais colaborativa, aumentamos as possibilidades de que nossas comunicações verbais espontâneas sensibilizem mais os ouvintes.

Por outro lado, quando não sabemos escutar, perdemos diversas oportunidades e até criamos novos problemas ao nos comunicarmos de uma forma que o público percebe como chocante, egocêntrica ou desinteressante. Quando eu estava com meus vinte anos, fui estagiário de um famoso produtor e diretor de cinema e certa vez participei de uma de suas reuniões com importantes executivos japoneses do ramo cinematográfico. Eu estava familiarizado com as normas culturais do Japão e, portanto, sabia que os executivos japoneses costumam apresentar seus cartões de visita de maneira muito mais formal do que a dos executivos norte-americanos. Quando você se encontra pela primeira vez com um contato de negócios no Japão, você segura um dos seus cartões de visita com ambas as mãos, olha para ele por um instante e só então o oferece ao seu interlocutor. Quem recebe o cartão de visitas também se comporta de maneira cerimoniosa, pegando-o com ambas as mãos, contemplando-o por um momento e então o colocando sobre a mesa diante de si.[6]

Meu chefe não tinha nenhuma noção acerca desse ritual e, quando diversos dos visitantes lhe entregaram seus cartões de visita, ele agiu como a maioria dos estadunidenses: amontoou-os sem cerimônia e os enfiou na carteira, sentando-se em seguida para realizar a reunião. Erros dessa natureza costumam ocorrer com frequência, mas a gafe pode ser corrigida caso estejamos alertas às reações alheias. Meu chefe não conseguiu fazer isso. Ele foi incapaz de perceber os sinais sutis e até os não tão sutis de que havia cometido uma gafe: uma contração nos ombros dos convidados, um riso nervoso, um silêncio constrangedor. Dois dos executivos japoneses sentados perto dele trocaram olhares desconcertados e desaprovadores. Até mesmo um jovem estagiário como eu era capaz de perceber que algo inapropriado acabara de ocorrer. A reunião durou uma hora, sem que o clima de tensão imperante se dissipasse, mas meu chefe não pareceu perceber nada.

Todos nós já falhamos em escutar os outros em diferentes situações e acabamos pagando o preço por isso. Pode ser que tenhamos apostado em uma ideia equivocada sem nos darmos ao trabalho de tentar saber o que os outros pensavam a respeito. Talvez tenhamos nos apressado em oferecer a resposta a um problema que estava sendo apresentado, quando tudo aquilo que nossos interlocutores desejavam era contar com nossa atenção e compreensão. É possível que tenhamos tentado marcar um encontro com alguém que parece estar interessado em nós, quando, na verdade, a pessoa simplesmente estava sendo gentil. É possível evitar muitos dos pequenos — e mesmo alguns dos grandes — problemas com os quais nos defrontamos no dia a dia simplesmente escutando e prestando atenção de verdade ao que os outros querem nos comunicar.

TORNANDO-SE MAIS ATENTO

Como é possível escutar mais atentamente em meio a uma situação de comunicação espontânea? Baseando-se em sua experiência como jogador universitário de basquete, Collins Dobbs criou uma engenhosa estratégia de três passos para superar as dificuldades encontradas nos relacionamentos com os outros, chamada: "Ritmo, Espaço e Graça".[7] Nós podemos empregar essa estratégia para nos ajudar a escutar, não apenas nos casos de conversas especialmente desafiadoras, como também em qualquer outro tipo de interação que possamos ter com as outras pessoas. O que essa estratégia faz, essencialmente, é nos condicionar a desacelerar um pouco, refletir a respeito do que possa estar passando na mente das pessoas ao redor e acionar *nossa* intuição sobre o que está ocorrendo. O resultado é uma forma mais empática de escutar e de obter informação mais consistente acerca do que está em jogo no momento. Vamos observar, escutar e aprender.

Primeiro passo: Diminua seu ritmo

Nossa vida é corrida, e com isso acabamos pensando rápido, falando rápido e escutando rápido. Ao desacelerarmos e nos concentrarmos em simplesmente estar presentes, prestando atenção, nos tornamos mais receptivos às mensagens alheias que não perceberíamos de outro modo.

A ex-jornalista da NPR (National Public Radio) Debra Schifrin tem uma técnica que utiliza em entrevistas denominada "última pergunta matadora". Quando uma entrevista está chegando ao fim, ela costuma indagar ao entrevistado se há algo importante que ela se esqueceu de perguntar. Em alguns casos, o entrevistado responde de imediato, mas se isso não ocorre, Schifrin apela para uma solução mais radical: ela simplesmente espera. E continua esperando. Na maioria das vezes, as pessoas dizem que as perguntas feitas por Debra já trataram de todo o assunto, mas, ainda assim, ela costuma esperar mais um tempo em silêncio. "E então neste momento as pessoas dizem a coisa mais interessante de toda a entrevista."[8]

A teoria de Schifrin é a de que o tempo morto concedido aos entrevistados na verdade é libertador para eles, pois sentem que ela está deixando-os no controle da situação. Isso "cria um clima no qual eles se sentem mais à vontade para compartilhar algo importante, ou então, no final dessa conversa em que trocamos tantas ideias, isso permite que eles mesmos formulem a questão que desejam responder" — o que os deixa muito animados.

A última questão matadora de Schifrin exemplifica a primeira estratégia que podemos empregar para aprender a escutar melhor. Como o exemplo dela comprova, diminuir o ritmo também pode ser uma prova de respeito e de interesse de nossa parte.

Existem diversos modos de desacelerar o ritmo, não apenas no final das conversas, mas em qualquer momento. Podemos guardar nossos celulares e nos sentarmos à mesa para escutar alguém. Podemos inspirar lenta e pausadamente algumas vezes. Podemos repetir silenciosamente mantras como "Eu estou aqui para ouvir você" ou "Isso é importante, então tenho que prestar atenção". Devemos lembrar a nós mesmos como é fundamental saber escutar.

TENTE ISSO

Experimente fazer pequenas pausas quando estiver falando. Para ficar mais à vontade com essa prática, faça isso primeiramente em conversas informais e descompromissadas.

Desacelerar não significa apenas ganhar tempo. Diz respeito, sobretudo, àquilo que nós *fazemos* com o tempo. Precisamos escutar *ativamente*, aquietando nossa mente e reduzindo os julgamentos para que seja possível entender melhor a essência daquilo que os outros estão dizendo, e para que eles percebam que estamos realmente prestando atenção. Alguns grandes especialistas no assunto comparam o ato de escutar a um "músculo" que "requer treinamento, persistência, esforço e, acima de tudo, a firme intenção de se tornar um bom ouvinte".[9] Para sermos capazes de escutar melhor, podemos tentar manter contato visual, demonstrar aos outros, por meio de expressões faciais ou gestos de cabeça, que estamos escutando, refletir acerca do que estamos ouvindo, fazer perguntas pertinentes, e assim por diante.[10] Também é aconselhável evitar conversas importantes quando estamos nos sentindo estressados ou dispersos e reagendá-las para outro momento, quando poderemos realmente estar atentos.

Ampliar nossa habilidade em escutar muitas vezes implica prestar atenção às nuances das formas de comunicação não verbal, tanto as nossas quanto as dos outros. Guy Itzchakov, o conhecido especialista em escuta que leciona na Universidade de Haifa, me contou que um conselheiro matrimonial que ele conhece se mantém alerta aos mais sutis sinais que emanam de um casal durante as sessões de aconselhamento. Com frequência, quando um dos membros do casal (geralmente o homem) se sente desconfortável, ele aponta os pés em direção à porta do aposento, como se quisesse sair. Ainda que não expresse seu desconforto de maneira explícita, sua parceira percebe, consciente ou inconscientemente, e fica na defensiva. Ambos tendem então a se encolher na cadeira — cruzam os braços, encolhem os ombros ou chegam para trás. Assim como precisamos ficar alertas aos sinais não verbais que as pessoas nos passam, precisamos policiar nossa linguagem corporal para evitar inibir os outros de se expressarem.[11]

Como Itzchakov observou em certa ocasião, tendemos a tomar atalhos quando confrontados com formas não verbais de comunicação. Acreditamos saber o que determinado gesto significa, quando na verdade isso é muito subjetivo. Itzchakov aconselha: "Dê à pessoa tempo para se expressar. Não tenha medo do silêncio. As pessoas precisam de tempo para pensar com profundidade." Quando nos concedemos tempo para escutar, começamos a assimilar as nuances da comunicação não verbal de cada pessoa e podemos acabar descobrindo que as verdadeiras emoções dos nossos interlocutores são bem diferentes daquelas que presumimos inicialmente.

Nossa mentalidade no momento em que escutamos também é importante. Caso você seja parecido comigo, em casos de comunicação espontânea, sua reação às vezes será oferecer soluções para os problemas que surgirem no decorrer da conversa. Você acha que está ouvindo, mas sua mentalidade resolvedora de problemas o leva a propor soluções em vez de escutar em silêncio. Por outro lado, alerta

Itzchakov, "uma pessoa com a capacidade de escutar acredita que a solução dos problemas de quem está falando reside no interior do falante". Em vez de se apressar em oferecer uma solução, a pessoa que tem uma mentalidade de ouvinte vai tentar ajudar seu interlocutor a encontrar a própria solução, fazendo-lhe perguntas, ouvindo suas respostas com atenção e tornando a questioná-lo. Por exemplo, ela pode perguntar: "Você já se deparou com um problema semelhante antes?" ou "Quais foram os recursos que empregou no passado para resolver esse tipo de situação?" Quando adotamos conscientemente uma mentalidade de ouvinte, as pessoas nos consideram bons ouvintes. E, na maioria dos casos, nós somos.

Desacelerar o ritmo para praticar a escuta ativa pode nos ajudar a ter um desempenho melhor em uma série de situações de comunicação espontânea. Caso estejamos participando de um jantar de negócios, seremos capazes de entender as verdadeiras intenções de nosso chefe ao nos pedir que apresentemos a todos o executivo com o qual a empresa deseja fazer negócios. Se estivermos no hall trocando ideias com uma colega de trabalho, poderemos perceber exatamente o que ela deseja de nós no momento em que nos solicitar um feedback. Caso estejamos flertando com alguém atraente em uma festa, poderemos saber o que essa pessoa gostaria de fazer em um encontro ou que tipo de relacionamento está buscando. Em todas essas situações de comunicação espontânea, desacelerar nos ajudará a construir relacionamentos e desenvolver a comunicação, demonstrando aos nossos interlocutores que estamos realmente prestando atenção ao que eles estão dizendo. Também seremos mais respeitados por eles, o que nos ajudará a responder de modo adequado mais facilmente.

TENTE ISSO

Assista a um vídeo de uma palestra ou discurso e desative o som. Observe as formas de comunicação não verbal empregadas pelo palestrante. O que os olhos dele estão fazendo? Os gestos do orador são amplos e firmes ou ele está contraído? Qual é a postura dele? Todas essas dicas e deixas são fatores que contribuem para enfatizar ou prejudicar aquilo que está sendo dito.

Segundo passo: Abra espaço para reflexão

Quando o designer Bob Baxley, um dos pioneiros do Vale do Silício, apresenta suas ideias para outros executivos, ele não passa o tempo inteiro falando. Tem o compromisso de escutar os outros — e bastante. Conforme explicou: "Tento nunca reagir a um feedback instantaneamente, redesenhando meu projeto no ato. E oriento minha equipe a fazer o mesmo. Este é um momento para se limitar a escutar e fazer anotações. Depois iremos processar tudo o que foi dito e tentar extrair algo de útil disso."[12] Fred Dust emprega uma estratégia semelhante: ao escutar algo que lhe desperta a reação de tomar um rumo diferente, ele procura se conter para pensar sobre o assunto com a devida calma. Pois, como ele mesmo diz: "Você não deve se sentir forçado a oferecer respostas imediatas."

Para nos tornarmos melhores ouvintes, além de diminuir o ritmo, devemos ser capazes de criar espaço para refletir acerca daquilo que foi dito. Nós nos concedemos tempo para nos abrir às perspectivas alheias, agora devemos pensar bem nas respostas que vamos dar e de que maneira seremos capazes de atender às necessidades dos outros.

Para ganhar tempo e conquistar o espaço necessário para interpretarmos de forma eficaz os sinais que estamos recebendo dos outros, podemos fazer perguntas elucidativas, tais como: o que o leva a acreditar nisso? Como isso pode ajudar? O que mais você pode me dizer a esse respeito? Como Schifrin observa, o ato de fazer uma pergunta requer certa dose de coragem. Passando o controle da situação para outra pessoa ao convidá-la a responder, podemos nos sentir apreensivos sobre os possíveis rumos que a conversa vai tomar. Contudo, ao fazer isso, conseguimos processar tudo o que ouvimos e, ao mesmo tempo, provamos que estamos prestando atenção no que nossos interlocutores estão dizendo, o que nos ajudará a obter mais dicas e insights.

TENTE ISSO

Amanhã, comprometa-se consigo mesmo a fazer diversas perguntas elucidativas em três conversas que tiver. Encare como uma missão a tarefa de fazer seus interlocutores explicarem os problemas que desejam resolver, os sentimentos que estão dispostos a compartilhar ou a informação de que precisam. Observe como você obtém muito mais detalhes ao mesmo tempo que não se sente pressionado a oferecer soluções de imediato.

Eu sei como é difícil — mas também como pode ser útil — fazer perguntas elucidativas. Não muito tempo atrás, quando eu estava ministrando um curso de técnicas de comunicação para um grupo de 75 executivos e fundadores de startups, um deles se aproximou de mim durante o intervalo e me ofereceu uma avaliação não solicitada da minha apresentação. Esse senhor não gostou do conteúdo nem da forma como o apresentei. Ele me acusou de "estar errado" e estar "ensinando as pessoas a serem chatas".

Meu primeiro impulso foi ficar na defensiva ou ignorá-lo educadamente. Em vez disso, procurei abrir espaço para compreender exatamente o que ele estava dizendo, pedindo-lhe que "me ajudasse a compreender por que eu estaria ensinando as pessoas a serem chatas".

Ainda que fosse doloroso escutar o que aquele executivo tinha a me dizer, me dei a esse trabalho e descobri que ele não estava em um dia ruim ou apenas sendo um babaca — ele realmente desejava, de boa vontade, me ajudar. Quando compreendi isso, os comentários dele ganharam novo sentido, e eu os escutei com mais atenção. Sua maior preocupação era com a continuidade do meu conteúdo. Eu estava tentando construir meu raciocínio de forma lógica e metódica, mas ele sentiu que eu estava construindo meu pensamento de modo muito lento e pouco atrativo. Na verdade, a avaliação dele foi muito útil para mim, mas eu jamais teria tirado proveito dela caso não me dispusesse a me abrir para refletir acerca dos seus primeiros comentários. Mais ainda: o tempo que ganhei enquanto ele estava respondendo às minhas perguntas me permitiu que eu reagisse de modo mais apropriado. Agora, quando tenho que transmitir o conteúdo que ele qualificou de "chato", começo fazendo uma pergunta capaz de despertar o interesse do público e deixá-lo curioso a respeito de para onde eu pretendo levá-lo.

Além de fazer perguntas elucidativas, uma segunda estratégia que pode ser utilizada para abrir espaço para a reflexão é parafrasear aquilo que acabamos de escutar o orador dizer. Parafrasear não é repetir como um papagaio aquilo que a outra pessoa disse, como no caso de: "O que eu escutei você dizer foi…" Ao contrário, é extrair a essência daquilo que nos foi comunicado. Fazer isso tem múltiplos objetivos dependendo do contexto: pode nos assegurar que de fato entendemos corretamente o que o orador disse. Pode nos solidarizar com a emoção que alguém esteja sentindo. Pode nos oferecer a oportunidade de estabelecer conexões entre as ideias expostas. Pode demonstrar aos outros que nós realmente estávamos escutando com atenção. E, na maior parte dos casos, pode nos conceder o tempo para refletir acerca do que foi dito.

Adam Tobin assinala que o ato de parafrasear serve, na verdade, para prolongar o momento presente um pouco mais do que o normal. Ao articular sua percepção a respeito daquilo que outra pessoa acabou de dizer, "você está mais ou menos… vivendo neste espaço durante um momento… É tipo: 'Tá bem, antes de nos apressarmos em dizer o que pensamos a respeito disso ou o que achamos que isso significa, vamos fazer uma pausa e desfrutar isso por um momento'".[13] Conceder a nós mesmos um pouco de espaço nos permite voltar aos eixos em vez de deixar a conversa escapar de nossas mãos.

Muitos anos atrás, fui convidado a elaborar o planejamento estratégico de uma faculdade comunitária na qual eu ensinava. O tempo era curto e os ânimos às vezes ficavam exaltados. Eu frequentemente parafraseava longos monólogos ou infindáveis discussões de grupo com frases como "Os custos são um fator importante" ou "O tempo de implementação também deve ser levado em conta". Minhas paráfrases não se limitavam a sintetizar os tópicos em discussão, elas serviam também para abrir espaço para que nós — os outros participantes e eu — pudéssemos refletir um instante a respeito dos próximos passos que deveriam ser dados.

Tanto perguntas quanto paráfrases se concentram naquilo que os outros ao nosso redor já disseram. Outra maneira de abrir espaço reside no fato de focar aquilo que *não foi* verbalizado. Podemos tecer comentários sobre o que ouvimos e apontar as reais intenções dos oradores perguntando algo a respeito daquilo que eles se preocuparam em omitir. Essa é uma tática que funciona muito bem quando alguém lhe oferece uma sugestão ou faz alguma crítica. Ao apontarem uma oportunidade ou um erro que você cometeu, eles podem descrever as consequências para suas equipes. Então você poderia dizer: "Percebo que tempo e custo operacional devem ser analisados em conjunto. De fato, eu não considerei a interação entre esses fatores da forma que deveria. Como isso se reflete no seu trabalho e no da sua equipe?" Solicitar um detalhamento desta forma pode ajudá-lo a identificar e refletir acerca dos sentimentos importantes que o orador não está deixando transparecer. Ao entender esses sentimentos, você será capaz de responder de forma mais produtiva e eficaz.

Existe também outra forma de usar essa técnica da pergunta a respeito "daquilo que eu não ouvi" para manter o diálogo em marcha. Tanto meus alunos na universidade quanto os executivos para os quais ofereço consultoria costumam ter altos níveis de ansiedade em relação à necessidade de falar em público. Eles compartilham seus medos, seus problemas e seus desafios, e eu tento validar o que ouço, mas minha primeira observação costuma ser: "Entendo perfeitamente como a perspectiva de falar em público pode ser estressante, mas você poderia me dar alguns exemplos de ocasiões em que falou em público sem se sentir oprimido?" Essa pergunta permite não apenas ajudar meus interlocutores a compreender que nem sempre eles ficam estressados, como também me permite refletir acerca do que eles disseram para que eu possa responder a essas pessoas de forma mais adequada.

ALGUMAS MANEIRAS DE OBTER ESPAÇO PARA VOCÊ

- Faça perguntas elucidativas.
- Parafraseie o que ouviu.
- Comente sobre o que *não foi* dito.

Terceiro passo: Indulgência

Algum tempo atrás, a querida avó francesa de meu amigo John faleceu. Sua *grand-mère*, como ele a chamava, tivera um papel determinante em sua vida e ele desejava fazer algo especial para honrar a memória dela e expressar seu luto. Quando sua mãe lhe disse que um padre que não estava há muito tempo naquela paróquia e, portanto, mal havia conhecido a *grand-mère*, seria responsável pelo discurso do funeral, John perguntou se poderia fazer o discurso. Ele acreditava que sua amada *grand-mère* merecia que alguém que a conhecesse bem falasse a respeito da sua vida, e não um estranho.

Nos dois dias antes do funeral, John escreveu e reescreveu diversas vezes seu panegírico, a fim de produzir um texto perfeito. Encontrar o tom perfeito. As lembranças engraçadas perfeitas. A estrutura perfeita. A extensão perfeita. A linguagem perfeita. Quando finalmente ficou satisfeito com aquilo que desejava expressar e sentiu em seu coração que os participantes do funeral iriam gostar, ele copiou todo o seu discurso em fichas, palavra por palavra. Já havia feito alguns discursos nos seus tempos de escola, lendo-os diante de centenas de colegas, de modo que se sentia confiante em relação a suas habilidades como orador. Contudo, estava ansioso, imaginando se realmente seria capaz de se expressar bem, apesar da tristeza que sentia e de toda a formalidade do ambiente da igreja, onde seria alvo da atenção do padre e dos outros membros da comunidade.

No dia do funeral, John sentiu o estômago se revirar quando o padre chamou seu nome, convidando-o a fazer o elogio póstumo de sua avó. Havia mais de cem pessoas na igreja, e muitas delas John nem conhecia. Enquanto se encaminhava para o púlpito, John deu o melhor de si para não desmoronar. Mas quando se posicionou diante do microfone preparando-se para falar, outro problema gigantesco se apresentou: ao colocar a mão no bolso do paletó, não encontrou as fichas com o texto. Vasculhou todos os bolsos, com o coração na mão, a respiração acelerada e a garganta apertada, mas não encontrou nada.

Uma centena de rostos atentos olhava para ele, esperando o começo do discurso. Conforme John relatou mais tarde: "Por um momento, meu primeiro impulso foi o de sair correndo do altar." Mas ele não fez isso. Contemplando sua grande família e percebendo suas expressões de luto e de tristeza, ele se lembrou do que fora fazer ali: relembrar e celebrar a vida de sua *grand-mère*. Decidiu então improvisar um discurso, pois, no final das contas, nas palavras dele: "Tudo o que estava escrito naquelas fichas também estava escrito no meu coração." Talvez ainda fosse capaz de expressar a essência daquilo que desejava dizer.

John falou da melhor forma possível, intercalando lembranças que havia incluído no panegírico com outras que lhe ocorreram no momento, e fazendo alguns breves comentários inspirados pela reação dos ouvintes. Em determinado momento, ele observou que as pessoas estavam se remexendo nos bancos e teve consciência de que ele havia enveredado muito profundamente em uma tangente. Assim, ele se concedeu um momento para mudar de direção. Já em outro, ele viu lágrimas escorrerem pela face de uma pessoa de sua família, e sua garganta travou de tanta emoção. Dadas as circunstâncias, ele lembrou a si mesmo que aquela era uma reação perfeitamente normal e aceitável. A cada novo momento de comoção, ele conseguiu se controlar e retomar o fio da meada. "Tenho certeza de que meu discurso não foi perfeito, mas os sentimentos que expressei foram 100% autênticos. Em vez de ficar lendo as fichas para fazer minha homenagem, observei o rosto das outras pessoas amadas, com sorrisos e lágrimas."

John caiu de paraquedas em uma situação de comunicação espontânea, mas conseguiu se sair bem graças à sua capacidade de escutar. Ele observou as emoções das pessoas presentes na igreja e, ao mesmo tempo, permaneceu atento à sua voz interior, que o aconselhou a encarar sem temor o desafio de improvisar um discurso, em vez de sair correndo. Ele continuou fiel à sua voz interior durante sua fala, registrando as reações das pessoas ao seu redor e deixando sua voz interior guiá-lo.

Assim que desceu do altar, John teve certeza de que o elogio póstumo que fizera à sua avó havia sido bem recebido. Diversos dos seus parentes o acolheram com olhares agradecidos, enquanto sua mãe e suas irmãs o abraçaram e depois seguraram suas mãos quando ele se sentou ao lado delas. Porque suas palavras foram espontâneas e não rigidamente planejadas, e porque ele prestou atenção às reações do público e às indicações de sua voz interior, John realizou um panegírico muito mais autêntico e profundo do que aquele que ele desejava que fosse perfeito. Na verdade, sua fala foi significativa precisamente pelo fato de não ter sido perfeita.

Em se tratando de comunicações verbais espontâneas, a capacidade de escutar representa um paradoxo: fazer isso bem não implica apenas prestar bastante atenção no que os outros dizem, também implica prestar atenção às vozes em nossa cabeça, no diálogo interno que ocorre enquanto nos comunicamos com os outros. Os especialistas em relações interpessoais David Bradford e Carole Robin advertem que, para sermos capazes de nos conectar de forma eficaz com outras pessoas, devemos ser capazes de "captar dois sinais de duas diferentes antenas", a interna e a externa.[14] Eles sugerem que sempre que estamos envolvidos em uma conversa existem dois diálogos correndo em paralelo: aquele que travamos com a(s) outra(s) pessoa(s) e aquele que mantemos conosco. Ambos devem ser encarados com a mesma seriedade.

Costumamos acreditar que precisamos apenas nos concentrar nos outros quando os estamos escutando, pois se não fizermos isso seremos maus ouvintes. Há quem pense que devemos ignorar ou invalidar nossos sentimentos e julgamentos assim que eles se manifestam. Mas nos saímos melhor em situações de comunicação espontânea quando concedemos a nós mesmos um pouco de indulgência, nos autorizando a ouvir também nossa voz interior. É evidente que não devemos permitir que nossas opiniões e sentimentos se sobreponham aos dos nossos interlocutores, mas nem por isso eles devem ser invalidados ou ignorados.

Extraindo as lições úteis de nossas experiências passadas, devemos respeitar nossos sentimentos mesmo nos casos em que eles não são motivo de orgulho. Devemos nos analisar com o devido distanciamento para identificar nossos padrões comportamentais e saber por que eles nos levam a sentir e pensar da maneira como fazemos. Quando nossa voz interior se manifesta de forma especialmente enfática, devemos ficar atentos e agir de imediato. Frequentemente nos ouviremos dizer em uma conversa: "Isso não parece certo" ou "Há algo mais em jogo aqui". Nesses casos, é prudente fazer mais perguntas, reavaliar nossas respostas iniciais ou até encerrar a conversa. Sermos indulgentes com nós mesmos nos concede espaço para introspecção e para reajustarmos nosso comportamento.

Procure sempre por oportunidades para expressar as emoções que sentir durante uma interação com alguém. Nas próximas três conversas importantes que tiver, se desafie a externar seus sentimentos no mínimo uma ou duas vezes em cada uma delas. Uma possibilidade é dizer algo como "Olha, o que você acabou de dizer mexeu em alguma coisa dentro de mim…" e depois explicar isso da melhor forma possível. Externar suas emoções pode fazê-lo desenvolver o hábito de acessar sua voz interior com mais intensidade e a levá-la mais a sério. Ao fazer isso, você estará se capacitando para sentir e compartilhar mais.

ESCUTAR PARA SABER O QUE PRECISA SER FEITO — E FAZÊ-LO

Durante uma conferência TED realizada em 2008, uma mesa-redonda que estava sendo gravada pela BBC foi subitamente interrompida devido a problemas técnicos. O clima ficou estranho, pois o apresentador, uma estrela da BBC, teve dificuldades em preencher o vazio criado pela pane. Então a voz de um provocador se elevou na audiência, parecendo vir de lugar nenhum. De acordo com o relato de uma testemunha, o "sujeito começou a falar bastante alto, como se estivesse transmitindo um programa de notícias ao vivo, ironizando o fato de estar assistindo uma conferência TED ao vivo, mas ele não conseguia entender porra nenhuma e achava incrível o fato de uma palestra sobre tecnologia ter se tornado uma verdadeira merda".[15]

Tratava-se de ninguém menos do que o lendário comediante Robin Williams, se empenhando em contornar o mal-estar e salvar o evento, para grande alívio dos organizadores.

Williams subiu ao palco e ficou zanzando de um lado para o outro enquanto emendava uma piada na outra, misturando temas díspares como o físico Stephen Hawking, Google, Israel e a família real inglesa. As reflexões improvisadas de Robin Williams eram tão engraçadas que fizeram o organizador do evento também subir ao palco e lhe convidar a voltar no dia seguinte para dizer algumas palavras.

Ao se deparar com uma situação inesperada, Robin Williams encarou o desafio e fez o que precisava ser feito para entreter o público enquanto a equipe técnica equacionava o problema operacional. Como ele teve essa ideia? Evidentemente Williams era um gênio da comédia que não tinha medo de expor sua verdadeira personalidade diante do público. Mas o fato é que também utilizou artimanhas disponíveis para qualquer um de nós. Quando a falha técnica aconteceu, ele estava presente e alerta. E não apenas percebeu a oportunidade de fazer uma intervenção, como capturou a essência do pensamento coletivo da audiência, improvisando piadas que ecoavam ou desafiavam o sentimento geral. Ele estava claramente correspondendo aos sentimentos e aos desejos de todas as pessoas do auditório.

Todos nós somos capazes de fazer isso. Podemos nos virar muito bem em situações inesperadas se assimilarmos as lições dadas nos capítulos anteriores, aprendendo a controlar nossa ansiedade e a evitar a tendência ao perfeccionismo, e encararmos esses momentos de improvisação como oportunidades em vez de ameaças. Todavia, só poderemos nos conectar verdadeiramente com os outros se prestarmos atenção tanto neles quanto em nós mesmos e assim criar um diálogo mental instantâneo entre aquilo que estamos captando dos outros e o que nossas vozes interiores nos recomendam. Só seremos capazes de criar, projetar e vivenciar uma intervenção tão brilhante quanto a de Williams na conferência TED quando aprendermos a escutar de verdade. Isso implica conferir mais ritmo, espaço e autoindulgência em nossa comunicação espontânea.

PRATIQUE ISSO

1. Agora que você já se habituou a fazer perguntas elucidativas a fim de criar espaço para escutar bem, prepare algumas delas com antecedência. Perguntas como "Você poderia explicar esse assunto mais detalhadamente?", "Como isso se aplica nos projetos que você está tocando no momento?" ou "Como isso pode ajudá-lo ou ajudar os outros?". Ter perguntas preparadas ajuda a aliviar a pressão que você possa estar sentindo no momento.
2. Para treinar a elaboração de paráfrases, escute pessoas palestrando ao vivo, participando de podcasts ou concedendo entrevistas e reflita: "A essência deste discurso é…" Faça isso repetidas vezes, para se habituar a detectar os pontos-chaves. Se possível, consulte o palestrante para verificar se você compreendeu corretamente o que ele disse.
3. Converse com alguém de confiança sobre suas habilidades de ouvinte. Essa pessoa acha que você é um bom ouvinte? Você tende a escutar melhor ou pior em determinadas situações ou em certos contextos? Sua atenção se dispersa dependendo do assunto? Você tende a interromper seu interlocutor muito rapidamente? Você percebe com frequência disparidades entre o que foi dito e aquilo que você entendeu? Caso saber escutar seja um problema no seu relacionamento, veja se a outra pessoa estaria disposta a lhe dar feedbacks periodicamente.

Capítulo 5: Estruture
PLANEJE SUA ESPONTANEIDADE

Quando você fala espontaneamente, ter um mapa
da estrada não é um obstáculo, mas sim uma libertação.

Todos nós temos habilidades inusitadas. Alguns conseguem curvar a língua. Outros, andar em um monociclo com facilidade. Eu tenho a curiosa habilidade de andar para trás em linha reta enquanto converso animadamente, talento desenvolvido na época em que trabalhei como guia do *campus* na universidade. Eu precisava desesperadamente de dinheiro e esse foi o trabalho mais bem remunerado que consegui encontrar. Dia após dia eu conduzia grupos de pais ou candidatos a estudantes pelo *campus* da Universidade de Stanford, indicando-lhes os prédios e as instalações mais importantes ao mesmo tempo que andava de costas sem tropeçar ou esbarrar em nada.

Essa minha habilidade de conversar andando de costas não tem muita serventia hoje em dia, sobretudo porque boa parte de nossa comunicação se dá de forma virtual. Mas o fato de trabalhar como guia me trouxe outros aprendizados, entre os quais o mais valioso talvez tenha sido a importância de um planejamento na comunicação. A regra número um que meus supervisores ensinaram durante os três meses de treinamento foi a de *nunca perder de vista o grupo que está guiando*. Para garantir isso, meus chefes me treinaram para definir bem as expectativas do tour e a conduzir meus grupos segundo um roteiro bem estruturado.

As lições que aprendi a respeito de ser um bom guia turístico podem ajudá-lo a repensar sua ideia de preparação para uma conversa importante. Isso mesmo, você leu corretamente: é possível se preparar para uma comunicação verbal inesperada. Até agora neste livro eu tenho falado sobre como se sentir à vontade para falar de improviso e estar presente no momento para responder ao seu público. Mas nós também podemos avançar em certos pontos sem precisar elaborar por escrito ou decorar o que desejamos falar, mas simplesmente para criar alguns parâmetros e rotinas capazes de melhorar nossa capacidade de falar bem de improviso. Um dos passos mais importantes que podemos dar é pensar sobre a estrutura e o planejamento das nossas mensagens.

Quando comecei a conduzir os passeios pelo *campus*, eu não dizia simplesmente "Ei, meu nome é Matt. Vamos lá!" e começava a prover as informações que julgava relevantes. Em vez disso, começava a dialogar com os visitantes informando-lhes os locais que iríamos percorrer e aqueles que não iríamos. Durante essa conversa prévia, eu acabava respondendo a diversas das perguntas mais frequentes dos visitantes, tais como o tempo de duração do tour e se haveria pausas para descanso no trajeto.

Ao delinear de antemão um mapa básico do percurso e ao me manter fiel a ele, eu tornava mais fácil para os visitantes não apenas me seguirem como a ficarem mais relaxados e atentos ao que eu estava dizendo. Sem saber o que os esperava, as vozinhas em suas cabeças não parariam de especular acerca do que viria a seguir. O fato de informar o roteiro no início do trajeto fazia com que tanto eu quanto os visitantes prestássemos mais atenção aos detalhes.

Ao transmitir nossas ideias aos outros em contextos variados, nosso desempenho será muito melhor caso sigamos um mapa do percurso previamente planejado. Assim como em uma excursão turística, isso informa de antemão aos participantes acerca do que esperar. Pense na última vez que você escutou alguém divagando em uma comunicação ou em um texto cheio de meandros e desvios. Qual foi sua reação? Você se sentiu interessado? A mensagem ficou clara? Ou você não tardou a perder a paciência e a ficar distraído ou desmotivado?

Muitas pessoas concordam com o fato de que um bom planejamento é útil no caso de apresentações formais, pois, já que temos tempo para elaborar nosso pensamento, torna-se evidente a necessidade de organizar nossas ideias de maneira lógica. Todavia, a comunicação espontânea se assemelha mais a um animal selvagem. Quando alguém nos convoca inesperadamente a falar, isso geralmente é tudo o que temos para manter a calma, avaliar o clima mental e emocional predominante e pensar em algo interessante para falar que não nos envergonhe. Nós vamos improvisar contando apenas com a nossa intuição, portanto como seria possível estruturar o que queremos dizer e então definir as expectativas de modo que os outros nos acompanhem? Mais ainda: por que iríamos querer isso? O impulso de impor uma estrutura pode parecer nos desviar do momento presente, tornando nossas interações com os outros menos fluidas e eficazes.

O planejamento não impede a comunicação espontânea. Ao contrário: ele a facilita. Quando os melhores músicos de jazz improvisam, eles não saem tocando qualquer nota que lhes dá na telha. Eles improvisam dentro dos parâmetros de modelos musicais informais preestabelecidos. Em geral, os músicos de jazz aprendem um repertório de músicas básicas, a melodia e a progressão de acordes, que servem como estrutura para improvisações. Como eles conhecem bem a estrutura de uma determinada composição, conseguem improvisar brilhantemente a partir dos acordes básicos que servem de referência para a melodia. A existência de estruturas preordenadas possibilita que os músicos de jazz componham espontaneamente, pois eles conhecem os parâmetros e as regras que podem utilizar como ponto de partida para a criação de algo inteiramente original, improvisado. A existência dessas estruturas musicais também ajuda a orientar os ouvintes, fornecendo-lhes uma referência que impede o jazz de se tornar uma cacofonia.

Uma dinâmica semelhante explica como as crianças brincam. Conforme a arquiteta de playgrounds Meghan Talarowski explica, as crianças necessitam de liberdade quando estão brincando, mas também precisam de certa dose de organização. "Caso você tenha apenas uma lousa em branco, as crianças tendem a brincar de forma mais agressiva entre si. Elas tendem a encarar as outras crianças apenas como objetos de jogo, porque não existe nada para ativar a imaginação delas, nada com que brincar." Ao projetar playgrounds, Talarowski procura criar uma "estrutura ou um palco para boas brincadeiras", sem, no entanto, coibir a liberdade das crianças ou diminuir a possibilidade de exploração e invenção espontâneas. Essa estrutura pode ser um brinquedo específico, como uma rede de fundo aberto pela qual as crianças podem entrar e sair rapidamente ou escorregadores com diversas opções de descida.[1] Ou pode envolver também a ordenação lógica dos brinquedos, propiciando novas descobertas e um senso de surpresa à medida que elas percorrem o playground.

Para tornar mais fácil para nós o ato de planejar, podemos tomar como exemplo os músicos de jazz, buscando nos equipar com algumas estruturas simples e versáteis que podem nos ajudar em situações cotidianas, mas sem ir longe demais e tentar criar um roteiro para comunicações espontâneas. Assim, diante de um imprevisto, podemos recorrer a uma dessas estruturas para melhorar, quase sem esforço, nossa capacidade de comunicação.

LEMBRETE PARA SI MESMO: UMA LISTA NÃO É UMA ESTRUTURA

Quando falo a respeito de planejamento em aulas ou palestras, muitas pessoas confundem essa ideia com a simples elaboração de uma lista de lembretes. Elas pensam que quando organizam o que desejam falar em uma lista de marcadores ou de slides de PowerPoint estão fazendo um planejamento.

Veja bem: não tenho nada contra isso, uma boa lista pode ser uma ferramenta maravilhosa. Quando você precisa fazer compras no supermercado ou definir quem se comportou mal ou bem, uma lista pode ser de grande ajuda. Contudo, no que diz respeito à comunicação espontânea, as listas não se comparam a uma estrutura bem executada e não são suficientes para melhorar nosso desempenho de forma mais efetiva. Nesse caso, uma lista será apenas uma lista.

O que considero uma boa estrutura é uma *narrativa ou uma história que interliga as ideias de maneira lógica*, organizando-as com um *começo*, um *meio* e um *fim*. Caso você se ampare apenas em uma lista de marcadores em uma situação de comunicação espontânea, você não entendeu. Sue Stanley, designer sênior da Toastmasters International, concorda comigo: "Planejamento é um dos mais importantes fundamentos de qualquer discurso bem-sucedido, seja ele improvisado ou não. Você precisa ter um começo, um meio e um fim. Precisa saber como vai começar e como vai encerrar sua fala."[2]

Quando você encara planejamento como uma progressão lógica e coerente de elementos, começa a vê-la em todas as partes. A maioria das canções de sucesso é estruturada a partir de um pequeno número de acordes. Um esquema muito conhecido é denominado "ABABCB", que começa com uma estrofe introdutória (A), emenda com o refrão (B), volta para introduzir outra estrofe (A), retorna ao refrão (B) e então se desloca para uma ponte ou uma seção de transição (C) antes de retornar mais uma vez ao refrão para o encerramento (B). Megassucessos de artistas como Tina Turner, Radiohead e Katy Perry seguem esse esquema, que se desdobra de forma absolutamente lógica, com começo, meio e fim.[3]

Filmes, romances e outras obras literárias costumam seguir o mesmo esquema lógico. Por exemplo, uma fórmula muito difundida no campo da literatura e da dramaturgia ocidentais é "ABDCE": você começa descrevendo uma ação (A), em seguida apresenta o contexto (B), depois desenvolve a tensão entre os personagens (D), aumenta a tensão até que ela chegue ao clímax (C), então finaliza a narrativa com uma conclusão (E).* Ao ler um livro ou assistir a uma peça de teatro ou a um filme estruturados dessa forma, você não tem a impressão de que a ação se desenvolve de forma caótica e irracional, pois percebe a lógica subjacente à narrativa.[4]

---

* As letras se referem às seguintes palavras em inglês: A, *action* (questão); B, *background* (contexto); D, *development* (desenvolvimento); C, *climax* (clímax); E, *ending* (conclusão). Uma sigla equivalente em português poderia ser: ACDCC: ação + contexto + desenvolvimento + clímax + conclusão. (N. T.)

A argumentação jurídica é estruturada a partir de um esquema denominado "IRAC". Primeiro você discute o problema em questão (I), depois apresenta a legislação relevante que pode ser explorada (R), em seguida apresenta uma análise na qual foi aplicada a regra ou a lei escolhida para fundamentar sua argumentação (A) e, finalmente, você chega a uma conclusão (C).* O pessoal de vendas costuma trabalhar com um esquema denominado "Problema-Solução-Benefício" ao promover o lançamento dos seus produtos. Primeiro, você chama a atenção para um problema ou uma situação desagradável que existe lá fora no mundo e que certamente afeta grande parte da audiência. Depois, você apresenta o seu produto, ou o serviço que sua empresa oferece, capaz de resolver esse problema. Em seguida, finaliza enumerando os múltiplos benefícios que os consumidores terão caso comprem os seus produtos ou contratem os seus serviços. Da próxima vez que você estiver assistindo à televisão, observe como os comerciais são estruturados. Existem boas chances de que eles sigam esse esquema do "Problema-Solução-Benefício". Nós discutiremos essa estratégia mais detalhadamente na segunda parte do livro.

Conforme um seminarista me explicou certa vez, muitos sermões apresentam a seguinte estrutura: "Eu, Nós, Você, Nós, Eu." Você descreve um problema com o qual está tendo dificuldade (Eu), generaliza, demonstrando como esse tipo de problema pode afetar qualquer pessoa (Nós), invoca a sabedoria de um texto sagrado ou o apoio de uma divindade capaz de solucionar a questão (Você), solicita que os ouvintes procedam da maneira indicada pelos ensinamentos sagrados (Nós) e finaliza explicando como a obediência às leis divinas vai afetar a vida de cada um dos ouvintes, resolvendo o problema apresentado (Eu).

---

* As letras se referem às seguintes palavras em inglês: I, *issue* (questão, problema); R, *rule* (regra, lei); A, *analysis* (análise) e C, *conclusion* (conclusão). Uma sigla equivalente em português poderia ser PLAC: problema + lei + argumentação + conclusão. (N. T.)

TENTE ISSO

Reserve alguns minutos para analisar como seu livro favorito ou sua canção preferida são estruturados. Você é capaz de perceber a estrutura por trás da narrativa? Bônus: assista a uma ou duas conferências TED e veja se consegue perceber o mapa que o conferencista utilizou.

MANTENHA A ATENÇÃO DO PÚBLICO

Por que as narrativas são tão úteis e poderosas na comunicação? Como palestrante e *coach* de conferências, percebi que o fato de planejar minha fala proporciona no mínimo *quatro benefícios*.

Em primeiro lugar, conforme já sugeri, o fato de organizar a informação como uma narrativa lógica *mantém nossa audiência atenta e interessada*. Além de indicar o rumo que nossa fala vai tomar, uma narrativa bem estruturada facilita o estabelecimento de conexões ou transições entre as ideias. "Existe algo de estimulante em uma história", garante o especialista em história da educação David Labaree. "Existe uma linha de raciocínio que captura seu interesse. Acompanhar um raciocínio lógico é um desafio intelectual. E se você conseguir apresentar suas propostas de uma forma semelhante a uma história, terá muito mais chances de seduzir o público."[5]

Durante minha experiência como guia no *campus* da Universidade de Stanford, descobri que, caso não informasse onde estivéramos e para onde estávamos indo, os visitantes poderiam se perder. Eles se dispersariam ou porque haviam ficado curiosos acerca de algo que tinham visto e desejavam analisar melhor — sem ter condições de avaliar sua real importância, sua atenção se dispersava — ou porque não conseguiam manter o foco ao pensar no que veriam a seguir. Algo semelhante acontece com a comunicação espontânea: quando o orador não consegue estabelecer as pontes corretas entre as ideias, o público vai dormir, conversar entre si ou checar mensagens no celular.

Alguém que usa palavras como "então" e "em seguida" para estabelecer a conexão entre ideias muito provavelmente não conseguiu elaborar uma narrativa coerente o suficiente para alinhar de forma lógica todas as informações que deseja transmitir. Seguir um planejamento nos leva a estabelecer conexões entre ideias e conceitos de forma clara, muitas vezes com uma única frase. O esquema "Problema-Solução-Benefício", por exemplo, nos induz a fazer uma conexão do tipo: "Agora que compreendemos perfeitamente toda a extensão do problema em pauta, permitam-me lhes apresentar uma forma de solucioná-lo sem muito custo"; ou: "No momento em que adotarmos e implementarmos a solução proposta, teremos a possibilidade de reduzir os custos e ganhar tempo."

As transições mais eficazes são aquelas que procuram sintetizar o que acabou de ser exposto e indicar o que vem a seguir. E elas fazem isso no contexto de um fluxo de pensamento mais amplo definido no início da explanação. Vale dizer que nem sempre é preciso ser perfeitamente explícito acerca da abrangência total da proposta quando estivermos fazendo observações no calor do momento. Podemos utilizar uma abordagem mais sutil e ainda assim colher os benefícios de um planejamento bem estruturado. O célebre discurso "Eu tenho um sonho", do reverendo Martin Luther King Jr., boa parte do qual foi improvisado, segue o esquema "Problema-Solução-Benefício". Mas ele nunca explicitou isso para o público. Usando analogias e outros recursos de retórica, ele passou suavemente de um tema a outro, desenvolvendo com extrema elegância uma narrativa lógica e coerente.

Em geral, é uma boa estratégia fornecer ao público um tipo de mapa do discurso que pretendemos fazer, seja ele espontâneo ou formal. Pensar no que pretende comunicar no contexto de uma narrativa pode ajudá-lo bastante a organizar seus pensamentos até no caso das comunicações espontâneas.

MELHORE SUA "ADERÊNCIA"

Outra forma de planejamento que nos ajuda bastante no caso de comunicações espontâneas é *ajudando tanto a nós mesmos quanto a audiência a nos lembrar de mensagens importantes*. Nós, seres humanos, somos péssimos em rememorar informações. Mal conseguimos registrar mais de sete números diferentes em nossa cabeça ao mesmo tempo, e somos ainda piores quando se trata de relembrar conceitos complexos. Nosso cérebro é programado para esquecer muito daquilo que experienciamos, fazendo um filtro para que possamos nos lembrar apenas do que é realmente importante. O esquecimento "pode ser a configuração-padrão do cérebro", escreveu um jornalista.[6] Nós tendemos a assimilar apenas a essência dos eventos, esquecendo-nos dos detalhes — o que os cientistas denominaram com certa ironia de "desaparecer para permanecer".[7]

Ainda assim, nossos cérebros também foram programados para buscar, criar, desfrutar e recordar as estruturas narrativas das histórias. Na verdade, os cientistas costumam denominar nossa habilidade de recordar eventos antigos como "memória episódica", justamente porque tendemos a registrar informação sob a forma de episódios ou histórias. Como nos lembra o neurocientista David Eagleman: "Histórias são concebidas para se conectarem com aquilo que realmente importa para o cérebro." Ao analisar como as histórias são poderosas, Eagleman se refere à cena final do primeiro filme da série *Stars Wars*, quando Luke Skywalker dispara seus torpedos em um pequeno buraco da grande Estrela da Morte para explodi-la. "É isso o que as histórias fazem com nosso cérebro: elas são a janelinha que pode nos implodir, que pode nos surpreender, nos fazer rir, nos fazer chorar, fazer com que compreendamos o ponto de vista de outra pessoa, ou no mínimo nos encaminhar nessa direção. As histórias estão no cerne do que a neurociência nos diz sobre como ter empatia, nos comunicar e se conectar com as pessoas."[8]

Ao estruturar o que comunicamos em uma sequência lógica, com começo, meio e fim, aprimoramos nossas mensagens para que elas sejam notadas e lembradas tanto pelo público quanto por nós mesmos.

Uma pesquisa sobre estudantes que apresentam trabalhos em sala de aula revelou que pouquíssimos deles contam histórias, mas que seus colegas consideram as narrativas muito mais memoráveis do que as estatísticas. Quando questionados a respeito, 63% dos estudantes afirmaram se lembrar das histórias contadas pelos colegas, enquanto apenas 5% conseguiam se recordar dos dados estatísticos.[9]

As histórias nos capacitam a estabelecer conexões efetivas com o público não apenas no nível do pensamento lógico ou abstrato, mas também emocional, o que, por sua vez, faz com que as pessoas assimilem muito mais informação. Ao analisar as bases neurológicas sobre o poder das narrativas, o professor de neurologia de Stanford Frank Longo deduziu que "se a história que eu conto tem o poder de despertar algum tipo de emoção em você, ela se tornará mais interessante para você. A emoção acelera as funções dos circuitos cerebrais que nos fazem prestar atenção. Assim, caso eu seja um bom contador de histórias, vou procurar uma forma de estimular os seus circuitos de atenção e memória, e parte desse processo pode ser realizado por intermédio do componente emocional".[10] Diferentemente de uma simples lista, a contação de histórias pode até transformar nosso público em virtude das conexões emocionais que estabelece — mudando suas mentes, expandindo ou revigorando suas almas, inspirando-os a agir.[11] Como a cientista comportamental Jennifer Aaker bem observou: "Aqueles que contarem as melhores histórias se tornarão os melhores líderes." Precisamente porque eles conseguem acionar ao mesmo tempo tanto a área racional quanto a área emocional do cérebro dos ouvintes.[12]

Ao auxiliar nossa memória, o planejamento também contribui para a disseminação da comunicação. Na qualidade de pioneiro no campo da consultoria de comunicação para grandes clientes na área da tecnologia, Raymond Nasr frequentemente é solicitado a ajudar empreendedores a se prepararem para reuniões determinantes e decisivas com investidores, visando à captação de recursos para suas empresas. Nesse tipo de reunião, os empreendedores geralmente evocam suas trajetórias pessoais assim como as histórias das suas empresas. Em vez de apresentarem suas carreiras como uma lista desconexa de fatos, Nasr os aconselha a estruturarem seus relatos em uma narrativa composta por começo, meio e fim. Para ele, as histórias dos seus consulentes devem enfatizar um forte sentimento de tensão que impulsione os eventos futuros, concluindo-se em uma catarse que transmite uma sensação de resolução.

Conforme Nasr observa, um dos maiores benefícios ao adotar uma estrutura narrativa é a repetição. Muitas vezes os investidores para os quais o empreendedor faz a apresentação não são aqueles que darão a decisão final sobre o investimento. Ou seja, essas pessoas terão que regressar às suas empresas e convencer seus superiores a apostarem naquilo que os seduziu. Portanto, caso o empreendedor tenha contado uma história atraente e bem fundamentada, os intermediários terão muito mais facilidade para recontá-la em suas empresas. Nasr pondera, inclusive, que, com o passar do tempo, a repetição constante de uma história pode "transformar uma mera narrativa em um mito, pelo fato de ela ser contada e recontada geração após geração".[13]

As melhores histórias não se limitam a transmitir informações, elas as tornam significativas, elucidativas e energizantes. Nesse processo, uma simples comunicação pode adquirir vida própria. Quem não deseja obter esse tipo de impacto em suas comunicações espontâneas? Eu, com certeza, quero.

TENTE ISSO

Na próxima vez que precisar convencer alguém a fazer algo, ou a refletir acerca de algo, tente seguir o bom conselho de Nasr: estruture o que pretende dizer em uma narrativa com começo, meio e fim bem definidos. Você pode experimentar isso no trabalho, ao tentar convencer seu chefe e seus colegas a adotarem determinada ideia, ou em casa, para convencer seu filho rebelde a melhorar o comportamento. Contar uma história que expõe claramente um problema no início e depois eleva o nível de tensão para então apresentar um fim memorável vai ajudá-lo a mostrar sua proposta de uma forma difícil de ignorar ou esquecer.

FACILITE PARA SEU PÚBLICO

Além de ajudar as pessoas a ficarem mais interessadas e assimilarem melhor o que estamos comunicando, estruturas apresentam um terceiro benefício: *facilitam o processamento da informação*. Em parte porque nós explicitamos a estrutura para os leitores, ajudando-os a se orientar à medida que recebem as informações. Durante as pesquisas que realizei para escrever este livro, conversei com Myka Carroll, diretora editorial da célebre coleção "Para leigos" e autora de *Nova York para leigos*.[14] Ela me explicou que a popular coleção "Para leigos" segue um formato cuidadosamente concebido com muitas dicas e orientações para os leitores. O objetivo da coleção é ajudar os leitores no processo denominado "encontrar o caminho", uma expressão emprestada dos aventureiros e que "se aplica perfeitamente à busca de informação e de conhecimento, em que também estamos tentando nos 'orientar' com o que sabemos e o que não sabemos durante uma jornada de aventura e aprendizado".[15] O público das comunicações espontâneas também se encontra em similar situação de busca de um caminho. Caso você facilite as coisas para o público, ele não terá problemas para encontrar o rumo em meio ao conteúdo que você oferece, pois estará mais preparado para contextualizar e processar o que foi dito.

Pesquisas em neurociência cognitiva demonstram a importância de conduzir a plateia ao se comunicar com ela. Acadêmicos gostam de falar da chamada "fluência de processos", que é basicamente como nosso cérebro codifica as informações de forma mais rápida e natural. Processar informações aleatórias requer determinado esforço do cérebro, então recorrer a uma estrutura impulsiona a fluência do processo, visto que não é necessário empregar o mesmo esforço que se utiliza ao assimilar informações individuais. Como o neurologista Josef Parvizi aponta, o ato de contar histórias funciona em grande parte devido à criação de imagens mentais, que nosso cérebro processa muito mais rápido que ideias abstratas. "É como dirigir um Porsche em vez de pedalar uma bicicleta", diz ele. Qual você escolheria na hora de se comunicar?[16]

TENTE ISSO

Converse com um amigo a respeito de dois eventos dos quais você participou recentemente. Comece relacionando as características de cada um deles, depois turbine sua mensagem utilizando o esquema "Comparação-Contraste-Conclusão", observando os pontos comuns ou discrepantes entre ambos, e faça sua conclusão baseada nessa análise. De que forma sua solução foi mais clara e objetiva do que teria sido caso você não houvesse utilizado esse esquema?

FACILITE PARA VOCÊ TAMBÉM

Se a estrutura influencia a forma como o público reage às mensagens que transmitimos, ela também impacta na nossa maneira de pensar — o quarto benefício da estrutura. A estrutura que escolhemos como palestrantes indica o que pensamos a respeito do que desejamos falar. Vamos supor que estamos em uma aula de literatura na universidade e o professor pergunta o que achamos da leitura da semana, *A Tempestade*, de Shakespeare. Podemos optar por responder comparando essa peça com outra do mesmo autor e estruturar nossa resposta segundo o esquema "Comparação-Contraste-Conclusão".

Se não tivéssemos empregado nenhum tipo de estrutura lógica, poderíamos não ter nos concentrado nas semelhanças e diferenças entre as peças, limitando-nos a simplesmente opinar sobre *A Tempestade*. Ou poderíamos ter pensado em identificar os pontos em comum entre as duas peças sem, no entanto, analisar rigorosamente as diferenças entre elas. O fato de empregar uma estrutura bem organizada disciplina nossa maneira de pensar. Ao nos forçar a estruturar os dados de forma lógica, somos obrigados a elaborar uma linha de raciocínio em vez de ficar borboleteando em torno do tema. Isso nos ajuda a definir tanto o que pensamos quanto o que falamos — e o que não falamos.

Talvez você ache que usar estruturas para nos disciplinar pode complicar nossa comunicação, embora facilite a vida dos ouvintes. Mas ocorre justo o contrário. No caso das comunicações espontâneas, nos confrontamos com dois grandes problemas que precisamos resolver: o que dizer e como dizê-lo. Quando dispomos de uma estrutura, sabemos "como dizer" e também temos uma boa ideia a respeito de "o que dizer". Quando contamos uma história dotada de um bom fio condutor, temos consciência de onde estivemos e para onde estamos indo. Dessa forma, evitamos gastar muita energia mental pensando a respeito do conteúdo de nossa fala, sem contar que nos sentimos mais confiantes, sobretudo em situações em que somos obrigados a improvisar. Não precisamos nos martirizar pensando se teremos ou não algo a dizer quando concluirmos o ponto de vista que estamos apresentando. Dispomos de um mapa que nos informa onde estamos.

Para demonstrar de forma enfática como a comunicação espontânea se torna mais fácil quando a questão do "como dizer" é equacionada, pedi a meus alunos que sugerissem assuntos aleatórios que eles gostariam que eu abordasse. Fiz uma breve pausa de apenas 15 segundos e, em seguida, falei durante cinco minutos sem interrupção a respeito de um dos temas. Passei os 15 segundos definindo uma estrutura e aplicando-a rapidamente ao tema escolhido. Levando em consideração tanto o tema em pauta quanto a audiência, ponderei se seria mais interessante empregar uma estrutura persuasiva do tipo "Problema-Solução-Benefício"; uma estrutura cronológica do gênero "Passado-Presente-Futuro" ou então uma comparativa, como "Comparação-Contraste-Conclusão". Para o espanto dos meus alunos, os discursos que realizei empregando esse método ficaram bastante claros e atraentes, sem que eu precisasse me esforçar muito. Ainda que minha longa experiência na área da comunicação possa ter facilitado bastante as coisas, meus alunos reconheceram o fato de que o uso de uma estrutura preestabelecida é capaz de empoderar uma fala improvisada.

As oportunidades criativas e expressivas aumentam à medida que nos tornamos mais familiarizados com as estruturas. A partir do momento em que sabemos em que pé estamos com a nossa estrutura, podemos realizar pequenas pausas para elaboração, experimentação e exploração sem medo de perder o fio da meada. Conforme observou o experiente professor de improvisação James Whittington, isso nos permite também introduzir novas ideias, piadas e observações diversas em qualquer ponto de nossa alocução sem nos preocuparmos com a possibilidade de prejudicar a boa exposição do tema.

Evidentemente não podemos exagerar nos devaneios criativos. Whittington relata como um dos seus professores comparava a improvisação com o ato de dirigir em uma rodovia: "Existem muitas saídas para explorar, mas nenhuma delas é o nosso destino. Você pode fazer um passeio por uma cidadezinha simpática durante a jornada, mas precisa se lembrar de voltar à rodovia — seu propósito não é criar raízes e construir família."[17] Estruturas evitam que façamos desvios muito longos ou excessivamente frequentes. Elas não nos permitem dizer aleatoriamente qualquer coisa que nos venha à mente, mas nos concede um espaço precioso para que possamos brincar um pouco, testar algumas ideias e avaliar as reações do público.

O CANIVETE SUÍÇO DAS ESTRUTURAS

O que você faria se precisasse substituir um colega ausente e fazer uma apresentação com poucos minutos de antecedência? Sarah Zeitler, diretora de marketing de um grande conglomerado industrial, certa vez esteve exatamente nessa situação. A empresa dela estava promovendo um grande encontro virtual para o lançamento de novos produtos, atualização sobre projetos em andamento e anúncio da aquisição de diversas outras companhias. Sarah estava encarregada da organização do encontro, que incluiria breves falas de um grande número de pessoas, e ela precisava garantir que tudo correria bem. Mais de duzentas pessoas estavam acompanhando o evento, incluindo representantes comerciais, designers, supervisores e diretores de diversas das empresas do conglomerado.

Os palestrantes haviam enviado com antecedência os PowerPoints que iriam usar em suas apresentações. Uma participante disse a Sarah que iria se logar um pouco mais tarde porque precisava resolver um problema pessoal, então Sarah programou a fala dessa participante para a parte final do evento.

Todavia, no dia do evento, essa palestrante estava muito mais atrasada do que o previsto. Sarah olhava nervosamente para o relógio enquanto o tempo corria e o momento da palestrante retardatária se apresentar se aproximava. Sarah tentou contatá-la tanto pelo celular quanto por e-mail, para ter certeza de que ela conseguiria participar. Nenhuma resposta.

Sarah deu uma olhada então nos slides do PowerPoint de sua colega e constatou que ela iria falar a respeito dos projetos que estava tocando, entre os quais figurava o lançamento de um novo produto. Os slides eram esplêndidos, exibindo todos os detalhes do novo produto, mas quase não tinham textos explicativos. Embora Sarah não estivesse bem informada acerca do novo produto e não soubesse que tipo de abordagem sua colega pretendia adotar, ela tomou uma decisão instantânea: iria mergulhar de cabeça e se encarregar da apresentação.

Quando chegou a hora de a colega faltante se apresentar, Sarah entrou em cena e informou que a palestrante programada não pudera comparecer por causa de questões pessoais, e então deu início à sua apresentação improvisada. "Eu respirei profundamente", lembrou ela, "falei de forma confiante e fiz considerações gerais acerca do incrível produto exibido nos slides". Contudo, ainda que estivesse improvisando, Sarah não falou aleatoriamente sobre diversos pontos. Ela empregou uma estrutura que eu havia lhe ensinado denominada "O quê - E daí - E agora".

Eu adoro "O quê - E daí - E agora". Essa é minha estrutura favorita por causa de sua simplicidade e versatilidade. Você começa discutindo uma ideia, tema, produto, serviço ou problema (O quê). Então você assinala o que é importante, útil ou vantajoso a respeito do que está apresentando (E daí). E por fim informa o que sua audiência pode fazer com o novo conhecimento adquirido — como podem aplicá-lo, em que circunstâncias utilizá-lo e assim por diante (E agora).

"O quê - E daí - E agora" faz maravilhas ao ser utilizado em uma comunicação espontânea, ao responder a uma indagação em uma entrevista de emprego, ao fornecer feedback, entre outros cenários. Se voltar algumas páginas e reler este capítulo, você perceberá que usei o esquema "O quê - E daí - E agora" em sua estrutura. Após uma breve introdução, descrevi primeiramente como elaborar uma estrutura (O quê), depois comentei a respeito dos benefícios que isso poderia trazer (E daí) e agora eu estou no meio da argumentação a respeito de como isso pode se aplicar ao nosso tema principal, a comunicação espontânea (E agora). Eu acredito que "O quê - E daí - E agora" pode ser considerado o canivete suíço das estruturas. Caso tenha tempo para estudar ou revisar somente uma estrutura, escolha essa.

Ao aplicá-la, Sarah primeiro forneceu as informações básicas e os pontos mais relevantes a respeito do novo produto reproduzido nos slides. Depois ela discorreu sobre a importância e os benefícios que ele oferecia, finalizando com a explicação do que precisava ser feito para tornar o lançamento daquele produto um verdadeiro sucesso. O uso dessa estrutura permitiu que ela se mantivesse focada e confiante. Ela fazia algumas respirações profundas ao pausar a fala, para evitar resmungos e interjeições. "Eu simplesmente segui em frente, com confiança e humildade, impulsionada pelo meu recente aprendizado em comunicação. A audiência sabia que eu não era uma especialista no assunto, mas eles ficaram gratos pelas informações que eu fui capaz de lhes fornecer apesar das circunstâncias adversas." Posteriormente, diversos executivos seniores do conglomerado aplaudiram Sarah, dizendo que a apresentação dela havia sido não só boa, mas incrivelmente útil. Ao regressar ao trabalho, a colega que não pôde comparecer ao evento também recebeu elogios pelos slides que Sarah havia apresentado por ela.

ALGUNS ESQUEMAS CLÁSSICOS E MULTIUSOS[18]

O quê - E daí - E agora
Discuta o tema, porque ele é importante, e quais são suas implicações práticas.

IREI (Ideia, Razão, Exemplo, Ideia)
Exponha uma ideia, explique as razões que a fundamentaram, ofereça alguns exemplos concretos e encerre retornando à ideia inicial.

Problema-Solução-Benefício
Apresente um problema, ofereça uma solução e termine salientando os benefícios que essa solução oferece.

Comparação-Contraste-Conclusão
Ao fazer uma comparação, comece apontando as similaridades, depois as diferenças, então encerre sua fala oferecendo uma solução viável.

STAR (Situação-Tarefa-Ação-Resultado)
Descreva um evento ocorrido ou evoque uma questão em aberto, discuta o desafio que isso representa e conte o que você fez para equacionar o problema. Finalize sua fala debatendo os resultados obtidos.

APRENDENDO A PLANEJAR

Sara foi capaz de mergulhar de cabeça e improvisar uma fala porque conhecia o esquema "O quê - E daí - E agora". Assim, ela soube fazer a si mesma essas indagações acerca do tema em pauta — no caso, a apresentação em PowerPoint de sua colega ausente — e, em seguida, oferecer em voz alta na videoconferência todas as respostas obtidas, assim como as informações que havia adquirido por osmose ao examinar os slides. Seja para debater um tema específico planejado, seja simplesmente para nos prepararmos para a próxima vez que estivermos em grupo, o ato de nos familiarizarmos com algumas estruturas relevantes nos tornará mais aptos a empregá-las quando necessário.

Na segunda parte deste livro, vamos focar e aplicar uma série de estruturas que poderão ser de grande utilidade para você em determinadas situações, tais como: oferecer feedback, enfrentar sessões de perguntas e respostas, pedir desculpas ou fazer um brinde de improviso. Por enquanto, deixe-me dizer algumas palavras a respeito de como você pode se habituar mais confortavelmente ao uso de estruturas. Não é excessivamente complicado: você deve adotar uma rotina de treinos que implica repetição, reflexão e feedback. Não se consegue aprender a tocar um instrumento musical simplesmente lendo a respeito do assunto. É preciso tocá-lo. Da mesma forma, o primeiro passo no caminho da aplicação de uma estrutura de forma espontânea é utilizá-la uma vez, duas vezes, três vezes e muitas outras vezes mais.

Quando estão se preparando para eventos midiáticos, muitos líderes fazem a si mesmos perguntas semelhantes para fundamentar o planejamento das suas respostas. Você pode se exercitar na prática de discursos improvisados usando uma ferramenta on-line. O Toastmasters, por exemplo, possui uma ferramenta que gera perguntas para que você responda. O Google tem uma ferramenta que propõe perguntas aleatórias para ajudá-lo a se preparar para entrevistas.[19] Aproveite uma ferramenta de Inteligência Artificial, como o ChatGPT, para criar um esquema que você possa empregar para elaborar respostas personalizadas usando a fórmula "O quê - E daí - E agora". Além de treinar o uso improvisado de estruturas, você também pode avaliar seu progresso mantendo um registro do seu desempenho. Depois de executar os exercícios ou, melhor ainda, depois de testar as diferentes estruturas em conversas na vida real, reserve um momento para refletir acerca do que funcionou ou não e o que você pode fazer para melhorar.

Acho que muita gente tende a focar o que não deu certo, mas descobri por experiência própria que também é importante registrar suas vitórias.

Transforme a reflexão em uma rotina diária — a primeira coisa a ser feita pela manhã, talvez no trajeto entre a casa e o trabalho, ou antes de se deitar, à noite. Identifique uma ou duas comunicações vividas no dia ou na véspera e analise a maneira como lidou com elas. Com quem você conversou mais facilmente? O que tornou a experiência tão fluida e fácil? Que estrutura você empregou e por que ela foi apropriada? Você identificou situações em que poderia ter organizado melhor suas ideias? Que estrutura você empregou e que outras poderiam ter sido mais eficazes? Você se sentiu inseguro em algum momento a respeito do que seu interlocutor desejava transmitir? Como ele poderia ter estruturado a mensagem que pretendia passar de modo mais eficiente?

No final da semana, revise as anotações em seu diário para detectar padrões. Talvez você constate, por exemplo, que elabora melhor suas comunicações espontâneas em determinadas horas do dia, quando está em companhia de certos colegas ou em um determinado ambiente. Reflita a respeito das razões dessas ocorrências e dos ajustes necessários para fomentar circunstâncias ideais em sua próxima conversa importante.

TENTE ISSO

Da próxima vez que ler um livro, um jornal ou qualquer outro tipo de impresso, reserve alguns minutos para compor uma comunicação a respeito usando o esquema "O quê - E daí - E agora". Qual era o tema do texto? As informações contidas nele foram relevantes para você? Elas podem ser úteis para você no futuro? Esse exercício vai ajudá-lo a planejar suas comunicações da forma que desejar. Ao praticá-lo, você se tornará muito mais apto a dar o próximo passo, estruturando aquilo que deseja transmitir.

Além da prática da reflexão solitária, é muito importante ouvir a opinião de outras pessoas. Peça feedback àqueles em quem você confia plenamente, aqueles que com certeza serão sinceros. Solicite que apontem tanto os pontos fortes quanto os pontos fracos em suas falas. Peça sugestões, mas não pergunte simplesmente "Como eu me saí?", pois isso dificilmente vai gerar um feedback sincero. Prefira a pergunta: "O que eu posso fazer para melhorar?"

Enfatizei o esquema "O quê - E daí - E agora", mas você pode se exercitar estruturando suas comunicações com qualquer um dos esquemas apresentados neste livro, ou até outros que você venha a conhecer por meio de outras fontes. Não se sinta obrigado a estudar todas as estruturas propostas, pois isso não é necessário. Concentre-se em dominar duas ou três que perceber que funcionam melhor nas situações de comunicação espontânea que são mais recorrentes na sua vida. Você pode manter na manga uma ou duas estruturas, tais como "O quê - E daí - E agora" e "Problema-Solução-Benefício", ou qualquer outra que seja da sua preferência.

PREPARE-SE PARA A ESPONTANEIDADE

Quando eu estava preparando este livro, tive a oportunidade de me encontrar com Karen Dunn, advogada de muito prestígio e especialista de longa data em comunicação política, que ajudou diversos candidatos a se prepararem para os debates eleitorais à presidência dos Estados Unidos. Eu lhe perguntei o que é preciso para ter um bom desempenho em um debate de tal importância, em que existe enorme pressão e exige improvisação. Sua resposta foi inequívoca: preparação.

Conforme ela observou, debates, ainda que espontâneos e improvisados, são bastante previsíveis, de modo que se preparar antecipadamente para eles pode ser extremamente útil. "Com frequência", declarou, "você pode antecipar os tópicos que serão abordados e o tipo de ataque que os oponentes vão deflagrar. Assim, se você pode prever as perguntas que o moderador do debate vai fazer, você pode antecipar o que o oponente vai responder, e então poderá reagir da maneira mais eficaz".[20] O importante não é roteirizar ou memorizar o que você pretende dizer, mas sim se preparar para situações que podem ocorrer, treinando alguns temas que poderá abordar, histórias que poderá contar ou as tiradas irônicas que poderá empregar.

Algumas das declarações mais memoráveis dos debates presidenciais — como a célebre réplica de Lloyd Bentsen a Dan Quayle no debate para a vice-presidência dos Estados Unidos em 1988: "Senador, o senhor não é um Jack Kennedy" — foram, de certa forma, preparadas previamente. Os debatedores não sabem quando uma situação dessas poderá ocorrer, mas podem antecipar cenários nos quais uma boa réplica ou uma tirada bem colocada pode vir a ser útil. Em virtude da previsibilidade dos debates, candidatos à presidência e à vice-presidência costumam dedicar muito tempo à preparação das suas participações. Eles ensaiam em cenários realistas com preparadores que interpretam com muita eficiência o papel dos candidatos oponentes. Não anotam lembretes das respostas para as possíveis questões que lhes serão feitas, mas refletem de modo profundo a respeito de tópicos que provavelmente serão abordados e definem ideias-chave e mensagens que desejam transmitir em cada uma delas.

Dunn não é a única especialista em comunicação que enfatiza a importância da preparação prévia no que concerne à comunicação espontânea. Raymond Nasr aconselha seus clientes a "estocarem histórias" de antemão, pensando nas anedotas memoráveis que podem usar em determinadas circunstâncias. Ele alega que o importante não é memorizar essas histórias palavra por palavra, mas sim dispor de um "catálogo de certas histórias" ao qual é possível recorrer em situações de grande pressão.[21] Alguns dos grandes executivos de tecnologia com os quais Nasr trabalhou tinham um conjunto de histórias à disposição, as quais utilizavam quando a situação exigia. Um grande líder com o qual Nasr trabalhou não era um orador nato, mas melhorou com a prática. Ele acabou desenvolvendo um conjunto de histórias baseadas em sua própria vida e nos seus encontros com pessoas famosas, o que o "tranquilizou porque ele podia escutá-las de tempos em tempos e assim ter certeza de que tudo correria bem".

Como vimos anteriormente, não nos saímos bem em situações de comunicação espontânea quando tentamos controlá-las excessivamente em busca da perfeição. Mas o fato de trabalharmos sem roteiro não significa que não possamos nos preparar. Ao contrário, os melhores palestrantes improvisadores a que já assisti costumam se preparar e o fazem com grande intensidade e comprometimento. Eles praticam técnicas para superação da ansiedade e desenvolvem um conjunto de ferramentas e táticas para se acalmarem de imediato em situações de tensão. Desenvolvem as habilidades de escuta e de introspecção. E, assim como sugeri neste capítulo, eles constroem um pequeno mas poderoso catálogo de estruturas às quais eles podem recorrer em situações específicas para responder de forma clara, direta, atraente e duradoura.

As comunicações espontâneas na vida diária podem ser improvisadas, mas, assim como os debates políticos, elas não são aleatórias. Em muitos casos é possível antecipar como nos sentiremos, o que os diferentes contextos e falas exigirão de nós, que tipo de informação nosso público deseja obter e de que forma podemos transmiti-la de forma mais convincente. Ao nos familiarizarmos com as estruturas de apresentação e praticarmos suas aplicações, nos preparamos para utilizá-las quando for necessário, da mesma forma que nos capacitamos ao empregarmos as demais técnicas indicadas neste livro. Talvez até nos flagremos fazendo algo inesperado e maravilhoso: nos divertindo ao falar de improviso.

PRATIQUE ISSO

1. Imagine que você esteja sugerindo a um turista um roteiro de visita à sua cidade. Liste três ou quatro atrações imperdíveis e depois lhe dê conselhos sobre a melhor forma de visitá-las, mas faça isso contando uma história baseada em sua experiência pessoal. Reflita acerca de qual das duas estratégias é mais atraente, memorável e útil para seu público, e por que razão.
2. A "coluna da história" é um tipo de exercício do mundo da improvisação que você pode utilizar para praticar a estruturação da informação como uma história.[22] Preencha o formulário a seguir para montar um cenário, incluindo personagens, tempo e lugar.

- "Era uma vez... [inserir personagem e lugar]."
- "Todos os dias... [descreva a vida cotidiana]."
- "Mas um dia... [insira o evento] aconteceu."
- "Por causa disto... [insira outro evento] aconteceu."
- "Por causa de... [insira um novo evento] aconteceu."
- [Adicione mais eventos...]
- "Até que, finalmente... [insira a ação final]."
- "E, desde então... [insira a mudança que ocorreu]."

Utilizando esse esquema, crie duas ou três narrativas. Está se sentindo mais à vontade para contar histórias? Quanto mais fizer isso, mais fácil será criar narrativas de improviso.

3. Use as ferramentas digitais que geram perguntas, algumas foram indicadas neste capítulo, para praticar a aplicação de estruturas usando uma ou todas as cinco estruturas que descrevi.

Capítulo 6: Foque
O PALAVRÃO DA COMUNICAÇÃO ESPONTÂNEA

Não torne difícil para o público entender o seu objetivo.
Volte sua atenção para aquilo que mais importa.

A melhor e mais poderosa comunicação precisa ter foco e clareza. Assim, ela transmite tudo o que o público precisa saber, sem dispersar sua atenção, entendiá-lo ou fazê-lo perder tempo com uma verborragia confusa, irrelevante, densa, prolixa e cheia de siglas.

Um exemplo clássico de uma comunicação focada e meticulosamente planejada foi a apresentação que Steve Jobs fez do revolucionário iPod da Apple. Era uma coletiva de imprensa realizada em 2001 no auditório da sede da empresa. Ao subir ao palco, Jobs poderia ter louvado todas as características e recursos do iPod: seu design elegante e esguio, seu peso reduzido, o tamanho da tela, sua capacidade de armazenamento. Em vez disso, ele conquistou os consumidores com uma mensagem concisa e memorável que em cinco palavras transmitia tudo aquilo que eles desejavam saber acerca do novo produto da Apple: "Mil músicas em seu bolso."[1]

Naquela época, a maioria dos amantes de música gravava suas canções preferidas em CDs, que eram inconvenientes para transportar e guardar. Existiam outros tocadores de MP3, mas a capacidade de armazenamento deles era bastante limitada. A frase "mil músicas em seu bolso", que se tornou um slogan da Apple, desempenhava diversas funções simultaneamente. Ela evocava as dificuldades das pessoas para escutar música, distinguindo o iPod da concorrência e reiterando o valor inigualável dele para os consumidores — tudo isso com apenas cinco palavrinhas. O iPod se tornou extremamente popular, revolucionando a maneira como as pessoas escutam música e abrindo caminho para os podcasts (algo pelo qual eu sou muitíssimo grato).

Eu gostaria que a maior parte das comunicações na vida cotidiana tivessem um foco tão aguçado e significativo quanto esse marketing genial teve. Quantas vezes você ficou conversando com alguém em uma festa apenas para se descobrir escutando uma história tão complicada que nem mesmo se lembra como começou? Quantas vezes os diretores da empresa na qual você trabalha deram respostas confusas ou vagas para suas indagações? Quantas vezes seus colegas de trabalho, amigos, prestadores de serviço ou outras pessoas com as quais você tem contato enrolaram em torno de uma questão, dando desculpas para evitarem responsabilidades e fornecendo informações em excesso para reafirmarem autoridade ou ficaram falando pelo simples prazer de ouvir a própria voz?

Nem sempre percebemos quando nossas mensagens carecem de foco, mas os outros percebem.

Um executivo que contratou minha assessoria, o criador de uma empresa de games, respondia a perguntas do público tentando despertar o interesse das pessoas para o lançamento mais recente da firma. Quando uma pessoa lhe fez uma pergunta técnica acerca de um recurso que faltava nos produtos da empresa, ele engrenou em uma fala de vinte minutos, discorrendo a respeito de diversos detalhes técnicos e o que os engenheiros da sua empresa poderiam fazer para solucioná-los.

Sua resposta foi clara, minuciosa e baseada em uma estrutura lógica, mas, infelizmente, continha informações complexas que apenas poucas pessoas da audiência entendiam — e não o público que ele pretendia atingir. Não demorou, portanto, para que a maior parte das pessoas deixasse de prestar atenção no que ele dizia. O erro do executivo foi ter perdido o foco a respeito do que seu público-alvo queria saber e não ter comunicado isso de forma compreensível para a maioria dele. Caso tivesse feito isso, ele poderia ter dito algo mais simples como: "É verdade, mas nós vamos inserir esse recurso na próxima edição do nosso produto."

Nós não precisamos ser gênios da comunicação como Steve Jobs para manter o foco aguçado, da mesma forma que não precisamos esculpir com perfeição cada última palavra antecipadamente para "ficar na medida". Assim como acontece com as estruturas, um pouco de prática e treinamento pode nos levar muito longe, nos capacitando a comunicar mensagens improvisadas com mais foco. O trabalho com clientes e estudantes me levou a identificar *quatro dimensões ou qualidades das mensagens bem focadas*: precisão, relevância, acessibilidade e concisão. Procure treinar para desenvolver essas qualidades e você será capaz de se conectar melhor com o público, envolvê-lo mais profundamente e transmitir mensagens que permaneçam na mente das pessoas.

1ª DIMENSÃO — PRECISÃO: "QUAL É O OBJETIVO?" CONCLUSÃO: TENHA UM OBJETIVO PRECISO — CONHECER, SENTIR, FAZER

Mensagens focadas não são eficazes se não forem dimensionadas para obter determinado efeito ou impacto. Quando somos precisos, sabemos exatamente o que desejamos transmitir no decurso de uma palestra e ajustamos nossa linguagem para alcançar essa meta. Isso nos traz a seguinte questão: O que *exatamente* esperamos obter? Muitas vezes temos apenas ideias vagas e parciais acerca dos nossos objetivos. Portanto, temos dificuldade em determinar não só o que falar, mas também o que *não* falar. Isso faz com que nos expressemos de formas que confundem, entediam ou distraem a audiência.

Quando a maioria das pessoas reflete sobre seus objetivos de comunicação, elas avaliam as informações ou ideias que desejam transmitir. Em outras palavras: o conteúdo. Mas aquilo que desejamos que nossa audiência *saiba* é apenas uma dimensão dos nossos objetivos como comunicadores. Precisamos pensar também naquilo que desejamos que as audiências *sintam*, as emoções que desejamos que elas vivam. Assim como também devemos avaliar o que desejamos que nosso público *faça*. Um objetivo não é simplesmente nossa intenção manifesta, mas também o propósito maior que desejamos que essa comunicação tenha.

A clareza a respeito das três dimensões de nosso objetivo de comunicação pode ser extremamente poderosa. O público pode captar com mais facilidade o que desejamos transmitir e nós, como palestrantes, podemos nos adaptar para praticamente qualquer situação que possa surgir, até aquelas que parecem uma catástrofe completa.

Quando as pessoas definem seus objetivos, elas tendem a ignorar emoções e também a permanecer vagas a respeito das ações que desejam ver. Vamos então considerar as emoções em primeiro lugar. Conforme vimos no Capítulo 5, as histórias costumam ficar gravadas em nossa memória mais facilmente e chegar ao nosso cérebro mais rápido que qualquer outra informação, porque elas acionam emoções, tornando-se significativas de uma forma que estatísticas e itens de uma lista jamais conseguirão. Os profissionais de marketing conhecem muito bem o poder das emoções. Quando se comunicam com os consumidores no âmbito dos sentimentos, estes tendem a comprar mais e a se manter mais fiéis à marca. Aproveitando os estudos do laureado com o prêmio Nobel Daniel Kahneman sobre economia comportamental, o professor de marketing Baba Shiv especulou que "algo como 90% ou 95% das nossas decisões [...e] de nosso comportamento são constantemente moldados de maneira inconsciente por [nosso] sistema emocional cerebral".[2] Um estudo descobriu que consumidores que estão "inteiramente conectados" com certas empresas em nível emocional eram 50% mais valiosos para eles em termos econômicos do que aqueles que se declaram apenas "muito satisfeitos" com seus produtos.[3]

Você deve ter percebido que neste último parágrafo eu não segui meu próprio conselho: eu tentei convencê-lo a prestar mais atenção à emoção quando estiver pensando em seus objetivos como comunicador, mas fiz isso apelando para sua mente racional, citando dados estatísticos e estudos científicos. Permita-me corrigir isso: visualize a si mesmo sentando na sala de conferência da sua empresa. São quase cinco da tarde de uma sexta-feira e você já está ansioso para começar o fim de semana. Está em sua última reunião do dia, uma apresentação feita por um dos seus chefes. O propósito da comunicação é simples: existe uma grande oportunidade de mercado que sua equipe pode aproveitar, mas seu chefe arruinou a apresentação com um excesso de dados e gráficos. Pense como você ficará cada vez mais impaciente à medida que as explicações tediosas se sucedem, slides após slides do PowerPoint. Quando alguém faz uma pergunta, seu chefe dispara um "sim" e vai amontoando estatística sobre estatística. Um nó de angústia se forma no seu estômago enquanto você luta para permanecer acordado e não se inquietar. Então você se pega pensando: O que eu tenho a ver com isso? O que devo fazer com todas essas informações? Seu chefe se mostrou incapaz de esclarecer os próprios propósitos e o que espera que seja feito em seguida.

Essa descrição mais emocional dos meus argumentos, baseada em uma narrativa, foi mais agradável para você do que minhas considerações anteriores baseadas em dados estatísticos e citações de especialistas?

Além de informação e emoção, precisamos levar em conta as ações. Tendemos a permanecer difusos em relação a ações específicas que desejamos que as audiências tomem a partir das nossas mensagens. Vejo isso o tempo todo quando estou assessorando executivos para sessões informais de perguntas e respostas. Muitos deles sabem a informação que desejam transmitir (por exemplo, dados a respeito da missão da empresa, realizações expressivas do passado e as perspectivas futuras), assim como o impacto emocional (na maioria dos casos, curiosidade e entusiasmo em relação à empresa). Mas nem sempre deixam claro o que esperam que suas audiências façam. Empreendedores vão me dizer que desejam obter "apoio" para suas iniciativas. O que isso significa exatamente? É fazer com que alguém passe a apoiá-los nas redes sociais? É um investimento financeiro? É tentar fazer com que os membros da audiência passem a ser defensores da empresa? Se não tiverem pensado nisso com a atenção necessária, eles não conseguirão expressar suas ideias de uma forma que possa conduzir a audiência na direção desejada. Eles têm mais dificuldade para reagir instantaneamente e suas mensagens improvisadas não se sustentam.

Para melhorar sua habilidade em falar de improviso, você deve em primeiro lugar ter seus objetivos bem claros em mente. Caso pressinta que estará em uma situação na qual precisará improvisar uma fala, empregue alguns minutos para responder às seguintes questões:

- O que você deseja que as pessoas saibam?
- O que deseja que elas sintam?
- O que deseja que elas façam?

TENTE ISSO

Evoque a última vez que você se comunicou de forma espontânea. O que desejava que as pessoas soubessem, sentissem e fizessem? As mensagens que você comunicou atingiram esses objetivos?

Pense sobre como você costuma avaliar o sucesso. Será que o seu público tem condições de entender determinadas ideias? Você costuma perceber sinais visíveis de como eles estão se sentindo? Será que a audiência vai lhe render certa quantia ou reagir de maneira semelhante em outras ocasiões?

Depois de realizar uma comunicação espontânea, reserve alguns minutos para avaliar o seu desempenho, comparando o impacto obtido com as metas que você pretendia alcançar. Conseguiu atingir suas metas nas três esferas? Por que acha que isso aconteceu? O que pode ser melhorado para que você seja mais bem-sucedido na próxima oportunidade? Caso realize esse exercício algumas vezes, não tardará a adquirir mais confiança em casos de comunicação espontânea, assim como analisará seu comportamento com mais rigor.

2ª DIMENSÃO — RELEVÂNCIA: "POR QUE EU DEVERIA ME IMPORTAR?"
CONCLUSÃO: MANTENHA O FOCO NA IMPORTÂNCIA E NA RELEVÂNCIA PARA O SEU PÚBLICO

O lendário empreendedor Jim Koch, pioneiro no campo da produção de cerveja artesanal e criador da cerveja Samuel Adams Boston Lager, tem alguma noção de vendas. No começo da carreira, ele e seu sócio criaram a empresa Boston Beer Company e foram de bar em bar para apresentar seus produtos. Algumas vezes eram bem-sucedidos, mas na maioria, não. Analisando sua trajetória profissional, Koch ressalta a crença naquilo que denomina a "Regra de Ouro das Vendas": "Nunca peça a um cliente para fazer algo que não corresponda aos interesses dele no longo prazo."[4]

Subjacente a essa regra, explica Koch, existe um foco total na clientela: "O mundo dos negócios deveria aderir ao ideal budista do altruísmo. Se fizer isso, como nós fizemos no início do nosso empreendimento, você vai tornar a vida muito mais fácil para si mesmo, estabelecendo relações confiáveis e verdadeiras com as pessoas. Acabará obtendo sucesso financeiro porque seus clientes vão se beneficiar com este relacionamento. E o que é mais importante: você vai se sentir feliz em vender porque estará ajudando os outros a triunfar também."

Para ser capaz de vender de forma altruísta, você primeiro precisa entender a mentalidade dos clientes e suas preocupações. "Reserve tempo suficiente para escutar atentamente e entender o que seus clientes acham que necessitam", aconselha Koch. "Enquanto não entender as razões que levam uma pessoa a fazer o que faz, você não será capaz de modificar suas crenças e o seu comportamento. Você estará apenas discutindo, e sem a menor chance de vencer."

Koch relata o desafio que enfrentava cada vez que entrava em um bar para atender ao chamado de um cliente: em apenas trinta segundos, ele precisava avaliar a pessoa em questão, o bar e os negócios potenciais. Só assim poderia pensar na estratégia para oferecer seu produto a ele. E se não conseguisse ver a cerveja Samuel Adams Boston Lager atendendo às necessidades do bar e contribuindo para o seu sucesso, ele não forçava a barra para vender — preferia seguir adiante, para o próximo bar.

TENTE ISSO

Um famoso jogo de improvisação chamado "Vendendo algo a alguém" pede que os participantes vendam um produto ou um serviço aleatório para uma pessoa escolhida ao acaso. O produto tanto pode ser um desentupidor de pia quanto um piano, e a profissão do cliente escolhido pode ir desde policial a professora de jardim de infância ou palhaço de circo. O participante do jogo pode levar um ou dois minutos tentando vender o desentupidor para o policial ou o piano para o palhaço. O propósito maior da brincadeira é nos ajudar a entrar na cabeça das outras pessoas e adaptar nossa comunicação às suas necessidades. Escolha três produtos ou serviços para oferecer e três pessoas diferentes para comprá-los. Como você vai escolher o tom mais adequado para cada caso?

CRIANDO CONSENSO

As mensagens mais fortes e focadas são aquelas que o público considera relevantes para o atendimento das suas necessidades. São mensagens que falam diretamente sobre quem os ouvintes são, o que desejam e do que precisam. São mensagens que, de alguma forma, respondem à questão presente na mente da maioria dos ouvintes: "Por que eu deveria me importar?"

Nós costumamos nos dispersar em situações de comunicação espontânea quando não conseguimos adequar nossas mensagens aos anseios do público. Presumimos que nossos interlocutores têm um interesse genuíno por aquilo que pretendemos comunicar, simplesmente em virtude do nosso próprio entusiasmo pelo tema. Focamos o que *nós* desejamos dizer, sem nos preocuparmos em enquadrar nossa mensagem em um contexto atraente para o público. Quando tentamos vender uma ideia, destacamos os argumentos e os pontos mais impactantes segundo nosso próprio ponto de vista. Quando tratamos de um assunto com o qual temos algum tipo de envolvimento emocional, corremos o risco de não ponderar sobre o que poderia tornar esse tópico importante, impactante e emocionalmente sedutor para as outras pessoas. O mesmo acontece quando estamos tentando vender um produto ou um serviço: listamos as funções e as vantagens, esquecendo-nos de focar os aspectos que resolvem um problema importante ou um desafio para os consumidores.

Para tornar suas comunicações espontâneas mais relevantes, adquira o hábito de refletir acerca do seu público e das necessidades dele. Você pode fazer isso neste exato momento. Caso uma pessoa lhe coloque em uma saia justa com uma pergunta, respire fundo e pergunte a si mesmo: "Quem é essa pessoa? O que ela deseja ouvir? Como posso adaptar minha fala para que se torne mais relevante, atraente e urgente para ela?"

Caso suspeite que precisará enfrentar uma situação de comunicação espontânea em breve, reserve um tempo antes para alinhavar algumas questões básicas. Você pode inclusive efetuar uma análise mais rigorosa, fundamentada se possível em uma rápida pesquisa. Pense, por exemplo, nas seguintes questões:

1. Qual é a melhor forma de transmitir a esse público específico o que considero mais importante ou atraente sobre meu tema?
2. Quanto essas pessoas conhecem sobre o assunto em questão?
3. Quais impressões essa audiência pode ter de mim e do meu tema?
4. Existem áreas delicadas de resistência, comprometimento ou hesitação?
5. O que motiva minha audiência?

Vamos supor que você esteja na festa de casamento de um amigo íntimo que cresceu do outro lado do país. Você não conhece a família dele muito bem e nunca teve qualquer tipo de contato com os parentes da noiva. O que sabe é que seu amigo pertence a uma comunidade que abraça crenças religiosas tradicionais e demonstra grande respeito pelos mais velhos. Como é um amigo bastante íntimo, você imagina que em algum momento possa ser chamado a fazer um brinde ao casal no decorrer da festa.

O mais prudente é que você pondere acerca das perguntas anteriores para se preparar para falar. Presume-se que as pessoas na festa não o conhecem, então você precisará se apresentar e explicar o que seu amigo representa para você. Também é preciso pensar sobre os demais convidados. Talvez tenha ouvido que, na cultura do seu amigo, é de bom-tom demonstrar deferência aos idosos, então pode ser uma boa ideia comentar como foi importante para você ter conhecido os pais dele. Quando estiver fazendo um brinde em uma sala repleta de gente das mais diversas idades e níveis de relacionamento, avalie que tipo de humor será capaz de provocar risos ou causar constrangimento. Pense bem a respeito de como as pessoas poderão reagir caso você diga algo inapropriado. Em última análise, existe uma certeza: os convidados foram mobilizados pelo amor que sentem pelo seu amigo, de modo que o ideal é pensar em uma ou duas histórias cativantes para que você consiga demonstrar seus sentimentos de simpatia e afeição em relação a eles.

Refletir durante alguns minutos sobre essas questões pode render benefícios quando você estiver em uma saia justa. Talvez sua fala não seja perfeita, mas se priorizar os interesses da audiência, certamente as mensagens que transmitir serão mais significativas e relevantes — com menos chance de serem inapropriadas. Por outro lado, se ao fazer essa reflexão você perceber que não tem as respostas, é possível remediar a situação conversando rapidamente com seu amigo para obter as informações necessárias a respeito da família dele.

Outra forma de encontrar pontos em comum com a audiência e reafirmar a importância das suas ideias consiste em criar deliberadamente momentos de curiosidade e tensão. Vamos imaginar que você esteja em uma reunião virtual e seu gerente solicite sua opinião a respeito de como a equipe poderia aperfeiçoar um dos produtos da empresa. Em uma situação semelhante, você pode se sentir em uma sinuca de bico, sobretudo se souber que alguns clientes manifestaram críticas a respeito do produto em questão. Todavia, em vez de procurar escapar pela tangente, uma situação como essa pode ser uma boa oportunidade. Ao responder ao seu gerente, você pode despertar a curiosidade dele, assim como a dos demais participantes da reunião, ao relatar três ou quatro reações negativas que recebeu dos consumidores acerca do produto. Escutar esse feedback pode despertar questionamentos na mente dos demais participantes. O que provocou essas críticas negativas? Como os problemas levantados pelos consumidores podem ser corrigidos? Existe alguma oportunidade para aperfeiçoar o produto e expandir seu alcance? Ao compartilhar o feedback negativo dos clientes, você pode ter criado um clima de tensão entre seus colegas, mas também pode transformar essa tensão em curiosidade ao estabelecer uma nova prioridade em comum: como resolver este problema? Fazendo essa pergunta, você pode deflagrar um sentimento de urgência, incentivando os membros da reunião a julgarem mais relevante e interessante a resposta para a questão original feita pelo seu gerente: "Como a equipe pode aperfeiçoar determinado produto?"

TENTE ISSO

Em sua próxima comunicação espontânea, desperte a curiosidade do público em determinado momento para que eles considerem seu tema mais relevante e urgente. Caso alguém faça uma pergunta esperando resposta imediata, crie primeiro um pouco de incerteza ao definir o desafio ou o impacto que sua resposta pode ter, e somente então a forneça. Caso ninguém tenha feito uma pergunta, mas você tenha uma ideia a comunicar, desperte a curiosidade do público formulando a questão e respondendo-a por conta própria. Por exemplo, caso esteja apresentando um novo produto, pode perguntar algo como: "Nós realmente desejamos manter dois produtos similares no mercado?"

TRANSFORMANDO RESISTÊNCIA EM CURIOSIDADE

O exemplo acima demonstra como pensar sobre a relevância das nossas comunicações exige que abordemos as zonas de resistência que nossa audiência possa ter. Também podemos fazer isso amortecendo a tensão, moderando nossas palavras e evitando falar algo que possa ofender os ouvintes. Conforme adverte o psicólogo social e professor de Stanford Zakary Tormala: "Todas as vezes que você estiver pensando em como lidar com a resistência, na verdade estará se colocando na defensiva." Nosso desafio consiste em reduzir o comportamento defensivo dos outros. "Assim sendo, adotar uma abordagem mais receptiva, agradável, inclusiva e cooperativa geralmente baixa a guarda das pessoas e nos dá alguma abertura, concedendo-nos maior margem de manobra." Ao projetarmos uma imagem de maior abertura e inclusão, podemos dialogar efetivamente com as pessoas e encontrar uma zona comum de entendimento. Podemos dizer algo como: "Considerando a melhor forma de atingir esse objetivo, fiquei curioso a respeito do que vocês pensam acerca de X."

Qualquer esforço que fizermos, por menor que seja, visando aumentar a relevância de nossa fala, aumenta também as chances de que o público se comprometa com nossa mensagem. O fato é que a maioria das plateias não está tão disposta a doar muito de sua atenção e foco. Isso se aplica até nos casos de comunicações espontâneas nas quais as pessoas parecem estar interessadas em ouvir o que você tem a dizer. Os entrevistadores estão curiosos acerca das nossas respostas; os colegas que nos solicitam feedback estão interessados em saber o que pensamos; os participantes de celebrações querem ouvir nosso brinde. Mas, ainda assim, essas pessoas podem se distrair e ficar desatentas. Elas receberão melhor o que você tem a dizer se isso parecer importante para *elas* e elaborado para atender às necessidades delas em especial. Solte um "por que *eu* deveria me importar com isso?" no meio de uma palestra e perceberá uma audiência mais atenta ao que você tem a dizer — todos vão prestar atenção à sua mensagem, se concentrar nela.

3ª DIMENSÃO — ACESSIBILIDADE: "POR QUE ESSA COISA É TÃO COMPLICADA?"
CONCLUSÃO: MANTENHA SEU CONTEÚDO COMPREENSÍVEL EVITANDO O USO DE JARGÕES E ACRÔNIMOS

Um dos erros mais comuns que cometemos nas comunicações espontâneas é o de comunicar em excesso. Tornar nossa comunicação mais acessível é tão importante quanto observar o ambiente para antecipar o tipo de mensagem que o público terá maior probabilidade de aceitar. A complexidade pode atrapalhar algumas das nossas conversas mais importantes.

A tendência para a complexidade exagerada costuma resultar da vontade dos palestrantes reforçarem seu status de especialistas. Boa parte disso decorre do que alguém denominou um dia de "maldição do conhecimento": sabemos demais sobre o assunto e usamos um jargão técnico que o público, ou o mais comum dos mortais, acha impossível entender.[5] Existe também algo que poderia ser qualificado como "maldição da paixão": exageramos na dose, transmitindo tudo o que sabemos acerca de um assunto apenas porque somos apaixonados por ele e, em consequência, achamos que o público também.

Mas complexidade cobra um preço, sobretudo nos casos de comunicação espontânea: ela torna nossas mensagens confusas e dispersivas. Em muitos casos, isso pode alienar o público ao criar um abismo desnecessário entre nós mesmos e os outros, pois achamos que somos grandes especialistas falando para pessoas despreparadas e desinformadas. E, finalmente, a complexidade pode prolongar sem necessidade nossas alocuções, aborrecendo, entediando e distraindo o público.

Quando você se dá conta da real prevalência da complexidade em nossa sociedade e da nossa incapacidade de compreendê-la, a coisa se torna quase risível. Fui alvo de piada alguns anos atrás quando conduzia um workshop para membros do exército norte-americano. Estava explicando como o uso excessivo de jargões técnicos e de siglas poderia ser prejudicial para os comunicadores quando um oficial levantou o braço e disse que ele e seus colegas não tinham o menor problema com isso. Fiquei estupefato e observei que no breve espaço de tempo em que ali me encontrava eu havia escutado uma grande quantidade de acrônimos cujos significados me escapavam. "Bem", respondeu o oficial, "acontece que a gente tem um bode para isso".

Eu não tinha a menor ideia do que ele estava dizendo: "Um bode? Você sacrifica um bode e então vai obter o poder de decifrar todos os acrônimos? Você escreve acrônimos em um animal e então todo mundo aprende?"

Ele explicou que estava falando de GOAT e não de goat ["bode" em inglês]. GOAT significa "Glossário de Acrônimos e Termos". Pelo visto todos os recém-chegados no exército recebem um GOAT para que possam entender o que seus colegas de farda estão dizendo. Ali, em outras palavras, era um ambiente profissional no qual acrônimos, jargões e linguagem complexa eram tão prevalentes que eles foram obrigados a criar um pequeno dicionário para compilá-los e explicá-los — e até o nome do dicionário era um acrônimo! Não lhes ocorreu tentar uma solução muito mais elegante: reduzir a linguagem complicada para que tanto a comunicação formal quanto a informal se tornassem mais acessíveis.

As conferências TED duram sempre 18 minutos. Conforme o curador de TED talks Chris Anderson explicou, essa duração "é breve o suficiente para manter a atenção das pessoas, inclusive na internet, e longa o bastante para permitir que algo importante seja dito".[6] Conforme se verificou, boa parte dos palestrantes não necessita na verdade dos 18 minutos inteiros. O falecido Hans Rosling, coautor do livro *Factfulness: o hábito libertador de só ter opiniões baseadas em fatos* e um dos mais conhecidos conferencistas TED, fez uma experiência em 2012 comprovando ser possível prender a atenção de alguém e dizer "algo importante" em menos de um minuto. E sabe o que mais? Na maioria dos casos, ele fez isso falando de improviso.

Em um momento registrado em vídeo e intitulado "A menor conferência TED de todos os tempos", Rosling apontou o que, segundo ele, poderia se tornar uma tendência mundial dominante nos anos vindouros: o desafio proposto pelo crescimento populacional aliado à desigualdade social. Ele segurava sete pedras, cada uma delas representando um bilhão de seres humanos do planeta, cuja população era de aproximadamente sete bilhões naquela época. Rosling colocou uma pedra no chão, informando que ela representava o bilhão de pessoas ricas o bastante para viajar para o exterior. Colocou outra pedra no chão e disse que ela representava o bilhão de pessoas com dinheiro suficiente para adquirir um carro. Colocou então três outras pedras no chão para representar os três bilhões de indivíduos com dinheiro suficiente para comprar uma moto ou uma bicicleta. Pousou finalmente as duas pedras restantes no chão para simbolizar a parcela da população global com dinheiro suficiente para comprar apenas um par de sapatos.

Com esse esquema montado, Rosling observou que, nos próximos anos, a população mundial se tornaria mais rica. Ao reorganizar as pedras, ele demonstrou que as camadas mais humildes da população global iriam melhorar de nível: um bilhão de pessoas continuaria tendo condições de fazer viagens aéreas internacionais, enquanto três bilhões poderiam comprar um carro e outros três bilhões poderiam sonhar comprar uma bicicleta. Poucos seriam aqueles tão pobres a ponto de terem apenas condições de comprar um par de sapatos. Então ele adicionou três novas pedras ao conjunto, informando que um dia a população global atingiria a casa de dez bilhões de indivíduos, com toda a população global subindo para as duas primeiras colocações na escala econômica.

Ao concluir sua apresentação, ele disse: "O problema é saber se as pessoas extremamente ricas estarão dispostas a se integrar (com os ex-pobres) em um mundo com dez bilhões de habitantes." Esse foi um importante insight comunicado em questão de segundos. "Essa foi a conferência TED mais curta de todos os tempos", concluiu Rosling com um sorriso.

Ele poderia ter citado uma série de fatos e de estatísticas. Ou poderia ter evocado o nome de célebres economistas e outros estudiosos que estivessem pesquisando o problema. Também poderia ter citado as antigas teorias acerca do crescimento populacional. Ou, ainda, ter feito referência a expressões obscuras como "taxa bruta de natalidade", "tempo de duplicação" ou "hipótese push-pull".[7] Mas para aquele público, composto de não especialistas, tudo isso seria irrelevante e uma distração. Rosling manteve um incrível foco no momento presente ao manter suas observações tão relevantes e acessíveis quanto possível.

Não precisamos ser um gênio da comunicação clara e acessível, basta tomarmos algumas providências para melhorar nosso desempenho. Justin Kestler, o criador da popular série de guias literários LitCharts, que foi o editor-chefe original da SparkNotes e agora comanda a CliffsNotes, não vê esses produtos apenas como guias que simplificam obras literárias complexas; eles também as analisam e explicam de forma a torná-las mais compreensíveis para um público mais amplo. Nós também podemos pensar em nosso papel como sendo o de um tradutor de ideias complexas para uma linguagem mais clara e direta, capaz de ser compreendida por qualquer um.[8] Um pequeno esforço nessa tradução pode ter um efeito muito grande, ajudando-nos a transmitir mensagens mais focadas.

Para reduzir o uso do jargão, devemos adquirir o hábito de nos colocarmos no lugar dos outros. Logo antes de dizermos algo, ou se estivermos prestes a entrar em uma situação de comunicação espontânea, precisamos pensar no público e em sua capacidade de compreensão. Quando explico assuntos relacionados à tecnologia aos meus familiares, eu aplico o que nós, em nossa família, chamamos de "teste da vovó". Minha mãe idosa não está muito sintonizada com as últimas novidades tecnológicas, então como posso conversar com ela acerca desse assunto, minimizando o uso do jargão técnico e reduzindo ao máximo as explicações detalhadas, para que ela possa entender bem o que tenho a dizer? Mesmo quando não estou conversando com minha mãe, posso aplicar o teste da vovó para ter certeza de que não vou entediar ou sobrecarregar meus ouvintes com complexidades desnecessárias.

Caso não esteja bem-informado acerca da capacidade de compreensão de sua audiência, faça uma pesquisa rápida. A fábrica de brinquedos LEGO é admirada pelo fato de conceber manuais de instrução tão simples e acessíveis que qualquer criança em qualquer parte do mundo é capaz de compreendê-los, até aquelas que ainda não sabem ler direito — todas conseguem realizar os projetos que desejam. O designer da LEGO Anthony Dalby me revelou que a empresa possui um "conhecimento profundo e total entendimento daquilo que as crianças conseguem entender em qualquer idade".[9] E a empresa usa esse conhecimento para decidir quantos tijolinhos de LEGO podem ser exibidos em cada página do manual de instrução e qual deve ser a cor de cada peça. Eles transmitem meticulosamente esse conhecimento para seus funcionários, exigindo que passem por um período de treinamento de um ano antes que possam escrever as instruções de montagem.

Na qualidade de comunicadores espontâneos, nós, evidentemente, não temos um conhecimento tão profundo assim a respeito dos nossos ouvintes. Mas ajuda bastante saber de antemão se nossas audiências têm familiaridade com certas palavras e conceitos, o quanto estão dispostas a prestar atenção, como gostam de receber informações e assim por diante. Caso você tenha que falar em um evento profissional em outra empresa, uma conversa rápida com o organizador do evento ou com um funcionário da empresa pode lhe fornecer as dicas necessárias. Você também pode fazer uma pesquisa on-line para averiguar o linguajar utilizado pela empresa em questão, pesquisando no site dela ou assistindo a palestras que seus diretores ou representantes já tenham feito e que estejam disponíveis na rede.

Acho prudente que você efetue uma avaliação periódica das suas próprias palestras e demais alocuções para se certificar de que não está sufocando as pessoas com acrônimos incompreensíveis ou detalhes excessivos. Caso tenha participado recentemente de um seminário, coquetel ou qualquer outro tipo de evento no qual precisou falar de improviso, reserve algum tempo para repassar mentalmente sua performance. Você usou jargões? Preocupou-se em tornar suas mensagens mais simples e compreensíveis para os presentes?

TENTE ISSO

Pense nas siglas, jargões e vocabulário técnico que você utiliza com mais frequência. Observe quantas vezes por semana você usa esses termos e pense em opções mais compreensíveis para eles. Submeta-se ao "Desafio do jargão" e veja se consegue passar um dia inteiro sem recorrer a esses termos.

Talvez você argumente que a natureza do seu trabalho ou dos seus hobbies envolve conceitos complexos ou ideias obscuras. O que você pode fazer então? Assim como é possível preparar um conjunto de histórias para colocar na manga, é possível extrair a essência do que pretende dizer para tornar suas ideias mais acessíveis. Essa estratégia pode incluir analogias inteligentes ou curiosas que você pode empregar à guisa de explicação e, se souber que disporá de uma lousa, vale a pena pensar nos esquemas visuais que poderá usar para exemplificar as coisas.[10] Você também pode simplificar suas ideias apelando para alguns conceitos ou passos básicos de fácil compreensão — estratégia empregada por Kestler para criar o LitCharts.

Por sinal, essa abordagem simplificada é uma maneira eficaz de fazer com que seu público se conecte melhor com aquilo que você está dizendo. As pessoas que não estão interessadas em receber uma mensagem tenderão a se lembrar mais das informações transmitidas no começo da sua palestra, desligando-se em seguida. Ao simplificar uma mensagem, você estará na verdade criando múltiplos momentos de abertura, permitindo assim que sua audiência permaneça mais atenta e capaz de se lembrar da mensagem como um todo.[11]

Uma estratégia especialmente eficaz é passar as informações mais importantes logo de início. Os jornalistas sintetizam este método com a expressão "Não enterre o lead". Em outras palavras, inicie um artigo com as notícias mais relevantes e *só depois* forneça os detalhes. Em linguagem militar essa técnica é conhecida como BLUF — sim, eu sei, mais um acrônimo... Significa *Botton Line Up Front* [Resultado Final em Primeiro Lugar, em tradução livre]. Organizar a informação desta forma ajuda a audiência se concentrar rapidamente na mensagem principal, poupando-a de precisar navegar em um mar de detalhes. (Não sei se você notou, mas utilizei o esquema BLUF em cada uma das quatro dimensões deste capítulo). Pratique apresentar suas ideias com o esquema BLUF antes de um seminário ou de uma conferência, pois isso pode ajudá-lo a se manter muito mais focado quando estiver sob os holofotes. Também pode ajudá-lo a fazer a si mesmo a pergunta que vai contribuir para a definição de suas prioridades: "O que eu realmente pretendo transmitir?"

4ª DIMENSÃO — CONCISÃO: "POR QUE ELES SÃO TÃO PROLIXOS?"
CONCLUSÃO: SEJA BREVE.

Minha esposa aprendeu o seguinte mantra com a leitura de livros sobre como educar os filhos, que ela sempre usa quando estamos tentando resolver alguma questão relativa a eles: "O mínimo de palavras." Quando peço a um dos meus filhos que faça algo que ele não quer, tendo a oferecer uma explicação racional, explicando... explicando... Já minha esposa limita-se a dizer o que eles devem fazer, com pouca ou nenhuma explicação: "Venha jantar às sete horas" ou "Limpe seu quarto". Ao falar pouco, ela cria poucas oportunidades de contestação ou discussões infindáveis. Os conflitos são resolvidos com maior rapidez e eficiência, e a vida em nosso lar se torna mais harmoniosa.

Minha esposa sacou algo. Como o neurologista Josef Parvizi me explicou, as mensagens concisas são de mais fácil assimilação, pois exigem menos processos cerebrais.[12] Pronunciar menos palavras vai permitir que nos conectemos melhor com nossa audiência, que, em consequência, permanecerá mais atenta. Na atual era de comunicações rápidas e concisas, o público não tem mais paciência para longos discursos. Assim, devemos perguntar a nós mesmos: Tudo o que estamos dizendo — cada ideia, frase ou palavra — é realmente necessário? Ou será que podemos transmitir os conceitos, mesmo aqueles mais simples, de forma mais rápida e eficiente sem, no entanto, comprometer a clareza e o conteúdo?

Na verdade, ao tirar partido do contexto no qual nossa comunicação é feita, podemos reduzir nossas explanações ainda mais. Quando estamos passeando com um amigo em um museu ou uma biblioteca, não há necessidade de recomendar a ele que "fale mais baixo", pois isso é óbvio. Da mesma forma, quando estamos participando de um funeral, não é preciso recomendar aos nossos amigos que demonstrem respeito e falem com mais discrição. A própria atmosfera do lugar costuma transmitir suas expectativas sociais.

A cartunista Hilary Price, criadora da superpremiada tirinha de quadrinhos *Rhymes with Orange*, baseia-se no contexto das imagens que cria para contar histórias inteiras usando poucas palavras. Cada elemento em seus quadrinhos — uma nuvem, um arbusto, um móvel — é cuidadosamente desenhado para ajudar a transmitir a mensagem desejada, e cada palavra também conta. Conforme ela explicou: "O que você vai querer fazer é usar o mínimo possível de palavras e deixar que as imagens contem a história. Você não vai querer dizer 'maçã' se puder mostrá-la."

Como parte do seu processo criativo, Price começa com um número grande de palavras em um painel e vai eliminando-as à medida que redefine seu trabalho. Ela também procura transmitir o mínimo de informação possível, deixando espaço para que os leitores estabeleçam as próprias conexões. Como ela observou: grande parte do prazer em ler uma tirinha de quadrinhos reside em juntar as peças para chegar ao significado. Ou, como ela diz: "Passar de não saber para saber." Evidentemente ela não pode fornecer informação insuficiente — o que só serviria para confundir os leitores. O segredo consiste em dosar perfeitamente concisão e clareza. Price acredita alcançar essa meta fornecendo apenas 49% da informação, deixando que os leitores completem o restante com base no contexto em que encontram as mensagens dela.

De modo geral, ela consegue obter a concisão desejada mostrando uma cena pouco antes que um evento ocorra, permitindo aos leitores tirarem as conclusões lógicas sobre o que vai acontecer.

"O que é mais engraçado: me ver jogar um drinque na sua cara ou quando estou a ponto de fazê-lo?", indaga ela. A segunda opção, claro, e não é preciso ver o ato de jogar o drinque, como também não é preciso ver a reação das outras pessoas. Os antigos gregos afirmavam que "A brevidade é a alma da sabedoria" (um precursor do atual aforismo "Menos é mais"). No mundo de Price, a brevidade é a alma do humor e da diversão. Moral da história: tire vantagem do contexto e procure definir a menor quantidade de informações que realmente precisa para transmitir seu conteúdo com clareza. Depois, permaneça fiel a esse esquema.

Também podemos atacar a verborragia mais diretamente refletindo sobre nosso comportamento quando somos colocados na berlinda. Glenn Kramon, editor do *New York Times*, aconselha seus colaboradores a lerem em voz alta seus artigos para encontrar maneiras de obter maior concisão. Como oradores, podemos fazer o oposto: se estivermos falando em um auditório ou em uma reunião virtual e alguém estiver gravando o evento, podemos estudá-lo mais tarde, escutando nossa fala ou analisando a transcrição da palestra em busca de cacoetes indesejáveis — repetição constante de frases, excesso de detalhes etc. — que levam a uma verborragia desnecessária. Também podemos pedir a um colega que nos faça perguntas e registre nossas respostas de improviso para analisá-las em seguida. Antes de entrar em situações nas quais antecipamos um pedido de comunicação espontânea, temos que nos lembrar de evitar os padrões identificados, e é interessante continuarmos a analisar gravações de nossas palestras ao longo do tempo para verificar o progresso obtido.

Uma maneira de autoavaliação mais simples consiste em revisar as mensagens de texto que você enviou na última semana. A maioria delas são comunicações espontâneas, só que escritas em vez de verbalizadas. Suas respostas foram mais longas ou mais numerosas do que o necessário? Você falou mais do que seus interlocutores? Quais foram os padrões de prolixidade que você percebeu? Desafie-se a escrever mensagens mais breves, porém mais significativas, e veja o impacto que elas terão em quem recebê-las.

Também pode ser interessante enfrentar o chamado "desafio da concisão". Da próxima vez que estiver se preparando para uma situação de comunicação espontânea, pense na essência das suas mensagens e veja se consegue transmiti-las como se fosse um tuíte, mantendo-se fiel ao limite de 140 caracteres. Fazer isso regularmente aumentará sua capacidade de incrementar o foco das suas mensagens e torná-las mais concisas. Outras opções de exercício é escrever haicais, os célebres poemas japoneses compostos por apenas 17 sílabas, ou tentar redigir um conto especialmente curto (acredite ou não, algumas pessoas conseguem contar uma história com apenas seis palavras), ou ainda tentar uma apresentação "PechaKucha", um formato de PowerPoint limitado a vinte slides que devem ser apresentados em apenas vinte segundos cada.[13]

TENTE ISSO

Faça seu primeiro desafio de concisão: resuma este capítulo em apenas 25 palavras, ou menos. Você consegue fazer isso? Depois, imagine alguns desafios de concisão que pode aplicar em outros setores da vida.

UMA EMPRESA DE UM TRILHÃO E MEIO DE DÓLARES EM APENAS 12 PALAVRAS

O Google, agora denominada Alphabet, é uma das empresas mais valiosas do mundo, com valor de mercado superior a 1,2 trilhão de dólares,[14] incluindo diversos empreendimentos diferentes — pesquisa on-line, armazenamento de dados em nuvem, equipamentos eletrônicos, Inteligência Artificial e até computação quântica —, operando em dezenas de países mundo afora. Todavia, apesar do tamanho gigantesco e da complexidade da empresa, a direção do Google conseguiu resumir suas funções em apenas 15 palavras. Como a missão da empresa proclama, seu propósito é "Organizar as informações disponíveis no mundo e torná-las acessíveis e úteis para todas as pessoas".

Essa missão é uma declaração simples que qualquer pessoa pode entender de imediato. Mas chegar a uma frase tão focada não foi simples. Raymond Nasr ajudou a definir essa missão da empresa no começo da década de 2000, quando nela trabalhava como diretor de comunicação. Conforme relatou, ele se reunia uma vez por mês com alguns colegas durante três horas para estudar de que forma a missão do Google poderia ser claramente definida. Era um desafio. Eles precisavam de uma frase que não só informasse sobre o que era a empresa, mas também que fosse concisa, repetível, otimista e que transmitisse paixão.

"Nós trabalhamos tanto e por tanto tempo nisso que acabou se transformando em um trabalho de amor", conta Nasr. "Nós revisamos, revisamos, revisamos até o limite da exaustão. Não foi nada divertido, mas quando você ama uma empresa, você faz isso."[15] Finalmente, depois de muitos meses, eles chegaram a uma fórmula que agradou aos criadores da empresa, Larry Page e Sergey Brin. A empresa adotou oficialmente "Organizar as informações disponíveis no mundo e torná-las acessíveis e úteis para todas as pessoas" como seu lema e missão, e até hoje o Google mantém a mesma fórmula no seu site.[16]

Em nossas comunicações espontâneas, obter foco pode ser muito mais difícil do que parece. Você pode terminar este capítulo imaginando como conseguirá fazer isso um dia. Já é difícil o suficiente melhorar as demais áreas abordadas neste livro: controle da ansiedade, abandonar o perfeccionismo, repensar sua abordagem da comunicação espontânea, escutar melhor os outros e planejar a estrutura do que vamos dizer. Agora que estamos trabalhando em todos esses campos, como seria possível trabalhar também nas quatro áreas adicionais relativas ao foco? Isso não iria nos sobrecarregar, provocando o risco de *perdermos* o foco justamente quando estamos tentando encontrá-lo como comunicadores?

Esse é um questionamento válido, e eu tenho uma resposta para ele que é igualmente válida (ou assim espero): vá com calma. Melhorar nas quatro dimensões citadas o ajudará a maximizar seu foco, mas você não precisa fazer tudo isso ao mesmo tempo. Trabalhe cada uma das dimensões por vez. Cada parcela de atenção obtida poderá ajudá-lo a incrementar sua autoconsciência no momento presente, levando a mensagens muito mais claras e poderosas.

Lembre-se de que não existe "perfeito" no que diz respeito à comunicação de modo geral e ao foco em particular. Precisamos tomar cuidado para não levar cada uma das quatro dimensões de foco longe demais. Caso seja excessivamente focado no objetivo, você poderá se tornar rígido demais e incapaz de corresponder às demandas cambiantes das situações de comunicação espontânea. Pense naquele tipo de político que fica sempre repetindo suas propostas sem se preocupar em responder às perguntas que lhe são feitas. Caso percamos muito tempo ajustando nossa mensagem aos anseios dos ouvintes, existe o risco de torná-la restritiva demais, adaptada *somente* a este público determinado e desinteressante para todos os outros. Se levarmos a acessibilidade longe demais, pode parecer que estamos simplificando além da conta nossas mensagens e tornando-as desinteressantes. Caso sejamos excessivamente concisos, corremos o risco de confundir os ouvintes, pois eles não terão informações suficientes para compreender aquilo que estamos tentando dizer.

Permanecer consciente do palavrão da comunicação e capturar a atenção de nosso público para aquilo que de fato importa vai melhorar drasticamente o poder e o alcance das nossas mensagens. Queremos que nossas audiências nos escutem. Desejamos encontrar uma zona comum de entendimento com eles. E cabe a nós facilitar essa tarefa, tornando-a o mais agradável e interessante possível. Quanto mais compartilhamos nossas ideias, mais escutamos e aprendemos com o público, e mais seremos capazes de focar nossas mensagens para que elas ecoem de uma forma potente.

PRATIQUE ISSO

1. Pense no último seminário do qual participou. Tente resumi-lo em cinquenta palavras, depois em 25 e então em apenas 12. Qual foi a estratégia adotada para cortar as palavras? Você se concentrou em eliminar jargões? Ou em reduzir a complexidade? Como priorizou o que deseja comunicar?
2. Escolha um tema pelo qual você é apaixonado e faça algumas anotações sobre o que pode dizer sobre ele em apenas dois ou três minutos. Imagine-se falando diante de um público que conhece bem o tema em questão; depois imagine-se falando para pessoas que não sabem nada sobre o assunto. Pondere sobre como precisará adaptar suas observações para corresponder às demandas opostas dessas pessoas. O que mais pode ser adicionado ou subtraído em cada um dos dois casos para manter as pessoas interessadas e atentas?
3. Pense em uma tarefa que você desempenha no dia a dia, tal como colocar seu(s) filho(s) para dormir, embaralhar cartas, preparar seu prato favorito, fazer uma negociação no trabalho. Imagine como pode descrever a tarefa escolhida utilizando uma metáfora ou uma analogia. Por exemplo: "Colocar uma criança para dormir é como…" Depois ensaie a descrição dessa tarefa diante do espelho ou de uma câmera. A analogia ou a metáfora permitiram que você descrevesse a tarefa de forma mais simples e com menos palavras?

PARTE 2

Falando melhor em situações específicas

Conforme foi visto no Capítulo 5, entender a importância da estrutura é vital para assegurar um bom desempenho em situações de comunicação espontânea. A estrutura funciona de forma semelhante à da preparação prévia para um chef de cozinha. Se reservarmos um tempo para escolher uma receita (em outras palavras: uma estrutura), avaliá-la e orientar o assistente ao cortar, fatiar e organizar os ingredientes, só precisaremos montar o prato depois. É lógico que a receita que escolheremos vai variar de acordo com a situação: ninguém vai querer fazer um filé mignon para um jantar simples de fim de semana, por exemplo. Nesta parte do livro, vou examinar uma série de desafios de comunicação e propor "receitas" descomplicadas ou formas de organizar o que desejamos comunicar, assim como algumas dicas complementares para otimizar suas falas. Utilizar essas estruturas vai ajudá-lo bastante a pensar mais rápido e falar melhor.

Nota importante: Talvez você tenha pulado a Parte 1 deste livro e esteja começando a leitura a partir deste ponto. Isso é perfeitamente válido, mas espero que em algum momento você leia a primeira parte também. O que você encontrará aqui vai ajudá-lo a improvisar falas em situações específicas de comunicação. A Parte 1 vai lhe ensinar a metodologia necessária para que você fique confortável com as situações de comunicação espontânea seja qual for o propósito ou o ambiente. São técnicas essenciais para quem realmente deseja dominar a arte da comunicação improvisada.

Primeira aplicação
FALANDO SÉRIO EM CONVERSA FIADA

VISÃO PRINCIPAL

Comunicar-se pelas redes sociais e conversas informais são a epítome das comunicações espontâneas e desagradam a muitos de nós. Entrar e sair desse tipo de encontro informal pode nos deixar desconfortáveis e, no decorrer das conversas, a maioria de nós não sabe muito bem o que e como dizer. Queremos parecer interessantes e inteligentes, mas falar de forma descontraída — seja em coquetéis informais, festas de empresa, seminários ou conferências profissionais, eventos na escola dos nossos filhos e diversos outros tipos de encontros — pode nos dar a impressão de uma partida de tênis verbal, envolvendo observações, consultas e feedbacks. Mas as coisas não precisam ser assim. Com alguns ajustes cognitivos, o uso de uma estrutura adequada e alguns princípios-guia em mãos, podemos aprender não apenas a sobreviver à conversa fiada como até passar a apreciá-la.

POR QUE ISSO IMPORTA

Uma conversa fiada pode parecer algo sem importância, mas ela pode proporcionar grandes benefícios. Primeiro, pelo fato de nos conceder a oportunidade de estabelecer vínculos novos e mais profundos com os outros ao descobrirmos inesperadas áreas de interesse em comum.[1] Segundo, porque pode nos dar a chance de testar possíveis relacionamentos e avaliar se realmente vale a pena dar continuidade a eles. Em terceiro lugar, ela pode contribuir para estabelecer ou reafirmar nossa imagem pessoal, concedendo-nos a oportunidade de demonstrar interesse e empatia, características muito valorizadas por nossos colegas e amigos. E, por fim, a conversa fiada nos ajuda a constatar se os presentes compartilham nossas metas e aspirações pessoais e profissionais. Por todas essas razões, não devemos nos esquivar das conversas fiadas, e sim buscar meios para nos tornarmos bons de papo. Concentrar-se na estrutura pode ser um excelente primeiro passo.

CRIE SEU CONTEÚDO

Minha fórmula favorita para usar em casos de conversas informais espontâneas é aquela que apresentei no Capítulo 5: "O quê - E daí - E agora". Primeiro você oferece uma informação ou defende um ponto de vista (O quê), depois descreve a importância dessa informação (E daí) e sugere ao público o que ele pode fazer com o novo conhecimento adquirido (E agora). Essa estrutura será útil nos casos de conversa fiada justamente porque é genérica e versátil, podendo ser utilizada em múltiplos contextos e ambientes para ajudá-lo a manter o foco e tornar suas ideias mais claras. Por outro lado, fazer perguntas para seu interlocutor de conversa fiada ajudará a despertar interesse e empatia. Como já detalhei essa estratégia de conversa no Capítulo 5, não vou me estender explicando como ela funciona. Vale mais a pena se concentrar em como pode ser aplicada em casos de conversa fiada.

Implantar o esquema "O quê - E daí - E agora" pode nos ajudar de duas formas. Primeiro, caso tomemos a iniciativa de começar ou dar continuidade à conversa, podemos simplesmente fazer essas três perguntas para dar ao nosso interlocutor a oportunidade de falar. Podemos dizer, por exemplo: "Então, o que você achou da fala do principal palestrante dessa manhã?" (O quê) Depois de escutarmos a resposta da outra pessoa, podemos dar sequência à conversa fazendo outra indagação: "Como você acha que as ideias expostas pelo palestrante podem ajudar no curto prazo?" (E daí) A conversa, depois dessas duas questões, pode tomar um rumo inesperado e interessante, possibilitando deixarmos para trás o esquema "O quê - E daí - E agora". Todavia, caso sintamos que a conversa está esfriando, podemos dar um impulso com uma terceira pergunta: "Você pretende participar do encontro privado que o palestrante vai promover mais tarde?" (E agora).

"O quê - E daí - E agora" também pode nos ajudar caso as outras pessoas tenham começado a conversa e nós tenhamos a intenção de dar prosseguimento a ela. Digamos que tenhamos ido a um evento de trilheiros e de outros entusiastas da vida ao ar livre com uma confraternização prevista. Alguém se aproxima de nós e pergunta o que nos levou até ali. Podemos responder: "Bem, eu tenho feito trilhas constantemente há anos (O quê). E eu estou empolgado com a possibilidade de conhecer novos equipamentos de caminhada que nos ajudem a evitar acidentes e a ir mais longe (E daí). Você faz muitas atividades ao ar livre?" (E agora).

Ainda que a estrutura "O quê - E daí - E agora" seja bastante útil para dar início a um bate-papo, talvez não seja suficiente para nos permitir brilhar durante uma conversa descompromissada. Para nos tornarmos mestres na arte do bate-papo, devemos prestar mais atenção ao nosso desempenho como ouvintes e falantes. Se pensar bem, perceberá que a conversa fiada é, na verdade, uma conversa na qual os participantes falam alternadamente. Caso analisemos esse tipo de conversação mais detidamente, perceberemos que nos diálogos alternados os interlocutores acabam focalizando uma série de tópicos.[2] Para nos sairmos bem em conversas fiadas, precisamos lutar para maximizar cada uma das nossas oportunidades de fala. E a melhor maneira de fazer isso é apelar para aquilo que eu qualifico como Primeiro Mandamento da Conversa Fiada, que é...

TORNE A CONVERSA SOBRE ELES, NÃO SOBRE VOCÊ

Com frequência, presumimos que devemos parecer muito inteligentes e interessantes para os outros, que devemos assumir o comando da situação. Isso nos leva a gesticular em excesso, a monopolizar a conversa e a falar demais a respeito de nós mesmos. Ainda que muita gente possa estar interessada naquilo que temos a dizer, elas provavelmente estarão mais interessadas em falar a respeito delas mesmas, *sentindo que estão sendo escutadas e compreendidas por nós*. Quando falamos sem parar sobre nós mesmos, negamos aos outros a oportunidade de serem escutados e compreendidos. Nós passaremos a imagem de uma pessoa egocêntrica, antipática, arrogante e até despreparada. O que, obviamente, não é a impressão que desejamos passar.

A cada oportunidade de fala, temos a possibilidade de jogar o foco da conversa sobre nossos interlocutores e não sobre nós mesmos. Os estudiosos distinguem as respostas que *apoiam* o que a outra pessoa está dizendo e aquelas que *mudam* a conversa de volta para nós.[3] Se o seu amigo se queixa do vizinho barulhento do andar de cima, você pode dizer: "Pois é. Você não vai acreditar naquilo que meu vizinho está me fazendo passar. A festa que ele deu ontem à noite durou até as três da manhã." Você acabou de mudar o rumo da conversa em sua própria direção em vez de incentivar seu amigo a falar mais. O ideal seria fazer uma pergunta solidária que permitisse ao seu amigo discorrer mais detalhadamente acerca dos problemas dele com o comportamento inadequado do vizinho.

Às vezes mudar o curso da conversa pode ser benéfico — as pessoas querem saber mais sobre nós, e não desejamos passar a imagem de introvertidos, esquivos ou reservados. Mas muitos de nós cometemos o erro de trazer a conversa de volta para nós a todo tempo. Encaramos as conversas não como oportunidades de conhecer melhor os outros, e sim de falar mais a nosso respeito.

Para se sair bem em conversas informais, nossa preocupação maior deve ser dar atenção aos nossos interlocutores.

Como a casamenteira profissional e especialista em comunicação Rachel Greenwald observa, existem muitas maneiras de fazer isso quando é nossa vez de falar. Depois que nosso interlocutor compartilhar uma ideia ou uma anedota, podemos dizer algo como: "O que despertou seu interesse nisso?", "O que aconteceu em seguida?" ou "Como você se sentiu quando isso ocorreu?". Comentários dessa natureza concedem ao seu interlocutor a permissão de aprofundar o que desejam dizer ou nos oferecer um insight ou uma revelação. Quanto mais você se empenhar em apoiar seus interlocutores em vez de tentar mudar o foco para si mesmo, mais naturalmente a conversa vai fluir.[4]

Minha sogra era uma verdadeira faixa preta em conversa fiada: ela adorava jogar conversa fora e era muito boa nisso. Sua estratégia preferida consistia em pedir com frequência "Conta mais sobre isso...", o que me deixava muito impressionado. Minha própria família não era lá muito boa em escutar e falar alternadamente. Todos falávamos ao mesmo tempo sem prestar a mínima atenção no que os outros diziam. Quem falasse mais alto e por mais tempo seria ouvido, os demais não. Imagine então como eu fiquei impressionado ao constatar a habilidade da minha sogra em ceder espaço para os outros simplesmente pedindo: "Conta mais sobre isso." Que convite generoso e empático! Percebi de imediato o profundo nível de conexão que ela conseguia estabelecer com os outros através dessas poucas palavras, e o quanto ela aprendia com seus interlocutores. Ali estava um exemplo que eu desejava seguir.

O fato de manter o foco nos outros e não em si mesmo também nos ajuda em dois momentos cruciais de uma conversa: iniciá-la e concluí-la. Para iniciar uma conversa informal, evite ser excessivamente trivial ou genérico fazendo perguntas do tipo "Como vai você?" ou "Você trabalha em quê?". É preferível dar início a uma conversa demonstrando curiosidade sobre a outra pessoa e suas perspectivas de vida. Perguntas a respeito da situação ou do local em que vocês se encontram podem funcionar bem. Coisas como "Você já viu tanta gente com camisas azuis antes?" ou "O que você acha do incrível número de janelas desse prédio?". O objetivo é tentar estabelecer de imediato uma conexão com a outra pessoa, seja demonstrando interesse por ela, seja compartilhando impressões acerca da experiência que vocês estão vivenciando no momento. Caso preveja a possibilidade de precisar entrar em uma conversa fiada, vale a pena pensar de antemão em uma ou duas maneiras de iniciar o papo enquanto demonstra receptividade e interesse.

Se lhe fizerem uma pergunta com a intenção de começar uma conversa, tome cuidado para não responder de imediato com uma heurística, porque isso pode levar à chamada "repetição do 'como vai você?'" (Uma pessoa indaga "Como vai você?", e a outra responde "Vou bem, obrigado. E você, como vai?". Uma conversa nada interessante.) Para não correr esse risco, tente dar uma resposta interessante ou intrigante, que convide a mair questionamentos. O segredo é oferecer um pouco de detalhe sobre você e suas atividades. Caso alguém lhe pergunte como tem passado, procure responder algo como: "Estou ótimo. Bati meu recorde pessoal no treino desta manhã." Seu interlocutor poderá responder de uma forma que alimente a conversa, dando-lhe a oportunidade para fazer a ele uma ou duas indagações para incentivá-lo.

Também podemos facilitar a finalização de uma conversa ao demonstrar à outra pessoa que ela foi devidamente ouvida. Muita gente tenta sair de uma conversa alegando necessidades próprias, dizendo algo como "Desculpe-me, mas preciso pegar outro drinque" ou "Desculpe-me, mas preciso ir ao banheiro". Como Greenwald adverte, a melhor maneira de sair de uma conversa é anunciar que você precisa ir e por quê, porém fazendo uma última pergunta para demonstrar que estava prestando atenção e interessado no que estava sendo dito. Por exemplo: "Vou pegar algo para comer no bufê, mas adorei conversar com você e tenho apenas mais uma pergunta sobre sua viagem a Marraquexe. Qual foi seu restaurante preferido lá, caso eu tenha oportunidade de visitar a cidade um dia desses?"[5]

Greenwald nomeia isso como "estratégia da bandeira branca". Nas corridas de automobilismo, o fiscal de pista agita a bandeira branca para avisar aos pilotos que a próxima volta será a última. Nós podemos fazer o mesmo em conversas informais, com uma saída elegante ao demonstrar ao nosso interlocutor que ele foi ouvido e apreciado. Minha sogra tinha a habilidade de finalizar com gentileza e elegância qualquer conversinha dizendo algo como "Muito obrigada por compartilhar tantas coisas que eu desconhecia. Aprendi muito com você. Agora eu gostaria de fazer uma última pergunta antes de ir…"

Vamos supor que você esteja participando de um evento profissional e se envolveu em um papo com uma pessoa que acabou de se mudar para a cidade. Você poderá dizer: "Eu gostaria de saber por que você escolheu se mudar para esse bairro." Ao escutar a resposta do seu interlocutor, você poderá finalizar a conversa dizendo: "Você escolheu muitíssimo bem. Agora eu preciso falar com aqueles colegas que estão perto do bufê. Foi um prazer conversar com você."

MELHORE SEUS COMENTÁRIOS

"O quê - E daí - E agora" e o Primeiro Mandamento da Conversa Fiada são fundamentais em conversas informais. À medida que os praticamos e os dominamos, somos capazes de melhorar muito nosso desempenho prestando atenção às seguintes dicas:

PRIMEIRA DICA: BUSQUE NÍVEIS COMPARÁVEIS DE MARKETING PESSOAL

Muito embora seja importante conduzir a conversa em direção aos interesses do seu interlocutor, é preciso também, evidentemente, incluir informações a seu próprio respeito. Greenwald aconselha tentarmos estabelecer uma proporção de três para um no diálogo. Ao mesmo tempo que fizermos perguntas motivadoras em relação aos outros, não devemos deixar de discorrer a respeito de nossa vida e nossos objetivos quando formos indagados.

Também não devemos hesitar em abordar temas mais profundos ou em compartilhar nossos sentimentos pessoais quando for o caso. Em geral, tememos que desconhecidos ou novos conhecidos estranhem ao fazermos revelações muito pessoais, mas pesquisas demonstraram que conversas profundas e sinceras costumam impressionar e agradar mais às pessoas do que conversas superficiais.

Mais ainda: as pessoas tendem a achar mais satisfatórias as conversas que envolvem, de forma equilibrada, uma verdadeira troca de informações. Não tente transformar um bate-papo em uma sessão de análise improvisada, mas também não deixe que seu interlocutor monopolize a conversa. Não vale a pena parecer um livro fechado para a outra pessoa, assim como não convém submetê-la a um interrogatório. As pessoas tanto querem saber algo a seu respeito, quanto desejam sentir que você as está escutando empaticamente.

SEGUNDA DICA: EVITE COLOCAR SEU INTERLOCUTOR EM UMA SAIA JUSTA

Conforme sugeri, fazer com que a conversa privilegie nossos interlocutores envolve a estratégia de fazer perguntas a respeito deles. Contudo, devemos fazer isso com muita sutileza, evitando antagonizá-los ou colocá-los na berlinda. Fazer perguntas excessivamente diretas — por exemplo: "Há quanto tempo você trabalha para sua empresa?" — pode dar ao seu interlocutor a impressão de estar sendo interrogado para uma potencial entrevista de emprego. Prefira fazer perguntas abertas que possam conduzir a conversa em uma direção positiva, algo como: "Qual é o seu passatempo preferido?"

Ao fazer perguntas diretas demais abrimos mão do controle, pois não sabemos em que direção nosso interlocutor vai seguir. Mas é precisamente por isso que as perguntas diretas são tão importantes. Nós estamos concedendo ao nosso interlocutor a oportunidade de ser cocriador da conversa junto conosco. E tenho certeza de que você concordará que uma conversa cocriada é muito mais positiva a todos os envolvidos.

Quando você se encontrar em meio a um grupo de pessoas que não conhece bem, é importante analisar o ambiente e tomar cuidado com o que diz até obter uma visão mais clara da personalidade dos seus interlocutores. Por exemplo, ainda que você possa apreciar o sarcasmo e o veja como uma forma de humor, nem todo mundo gosta disso. Comece a conversar de modo mais suave e cordial, e caso algo indique que as pessoas apreciam o sarcasmo e observações irônicas, você pode seguir nessa direção, mas sempre com muita cautela para manter o mesmo tom delas.

Um comentário negativo seu corre o risco de ter efeito bumerangue e prejudicar sua imagem. Caso pretenda criar bons relacionamentos e projetar empatia, isso vai prejudicá-lo. E se julgar que o sarcasmo é adequado à conversa, procure aplicá-lo a si mesmo fazendo observações de autoironia — é muito mais prudente e os outros vão achar mais engraçado. Muitos comediantes fazem sucesso com humor autodepreciativo, e você pode fazer o mesmo. Em vez de dizer: "Eu não acredito que o pessoal da cozinha levou tanto tempo para fazer uma comida tão ruim", é preferível que você diga: "Fico feliz em constatar que não sou o único que tem dificuldade em fazer um bom molho de macarrão."

TERCEIRA DICA: SEJA UM JOGADOR DE EQUIPE

Muitas vezes encaramos as conversas informais como uma competição. Nosso oponente está lançando bolas acima da rede em nossa direção e nós lutamos para rebatê-las antes que quiquem duas vezes. Ambos almejamos ganhar o Prêmio de Pessoa Mais Interessante do Lugar. É semelhante a um jogo de soma zero: somente um de nós pode "vencer". É cada um por si. Contudo, existe outra maneira de encarar as conversas fiadas: como um esporte de equipe no qual todos estão colaborando em vista de um resultado positivo. É como se fosse a "Conversa da Altinha", cuja filosofia consiste em manter a bola no alto o tempo todo. Quando ela cai, todo mundo perde.

Como você pode imaginar, essa segunda abordagem é mais propensa a favorecer a criação de vínculos com os outros. É também menos estressante e mais divertida para nós, já que não nos sentimos solitários e pressionados a "vencer". Contudo, a conversa fiada sendo um esporte de equipe, nós precisamos fazer a nossa parte: à medida que avançamos e recuamos fazendo nossos lances, precisamos nos preocupar em ajudar as jogadas dos nossos parceiros. No caso das conversas, nós precisamos facilitar a transição entre os tópicos e lembrar aos nossos interlocutores a história e o objetivo maior do diálogo.

Uma maneira eficaz de conseguir isso é começar com um comentário parafraseando o que nosso interlocutor acabou de dizer. Por exemplo: caso estejamos conversando com uma pessoa que se mudou recentemente para a cidade e que gastou um minuto ou dois descrevendo como ela gostou da mudança, você pode dizer algo como: "Fico feliz em saber que você gosta disso na cidade tendo mudado de Baltimore. Isso me fez pensar, o que o surpreendeu mais em nossa cidade quando chegou?" Também podemos encerrar a conversa com uma pergunta que sirva para efetuar a transição de um tópico para outro. Se estivermos conversando sobre a conquista de um novo cliente importante, podemos dizer: "Bem, eu já lhe contei minhas boas-novas. Qual foi a melhor coisa que lhe aconteceu na semana passada, no trabalho ou em termos pessoais?"

Quarta dica: Evite se esquivar cedo demais

Em nossa era de multitarefas e escolhas desgastantes, podemos ter dificuldade em nos concentrar em um bate-papo por muito tempo. Podemos dar uma olhada pelo salão e sermos atingidos pelo medo de ficar de fora, pensando que seria mais produtivo estar conversando com outra pessoa ou participando de outro evento. Quando temos essa sensação, acabamos saindo de uma conversa rápido demais, ofendendo os outros. Outra atitude grosseira, que pode nos custar bons contatos potenciais, é o ato de bocejar durante uma conversa.

Confesso que às vezes acabo "saindo pela tangente" cedo demais. Minha maior falha em termos de conversas fiadas é a incapacidade de estar cem por cento presente nelas. Frequentemente eu me distraio com o que está acontecendo ao redor e me pergunto se estou perdendo a chance de ter uma conversa melhor com outra pessoa. Acabo dando respostas esquemáticas e inventando uma desculpa qualquer para pular fora da conversa. Quando faço isso com frequência, saio dos eventos exausto e decepcionado. Passei tempo demais perambulando sem rumo e me preocupando com o que estava perdendo e acabei não dedicando tempo suficiente a ninguém para estabelecer um contato produtivo.

Quando começar a se sentir inquieto, controle a vontade de sair pela tangente e procure participar mais ativamente do diálogo. Lembre-se de que pode levar alguns minutos até as pessoas relaxarem o suficiente para falar algo realmente interessante. Jogue um pequeno jogo consigo mesmo tentando se lembrar de algo significativo a respeito de cada pessoa que encontrar, ou pedindo que cada uma delas emita sua opinião acerca de um tema de interesse comum.

Por mais que tentemos, é impossível administrar as conversas fiadas para extrair delas o máximo de benefício para nós, pois nunca saberemos o que estaremos perdendo ao sair da conversa cedo demais. É bem mais produtivo tentar relaxar, se concentrar no que está sendo dito e deixar a conversa seguir seu rumo natural.

Quinta dica: Reduza os riscos de ofender os outros questionando-os, parafraseando-os ou contestando-os

Tendo em vista a forma como os debates públicos se tornaram polarizados e agressivos, pode ser perigoso dar um passo em falso, deixando-o vulnerável às duras críticas ou a coisa pior. Devemos nos lembrar de que a função das conversas informais é gerar simpatia e estabelecer contatos. Mas isso não quer dizer que você deva omitir suas opiniões para manter a paz. O importante é considerar cada conversa uma oportunidade de criar vínculos e encontrar uma zona de entendimento comum com seus interlocutores.

Em primeiro lugar, ao entrar em um bate-papo, evite fazer suposições sobre as opiniões que seus interlocutores possam ter. Antes de apresentar ou ponderar sobre um novo assunto, escute atentamente o que os outros estão dizendo, observando a essência de suas ideias e os detalhes que estão trazendo. Quando de fato entrar na conversa, sinta o terreno, fazendo perguntas genéricas em vez de começar direto com uma declaração que exija um posicionamento do interlocutor. Digamos que você esteja na festa de um amigo e a conversa enverede para a política. Antes de expor seu posicionamento político ou declarar apoio a um candidato determinado, é mais prudente escutar e observar o que está sendo dito pelos demais. Isso lhe permitirá conhecer melhor seus interlocutores e estruturar suas colocações de modo a evitar ofender alguém ou gerar uma polêmica.

O uso da paráfrase pode ser útil nesse caso, já que você pode contribuir com a conversa sem expor suas convicções políticas propondo coisas do tipo "Fale-me mais a respeito dos seus pensamentos sobre [preencha este espaço]", e depois parafraseando o que acabou de escutar. Ao fazer isso, você poderá entender melhor por que seu interlocutor pensa de determinada maneira, o que lhe possibilitará contribuir com a conversa de um jeito que reduza as tensões para todos.

Digamos que, em uma conversa informal, você afirme que os times esportivos deveriam mudar seus mascotes para uma versão mais politicamente correta e o seu interlocutor discorde. Você poderá se sentir tentado a deixar escapar: "Peraí, como você pode pensar em uma coisa dessas? Alguns mascotes são muito ofensivos!" Mas, na verdade, essa resposta não vai mudar as convicções dele. Seria melhor tentar eliminar a tensão criando curiosidade e sintetizando os dois pontos de vista. Você poderia dizer: "Assim como às vezes os jogadores reclamam das marcações dos juízes, parece que nós temos uma diferença de opinião."

As reflexões de improviso, as paráfrases e as perguntas adequadas podem ajudar seu papo a fluir mais suavemente, reduzindo a tensão e a possibilidade de ofender ou ser ofendido. Pesquisas têm sugerido que as pessoas mais capazes de aceitar opiniões contrárias e pontos de vista divergentes são mais hábeis em aprender, estabelecer conexões e evitar conflitos durante uma conversa. Isso faz sentido: se nós sentimos que os outros nos respeitam o bastante para nos escutar atentamente e aceitar nossas ideias com a mente aberta, temos menos tendência a rejeitar seus pontos de vista. Ao deixar claro aos nossos interlocutores que nós os compreendemos, apontando nossa zona de entendimento comum, atenuando nossas observações e fazendo considerações mais assertivas, podemos demonstrar o que os pesquisadores definiram como "receptividade ao diálogo". E quando os outros baixarem a guarda, teremos maiores possibilidades de entendimento e satisfação.[6] É mais provável conseguir que os outros considerem nossos pontos de vista de boa vontade se deixarmos claro antes que estamos sinceramente dispostos a escutar os deles.

APLICAÇÃO EM AÇÃO

Tendo o Primeiro Mandamento da Conversa Fiada em mente, vamos dar uma olhada agora em como podemos estruturar respostas específicas quando chegar nossa hora de falar.

PRIMEIRA SITUAÇÃO

Você está em uma festa de casamento em uma cidade distante e se envolve em uma conversa com pessoas que não conhece. Elas lhe perguntam de onde você é.

Possível resposta:
"Bem, eu nasci em Omaha, mas depois me mudei para Huston (O quê). Ainda que eu tenha me mudado por questões de trabalho, acabei curtindo a oportunidade de assistir a diversos eventos esportivos e provar comidas muito boas (E daí). Quanto a vocês, alguém já morou ou visitou o Texas (E agora)?"

Nessa resposta, fornecemos informações sobre nós de uma forma que não é banal nem evasiva. Ao mesmo tempo, em vez de manter a atenção focada em nós mesmos, fazemos uma pergunta relacionada à nossa resposta, para que os interlocutores contribuam.

SEGUNDA SITUAÇÃO

Você está em uma convenção nacional da sua área de atuação e foi convidado para uma recepção. Está interagindo com estranhos que trabalham em outras empresas, provenientes de diversas cidades.

Possível resposta:
"Eu sou Matt Abrahams, do Vale do Silício, na Califórnia (O quê). Estou bastante animado com as conferências desta noite,

pois já ouvi os podcasts de diversos dos palestrantes (E daí). Qual é o tema de maior interesse para vocês no programa desta noite (E agora)?"

Nessa resposta, nossa pergunta de encerramento busca encontrar um ponto em comum. Ao passar a palavra para nossos interlocutores, desviamos o foco de nós mesmos. Se quisermos, podemos expandir os itens "O quê" e "E daí" para revelar um pouco mais de nós. Podemos, por exemplo, fazer uma piada autodepreciativa sobre o Vale do Silício ao comunicarmos de onde viemos. Ou podemos fazer menção a um ou dois de nossos podcasts favoritos dos conferencistas. Qualquer pequeno detalhe adicionado nessa linha aumentará a possibilidade de conquistar a simpatia ou uma resposta dos outros.

Terceira situação

Você está no jantar de Ação de Graças na casa da sua família e acaba sentando ao lado do vizinho da sua tia-avó, que nunca viu antes. As primeiras tentativas de engatar uma conversa foram malsucedidas e um silêncio desagradável se instaurou. Vocês dois têm uma porção de uma comida à base de milho em seus pratos.

> **Possível resposta:**
> "Puxa, comida que leva milho é incrível (O quê). Eu adoro milho e estou sempre procurando novas receitas com esse ingrediente. Ele frito ou cozido fica bom, mas pode ficar ainda melhor se a gente usar a criatividade (E daí). Você tem algum prato favorito à base de vegetais (E agora)?"

Nessa resposta, invocamos uma experiência compartilhada, convidando a outra pessoa a discorrer acerca de um assunto que você supõe que ela conheça bem. Depois que ela fizer sua contribuição inicial, a conversa deve engrenar automaticamente e você receberá outras dicas para fazer novas perguntas.

MENSAGEM DE DESPEDIDA

Enquanto estava escrevendo este capítulo, tive uma experiência interessante que colocou todos esses conceitos em uma perspectiva clara. Participei de um jantar de captação de fundos para uma entidade que ajuda pacientes com câncer. De início, fui acomodado em uma mesa na qual o bate-papo era simplesmente sensacional. Tanto eu como as demais oito pessoas ali falávamos animadamente e incentivávamos uns aos outros a mostrar seu ponto de vista. Conversávamos sobre como o câncer havia afetado nossa vida, onde vivíamos e quais eram as escolas dos nossos filhos. Estávamos sorrindo bastante, descontraindo, acenando com a cabeça e rindo com gosto. Depois de uns trinta minutos de papo, eu já havia adicionado três deles no LinkedIn e combinado de tomar um café com vários. Tudo indicava que as conexões que estabeleci naquele evento seriam de longa duração.

Mas, de repente, a organizadora do evento me chamou para dizer que algumas pessoas não haviam comparecido e uma mesa próxima estava meio desfalcada. Será que eu me incomodaria de trocar de lugar? Concordei, me despedi dos meus novos amigos e troquei de mesa. Para minha decepção, descobri que o clima de sociabilidade ali era totalmente diferente. Os convidados estavam calados, evitavam estabelecer contato visual uns com os outros e ficavam olhando ao longe, para o outro lado da sala.

Quando finalmente um dos convidados se arriscou a dizer algo, a conversa foi curta e trivial. As pessoas faziam perguntas genéricas e desinteressantes do tipo: "O que você fez nas últimas férias?" E as respostas também eram padronizadas, fazendo a conversa morrer rapidamente.

Encorajado por todas as pesquisas que estava fazendo acerca de conversas fiadas, resolvi colocar meus métodos em ação para ajudá-los. Em determinado momento, um dos convidados revelou que havia passado as férias no Havaí. E outro replicou "Ah, eu fui para a Costa Rica", o tipo de resposta capaz de fazer a conversa esfriar. Percebendo ali uma oportunidade de melhorar as coisas, me adiantei e disse: "Que coincidência, minha esposa e eu passamos a lua de mel na Costa Rica. Passeamos bastante por lá e eu adorei, sobretudo a zona de floresta e o quetzal [ave sagrada para os maias e astecas]. Que locais você visitou? O que mais gostou lá?" Quando ele respondeu, engrenei com diversas perguntas para incentivá-lo a falar, trazendo de novo à mesa o tema dos pássaros. Então outro dos convidados se animou a entrar na conversa, relatando como havia feito uma viagem recentemente apenas para observar a águia-calva.

Em dez ou 15 minutos a conversa havia finalmente engrenado. Não estava tão animada quanto a da mesa anterior, mas nos divertimos bastante. As pessoas em minha nova mesa começaram, aos poucos, a rir e se descontrair. Um dos convidados me perguntou se poderia me adicionar no LinkedIn, enquanto dois outros trocaram contatos entre si.

O que estou tentando demonstrar aqui não é que eu seja o rei do papo-furado e você deveria me convidar para animar todas as suas festas (já vimos que isso não é verdade e que tenho minhas fraquezas para aprimorar). Em vez disso, desejo apenas sugerir algumas coisas que podemos fazer para desenvolver nossas habilidades de conversação espontânea. Com um pouco de esforço, podemos não apenas cuidar de nós mesmos como também começar a espalhar felicidade, conexão e camaradagem aonde quer que formos, inspirando outras pessoas a se abrir para o mundo e a aprender com ele. Os benefícios da conversa fiada podem ser imensos, mas somente se você romper com os velhos hábitos e passar a desenvolver uma forma mais útil e estruturada de se conectar. Portanto, nada de se desesperar no próximo evento social. Vá com tudo e comece a praticar!

Segunda aplicação
BRINDES QUE ATORMENTAM
(E HOMENAGENS E APRESENTAÇÕES TAMBÉM)

VISÃO PRINCIPAL

Brindes, tributos e apresentações são algumas das situações mais comuns de comunicação espontânea. Podemos encontrá-las em lançamentos de produtos, seminários, congressos, casamentos, festas de 15 anos, funerais ou banquetes, e com frequência precisamos discursar para festejar as datas importantes, celebrar suas realizações ou apresentar outras pessoas. É normal que, de forma quase automática, fiquemos preocupados com a forma como estamos sendo vistos pelos outros, mas devemos lembrar que não somos nós o tema principal desses eventos. O objetivo em todos esses casos é conseguirmos falar algo significativo e importante sobre os outros, sejam eles pessoas, equipes ou empresas.

Para ajudar a quebrar o hábito de focar apenas nossos problemas e necessidades, podemos encarar os brindes, as homenagens e as apresentações que fazemos como presentes à audiência ou àqueles que estamos elogiando. Assim como refletimos sobre que tipo de presente as pessoas podem gostar, querer ou precisar, devemos fazer as mesmas perguntas sobre os presentes que damos em forma de palavras. Voltar o foco para nossos receptores nos leva a considerar as melhores maneiras de embrulhar o que estamos oferecendo, ou seja, na estrutura de nossa fala. Afinal, queremos que as pessoas possam curtir os presentes sem muito esforço. Queremos que elas curtam nossos presentes verbais e os guardem na lembrança. Ao empregar uma estrutura lógica na narrativa que vamos apresentar, ela se torna mais clara, concisa e focada, fazendo as pessoas homenageadas se sentirem reconhecidas e felizes com o que estão ouvindo.

POR QUE ISSO IMPORTA

Talvez os comentários elogiosos pareçam tediosos ou um mal necessário, porém podem ser úteis em diversos aspectos. Ao elogiar e reconhecer o mérito de alguém, uma empresa ou uma equipe importante para nós, demonstramos o respeito, o comprometimento, o senso de pertencimento e a compreensão que temos por eles. Também podemos participar de forma mais efetiva do evento ajustando nossa fala para facilitar o caminho para os demais palestrantes que falarão depois de nós. Podemos nos aproximar ainda mais dos homenageados ao mesmo tempo que fortalecemos o nível de cumplicidade e fraternidade da audiência. E com um esquema previamente esboçado para esses casos, a tarefa pode se tornar menos assustadora do que parece.

CRIE SEU CONTEÚDO

Uma estrutura muito útil caso alguém lhe peça que faça um brinde ou elogios públicos em uma celebração é o esquema de quatro pontos que eu chamo de POEG:*

- **P Por que estamos aqui:** Em primeiro lugar, identifique o contexto da celebração para saber se o propósito é homenagear uma pessoa falecida, por exemplo, ou parabenizar os esforços de uma equipe de trabalho.

- **O O que nos conecta:** Informe ao público quem você é e o que o levou a ser escolhido para falar.

- **E Ensinamentos ou anedotas:** Conte aos presentes algumas histórias edificantes ou ensinamentos que você aprendeu com o homenageado, a equipe ou a empresa que está sendo

---

* No original: WHAT, sigla impossível de repetir em português em virtude do uso do "W". Mas a fórmula alternativa proposta, POEG, é totalmente fiel às ideias do autor. (N.T.)

celebrada. Atente-se para que as histórias escolhidas sejam apropriadas, concisas e capazes de gerar conexão.

G **Gratidão:** Conclua sua fala expressando sua gratidão em relação à pessoa, à equipe ou à empresa que está homenageando.

Vamos dar uma olhada mais de perto em cada um desses passos.

Primeiro passo: Por que estamos aqui

Esclareça o objetivo do evento de acordo com seu ponto de vista. Fazer isso ajudará a manter as outras pessoas focadas e atentas ao que há por vir. Ao definir o propósito do evento, você poderá expressar emoção, reiterar a importância do encontro e começar a tecer elogios para a pessoa, grupo ou empresa que deseja exaltar.

Exemplos:
"Em virtude das suas enormes conquistas profissionais, estou entusiasmado para ouvir Shandra falar sobre o mundo do entretenimento e sua carreira inspiradora como artista musical — que também está nos palcos da Broadway."

"Esse casamento une duas das pessoas mais generosas e especiais que conheci em toda minha vida."

Segundo passo: O que nos conecta

É comum que muitas pessoas no evento não conheçam você nem saibam qual é o seu exato papel naquele lugar, de modo que convém expor brevemente sua relação com o homenageado. Ao fazer isso, você pode fornecer, de forma bem-humorada, algumas dicas a respeito do teor da sua fala.

Exemplos:
"Shandra e eu estudamos na escola Julliard durante seis meses decisivos e acabamos gravando nosso primeiro álbum juntos em 1994."

"Eu não apenas conheço o casal há mais de uma década como fui eu quem os apresentou, em um lugar meio inusitado: uma convenção de *Star Trek*. E quem poderia prever que um Klingon iria se apaixonar por um Romulan e acabar se casando com ele?"

Terceiro passo: Ensinamentos ou anedotas

Essa é a hora de transmitir a essência da sua fala, utilizando emoção, humor e as lições que você aprendeu. Conforme já foi dito, tenha cuidado para que as histórias que conta sejam apropriadas, bem estruturadas e, sobretudo, breves. Sobre a duração, prepare uma fala de poucos minutos, e não dezenas de minutos.

Exemplos:
"Sempre fico admirado com a forma como Shandra é capaz de pegar uma base de jazz que já ouvimos centenas de vezes e injetar vida nova nela. Aprendi muitas coisas com Shandra, e talvez a mais importante tenha sido a de que uma grande canção cantada com o coração e sabedoria pode transportar os ouvintes para outra dimensão."

"A primeira vez que esses dois se encontraram, cada um me havia pedido, sem que o outro soubesse, para interromper suas conjecturas acerca de quantos pingos a nave espacial *Entreprise* seria capaz de transportar, porque eles estavam com pressa de voltar para casa. Embora os dois fossem trekkies ferrenhos, não estavam se divertindo muito naquele evento. Ainda bem que eu ignorei os pedidos deles!"

Quarto passo: Gratidão

Encerre sua fala expressando gratidão pela atenção do público ou em relação ao homenageado. Essa também pode ser uma oportunidade para oferecer informações complementares a respeito dos homenageados.

Exemplos:
"Eu gostaria de agradecer a Shandra por ter sido uma grande parceira e amiga. Sei que vocês vão ouvir falar muito dela. Recebam com aplausos, por favor, nossa homenageada e duas vezes ganhadora do Grammy de Melhor Cantora, Shandra Delacorte."

"Agradeço de coração a vocês por terem sido tão gentis comigo e com todos nós aqui. Desejamos que tenham muita sorte e sejam muito felizes nessa nova fase — para a qual estão 'audaciosamente indo' — em suas vidas e nos seus relacionamentos."

MELHORE SEUS COMENTÁRIOS

Todos nós já nos entediamos ao ouvir brindes, homenagens e apresentações feitos de qualquer jeito e sem graça. Isso não apenas desanima as pessoas como também arruína a imagem dos envolvidos. Nem sempre é possível antecipar a receptividade dos outros às nossas palavras. Ainda assim, ao se manter fiel às sugestões feitas a seguir, você poderá aumentar consideravelmente as chances de seus comentários serem bem recebidos e causarem o impacto desejado.

Primeira dica: Seja breve e direto

Brindes, homenagens e apresentações muito longos costumam ser os piores. Tentar abordar um número excessivo de assuntos reduzirá o impacto das suas colocações. Quando você for apenas um entre diversos palestrantes, pense nos seus comentários no contexto do evento como um todo. O público ficará inquieto se os palestrantes falarem demais, se repetirem ou fizerem observações muito vagas e fora do tom. Por outro lado, nunca encontrei ninguém reclamando de que o elogio feito a alguém foi breve demais. Compartilhe apenas as informações necessárias para exaltar as qualidades do homenageado, mantendo-se fiel ao contexto em que você se encontra. Uma boa homenagem limita-se a relacionar e exaltar as características que tornam o homenageado especial — e deve fazer *somente* isso.

Segunda dica: Prepare-se para ficar emotivo

Muitas vezes, brindes, homenagens e apresentações despertam profundas emoções nas pessoas, tanto positivas — nos casos de casamentos, formaturas, bar-mitzvás ou festas de 15 anos — quanto negativas — divórcios, aposentadorias, funerais. Avalie como você vai se comportar nessas situações se a emoção começar a aflorar. Caso desconfie de que possa perder o controle, combine com alguém para que essa pessoa intervenha se isso acontecer. Pense também em uma forma de concluir rapidamente sua fala caso você acabe dominado pela emoção. Por mais tentador que seja, consultar anotações em papel ou no celular geralmente piora as coisas se você estiver muito emocionado. Isso pode distraí-lo e distanciá-lo da audiência.

Pense também em como o público está se sentindo e tente ajustar sua fala ao estado emocional dele. Se estiver em um casamento prestes a brindar aos recém-casados, será que a história que você está pensando em contar vai despertar outras emoções? Seria esse o momento ideal para fazer algumas piadas apimentadas a fim de animar os convidados? É preciso ser bastante cauteloso em relação à forma de expressar emoções publicamente e levar em consideração a personalidade do homenageado e dos presentes. Por exemplo: o público de um evento corporativo em que um novo produto está sendo lançado espera que o gerente do projeto demonstre muito mais emoção do que o diretor-geral, pois, afinal de contas, o gerente esteve muito mais envolvido com a equipe de produção. Um diretor-geral emocionado demais será encarado com desconfiança e estranheza. Reflita por um breve momento acerca do que você representa para o homenageado e do que o público espera que você represente para eles. Tome cuidado para não passar dos limites.

Terceira dica: Fique atento para se manter longe do centro das atenções

Quando estiver contando uma história sobre o homenageado, deixe detalhes a respeito de si mesmo em segundo plano. Evite falar demais sobre o que você pensa. Uma boa maneira de verificar se está indo bem é observar quantas vezes está usando a palavra "eu" durante seu discurso. Se estiver exagerando, retorne o foco da sua fala para o homenageado o mais rápido possível.

Quarta dica: Conte histórias apropriadas e compreensíveis

Ninguém gosta de se sentir deslocado. Evite as histórias que apenas poucas pessoas vão entender e curtir. Assegure-se de que o teor das histórias e de suas palavras seja adequado ao público. Caso julgue indispensável o uso de jargões ou de acrônimos, explique brevemente o significado deles para os ouvintes.

Quinta dica: Busque a unidade

O mundo tem se tornado cada vez mais polarizado, fazendo com que as pessoas defendam fervorosamente seus pontos de vista. Presumindo-se que você deseje estabelecer bons contatos e relacionamentos, os elogios públicos direcionados a uma pessoa ou um grupo são uma ótima oportunidade para criar uma conexão. Faça comentários que todos os presentes possam endossar, sem comprometer suas próprias crenças. Isso pode parecer difícil, mas minha experiência pessoal demonstra ser sempre possível encontrar um terreno comum caso você se esforce verdadeiramente para isso.

Imagine que você esteja participando das comemorações de uma fusão empresarial bem-sucedida. Caso a equipe seja liderada por um gerente cujas convicções políticas e métodos de trabalho sejam opostos aos seus, você pode enfatizar como a equipe espelha seus valores corporativos e não apenas aqueles do gerente em questão. Você não deve aproveitar sua fala para criticar a visão política e o estilo administrativo dele e, se achar que um discurso que não mencione o conflito de ideias soará falso, é preferível que peça a outra pessoa que fale no seu lugar. Mas se puder, use essa oportunidade para ressaltar os valores e as prioridades que você gostaria de ver implementados no novo empreendimento. Isso poderá criar um clima mais íntimo e fraterno para a conversa com o gerente e o resto da equipe.

SEXTA DICA: ASSEGURE O SUCESSO DOS OUTROS

Considere-se responsável pelo ato de abertura para aqueles que virão a seguir (o próximo palestrante, a pessoa que você está apresentando e assim por diante). Tente assegurar o sucesso para eles da melhor forma possível. Eu costumo denominar esse procedimento de "preparar o terreno", de modo que aqueles que virão depois de você poderão se beneficiar de uma saída tranquila e bem cronometrada. Provenha informações acerca da logística, da agenda e outros detalhes práticos. Termine suas falas em tom positivo, deixando o público envolvido e entusiasmado em relação ao que virá a seguir. Imagine como *você* gostaria que outra pessoa o apresentasse. Você pode dizer, por exemplo: "Joana tem muitas coisas interessantes a dizer. Antes de apresentá-la, eu gostaria de informar que a palestra dela será transcrita e posteriormente enviada a vocês, e dizer também que hoje à noite, após o término do seminário, um coquetel de confraternização será oferecido."

APLICAÇÃO EM AÇÃO

Brindes, homenagens e apresentações podem variar dependendo de diversos fatores, seja porque a pessoa homenageada tem algum tipo de autoridade sobre você, seja porque você está em um evento corporativo ou familiar, seja porque está celebrando uma vitória ou homenageando um falecido. Os esquemas a seguir sugerem como você pode fazer bom uso da fórmula POEG:

PRIMEIRA SITUAÇÃO

Você está apresentando dois dos diretores-executivos à sua equipe de aproximadamente dez pessoas.

> **Possível resposta:**
> "Jeanne e Sy voaram até aqui para passar um tempo com nossa equipe (P). Tenho trabalhado para eles há três anos e estou animado com a oportunidade de nos reunirmos com eles pessoalmente no escritório (O). A última vez que Jeanne e Sy estiveram aqui foi para revisar nossas metas trimestrais e definir novas prioridades. Agora, eles desejam avaliar nosso progresso e compartilhar algumas ideias da matriz (E). Jeanne e Sy, estamos muito felizes que vocês tenham reservado esse tempo para nos visitar (G).

Essa introdução não se limita apenas a contextualizar, também expressa as expectativas em relação à importância e à qualidade das interações por vir.

Segunda situação

Sua equipe obteve enorme sucesso e você deseja reservar um momento para celebrar essa vitória com ela.

Possível resposta:
"Caramba! Conseguimos fechar o último negócio do trimestre três dias antes do prazo previsto (P). Estive observando como cada um de vocês deu tudo de si para conseguir essa proeza (O). Eu me lembro que somente três meses atrás, quando foi aventada a possibilidade dessa operação, escolhi cada um de vocês para participar porque tinha certeza de que só vocês seriam capazes de fechar esse negócio (E). Eu e os outros executivos queremos agradecer a vocês pelo empenho e pela criatividade que demonstraram para conseguir essa grande vitória. Agradeço muito (G)."

Nesse caso, como uma espécie de bônus, destaca-se a importância do trabalho e o empenho que se deseja ver de novo no futuro.

Terceira situação

Um colega de trabalho está festejando o aniversário de cinco anos na empresa e chegou sua vez de cumprimentá-lo.

Possível resposta:
"Ting, meus parabéns por estar na empresa há cinco anos (P). Nós trabalhamos juntos em diversos projetos importantes, e aprendi muito com você (O). Eu me lembro daquela vez que encomendamos as camisetas para o seminário anual e elas chegaram com as cores e os tamanhos errados. Você permaneceu calmo e conseguiu que corrigissem o erro, enquanto eu me estressei demais (E). Ting, obrigada por ser um grande colega, mentor e amigo (G). Feliz aniversário!"

Nesse exemplo, a pessoa ressaltou as qualidades do homenageado ao relatar uma situação com que ela mesma não lidou bem.

MENSAGEM DE DESPEDIDA

Recentemente, uma querida colega minha morreu de câncer. Sua morte ocorreu de modo repentino, deixando todos nós chocados. Edwina era muito influente na faculdade comunitária na qual eu dava aula, e muita gente a procurava em busca de ajuda e conselhos. Ela foi minha mentora durante anos, e sempre a encarei como uma fonte de sabedoria e energia positiva para mim. Quando soube que ela havia falecido, quis homenageá-la de uma forma verdadeiramente significativa.

Tive a chance de fazer isso poucos dias depois, quando alguns colegas promoveram uma reunião virtual informal para celebrar sua memória. Nós nos revezamos para expressar sentimentos de pesar e relembrar momentos com Edwina, e nenhum de nós havia preparado uma fala. Como muita gente desejava participar da homenagem, ficou combinado que teceríamos nossos comentários brevemente, por um minuto ou um pouco mais. O clima geral era sombrio, embora alguns poucos tenham se preocupado em relatar lembranças mais leves e reflexões. Eu desejava respeitar o limite de tempo e não incomodar os outros com muito sentimentalismo. Mas, ao mesmo tempo, queria expressar todo o respeito e admiração que sentia por ela.

Empregando a estrutura POEG, acabei dizendo algo como:

> Edwina era uma pessoa incrível, cujos sábios conselhos eram muito solicitados (P). Tive o privilégio de assumir dois cargos de chefia que ela havia ocupado (O). Eu me lembro bem de ter participado de alguns debates acalorados em que, assim como imagino que muitos de vocês também fizeram, me perguntei: "O que Edwina faria neste caso?" Refletir sobre o comportamento e a abordagem dela me ajudou a dar boas contribuições nessas situações delicadas (E). Assim, convido todos a lembrar

de Edwina pela maneira como ela tocou a nossa vida e a de muitos, muitos outros (G).

Embora meus comentários tenham sido breves, eles me permitiram transmitir algo relevante sem monopolizar o tempo. Em vez de cair em clichês e comentários tristes, consegui dizer algo a respeito de Edwina que era realmente importante para mim (eu de fato penso nela todas as vezes que me encontro em uma sinuca de bico, recordando suas palavras de sabedoria e sua maneira de encarar a vida). A história que relatei era apropriada para a audiência, composta por colegas próximos, subordinados e supervisores, e minha mensagem abriu caminho para os demais ao convidá-los a compartilhar os próprios relatos de como Edwina impactou nossas vidas.

O fato de ter uma estrutura de apoio não era decisivo nesse caso — eu provavelmente me sairia bem sem utilizá-la. Mas ela me permitiu permanecer focado, impedindo que as emoções me distraíssem. Espero que você obtenha sucesso com o uso da estrutura POEG e que também comece a encarar a possibilidade de celebrar com os outros como um presente e não um fardo. A vida é curta e, se pensarmos bem, os presentes significativos que damos aos outros figuram entre as coisas mais importantes e satisfatórias que existem, tanto para aqueles que os recebem quanto para nós mesmos.

Terceira aplicação
FAÇA UMA PROPOSTA (IM)PERFEITA

VISÃO PRINCIPAL

Quando precisamos nos comunicar espontaneamente, em geral desejamos fazer algo mais do que apenas expressar nossas ideias, pensamentos e opiniões. Queremos *convencer* as pessoas a assumir nosso ponto de vista ou a agir da forma que julgamos ser mais conveniente para elas. Podemos desejar que nossos colegas de trabalho pensem como nós, que os consumidores comprem os produtos que estamos vendendo, que as pessoas em que estamos interessados aceitem sair conosco em um encontro, que nossos filhos mudem de comportamento e respeitem as regras e que nossos vizinhos não deixem os cachorros deles transitarem pelo nosso gramado. Muitos livros oferecem técnicas mais persuasivas de comunicação e recomendo que você os leia.[1] Contudo, para nos tornarmos ainda mais persuasivos, devemos aprender como exercer influência de *imediato*.

Uma coisa é preparar um discurso espetacular com antecedência, outra é ser capaz de adaptar as ideias no calor do momento para que reflitam o que estamos descobrindo acerca de nossos ouvintes e suas necessidades. Uma preparação cuidadosa pode nos ajudar a prever o que vai sensibilizar nossa plateia, mas devemos ser capazes de escutá-la no momento presente, interpretando as deixas que estamos recebendo e respondendo a ela de forma autêntica. Dispor de uma fala estruturada de antemão nos deixa livres para prestar mais atenção ao entorno e nos readaptar instantaneamente. Uma estrutura também nos ajuda a expressar nossas ideias de forma lógica e consistente com o que estamos percebendo a respeito dos outros.

POR QUE ISSO IMPORTA

Se ficarmos atentos à forma como reagimos às pessoas instintivamente, seremos capazes de atender melhor a suas demandas. O público vai nos achar mais autênticos, empáticos e convincentes, vai considerar nossa mensagem mais relevante e ter mais facilidade para nos apoiar e agir com boa vontade.

CRIE SEU CONTEÚDO

Para fazer uma jogada importante, capaz de corresponder às necessidades da sua audiência, use a estrutura que apresentei no Capítulo 5, intitulada "Problema-Solução-Benefício".

> **Problema:** Primeiro, estabeleça um desafio, um problema ou um ponto delicado que você vai abordar e com o qual seu público se identifica.
> **Solução:** Em seguida, apresente uma solução para o problema, detalhando os passos necessários, a relação entre processo e produto ou o método para remediá-lo.
> **Benefício:** Depois, ressalte os ganhos e as vantagens que serão obtidos caso a solução que você propôs seja adotada.

Como acredito que você vai deduzir, essa estrutura se aplica a um grande número de situações nas quais você procura convencer os outros. A seguir, mais detalhes sobre esses três passos.

Primeiro passo: Apresente o problema concretamente

Ofereça uma perspectiva clara e concisa acerca do problema em questão, de maneira compreensível para a audiência. Em alguns casos será possível apresentar o problema de forma positiva, explicando-o como uma oportunidade de melhorar uma situação atual ou iniciar uma nova fase. Em outras ocasiões, você será obrigado a apresentar o problema como uma situação penosa ou dolorosa que requer atenção imediata. Você pode se preparar melhor se estudar qual abordagem funcionou melhor com seu público no passado.

Exemplos:
Se deseja que, em um jantar, seus amigos apoiem sua ideia de que é preciso ajudar os desabrigados da cidade, você poderá dizer algo como: "Esse é um problema da maior urgência em nossa cidade, como o noticiário vem mostrando."

Caso deseje que seus colegas de trabalho adotem um novo comportamento, você poderá dizer: "Vocês não estão cansados de não serem valorizados e sentirem-se desconectados do que o restante da equipe está fazendo?"

Ao definir o problema ou a oportunidade, procure saber que tipo de argumento será mais bem recebido pelo seu público. Por exemplo, se você sabe que o grupo valoriza estatísticas, apresente dados que respaldam seu argumento. Se o público prefere ouvir casos que exemplifiquem o assunto em questão, pense em algumas histórias relevantes que possa contar a eles. Algumas pessoas vão preferir que você use uma abordagem mais dura e direta ao definir um problema; já outras, uma abordagem mais suave, talvez com um toque de humor. Assim como discutido no Capítulo 6, é importante criar uma zona de entendimento com o público, e você pode fazer isso refletindo sobre questões básicas: a maioria das pessoas que me ouvem conhece o assunto que vou debater ou é algo novo para elas? Que tipo de conexão pessoal elas podem ter com o tema? Ao fornecer um contexto rápido, usando palavras simples ou citando alguém que elas conheçam, você pode tornar o problema em questão mais relevante para todos.

Enquanto apresenta o problema, você também pode destacar os desafios que impediram algumas pessoas de lidar com ele. Ao apresentar a bateria Tesla Powerall, Elon Musk não se limitou a evocar um problema — o aquecimento global provocado pela emissão de combustível fóssil. Ele também apontou as barreiras que impedem que a humanidade faça a transição para a energia solar: variações na produção de energia, que provoca o aumento da necessidade de baterias; a tecnologia ainda primária das baterias existentes; e assim por diante. Dar esse passo extra, retratando os desafios específicos que impedem uma solução, faz o problema parecer ainda maior, e a solução que você apresenta (que, evidentemente, será capaz de superar tais desafios), muito mais impressionante.[2]

Segundo passo: Explique detalhadamente a solução

Apresente uma solução que pareça factível e razoável para o problema ou a oportunidade em pauta. Aplicando o que foi exposto no Capítulo 6, comunique a sua ideia de forma a manter as pessoas focadas e interessadas. Caso a solução proposta seja um tanto complicada, explique-a em partes para que o público possa entendê-la.

> **Exemplos:**
> "As políticas públicas recentemente adotadas tendem a fazer autoridades municipais e comerciantes locais atuarem colaborativamente. Ao adotá-las, aumentaremos a oferta de empregos para os desabrigados, permitindo que voltem a ter uma vida digna."
> "Criem gráficos que demonstrem os progressos obtidos para a execução das suas metas. Compartilhá-los nas reuniões semanais da empresa comprovará a importância do nosso trabalho para todos os funcionários."

Terceiro passo: Exponha os benefícios

Explique e detalhe os benefícios que a solução que você está propondo trará, começando pelo maior deles.

Exemplos:
"Ao aprofundarmos nosso conhecimento a respeito da questão dos desabrigados e incentivarmos a atuação colaborativa entre governo e iniciativa privada, não vamos apenas ajudar essas pessoas a saírem das ruas e receberem o apoio do qual necessitam — vamos também fortalecer nossa comunidade ao fazer mais pessoas trabalharem em conjunto para o bem comum."

"Demonstrar o valor de vocês não só os ajudará a se conectar melhor com a equipe, como também vai aumentar a relevância do seu trabalho e potencializar as possibilidades de obtenção de patrocínio."

Você pode alterar a ordem desses fatores caso preveja uma forte resistência às suas soluções, ou se achar que seu público pode discordar da sua visão do problema. Nesses casos, é preferível apresentar os benefícios antes de expor o problema. Você pode dizer algo como: "Imaginem se pudéssemos aumentar nossas vendas e reduzir os custos de produção ao mesmo tempo. (Benefício) O fato de trabalharmos com apenas um representante nos impede de atingir essa meta (Problema). Caso terceirizemos nossas vendas para mais representantes, teremos maior possibilidade de aumentar nossas vendas e atingir nossas metas (Solução)."

***

ESTRUTURA EXTRA

Isso mesmo, tem mais! Se estiver tentando obter apoio para uma nova iniciativa empresarial, você pode utilizar uma das opções a seguir como frases de abertura, bastando completá-las da forma mais adequada:

"E se você pudesse…"
"Dessa forma…"
"Por exemplo…"
"E não é só isso…"

Exemplo:
"**E se você pudesse** atender às demandas dos clientes com mais eficiência, oferecendo atendimento personalizado? **Dessa forma,** eles receberiam as compras mais rápido e você seria pago também mais rápido. **Por exemplo:** usando a nossa plataforma, a Companhia XYZ está processando os pedidos com o dobro da velocidade e sendo paga uma semana antes, e todos os clientes dela estão muito satisfeitos. **E não é só isso:** com os dados que estamos coletando e analisando, podemos fazer sugestões customizadas para nossos clientes, o que certamente resultará em um aumento das encomendas dos seus produtos."

***

MELHORE SEUS COMENTÁRIOS

Ao utilizar a estrutura "Problema-Solução-Benefício", você realmente será capaz de fazer o público adotar o seu ponto de vista. Para aumentar as chances de sucesso, pense em fazer o seguinte:

Primeira dica: Use analogias

Analogias e comparações ajudam os ouvintes a compreender os diferentes elementos dessa estrutura. Você pode comparar, por exemplo, o significado ou a importância do problema ou da oportunidade que está expondo a uma situação semelhante com a qual o público já esteja familiarizado. Em um ambiente de negócios, você pode dizer algo como: "O atual problema com nossa cadeia produtiva é similar ao que tivemos com aquele outro produto X" ou "O armazenamento de dados na nuvem representa uma transição tão importante para a indústria quanto a passagem dos computadores de mesa para dispositivos portáteis".

Da mesma maneira, você pode comparar a solução que está defendendo com casos de sucesso obtidos em outras situações. Por exemplo, se você for um médico ou um profissional da área da saúde tentando convencer uma pessoa a comer menos carboidratos, você poderia dizer: "Reduzir o consumo de carboidratos será tão benéfico para sua saúde quanto ter parado de tomar vinho todo dia." Você também pode utilizar analogias que ajudem a respaldar os seus pontos de vista. Caso esteja conversando com um colega da área da tecnologia, uma opção seria: "O Atlassian conseguiu obter dez vezes mais rapidez de resposta ao implementar uma solução semelhante."

Segunda dica: Ofereça soluções consistentes

Caso consiga comprovar, com tentativas ou maneiras já realizadas para solucionar problemas similares, que a solução que oferece é consistente, você terá muito mais chance de convencer o público. No ramo de vendas, essa técnica é chamada de "pé na porta".[3] Precisamos sentir que estamos agindo de forma consistente e que os outros estão percebendo isso. E nós mesmos tenderemos a concordar com alguma proposta caso consigamos encontrar algum precedente de sucesso para ela. Caso esteja argumentando que o governo deve reduzir os impostos para acelerar o crescimento econômico, procure exemplos de políticas governamentais bem-sucedidas. Se estiver pleiteando um aumento ou uma promoção, cite os exemplos de outros funcionários da empresa com desempenhos semelhantes aos seus que receberam o aumento ou a promoção que você está almejando. Ao comprovarmos que as soluções que propomos já tiveram precedentes de sucesso, as chances de obter um sim aumentam bastante.

Terceira dica: Apresente os benefícios com positividade[4]

As palavras importam. Pense em formas positivas de destacar os benefícios proporcionados pelas soluções oferecidas, e a probabilidade de que elas sejam aprovadas pelos ouvintes será muito maior. Caso uma solução tenha funcionado com 75% de sucesso, devemos ressaltar esse fato, e não dizer que ela teve 25% de fracasso, pois as pessoas se entusiasmam pelo que funciona na maior parte das vezes. No Capítulo 6, ressaltamos a importância de despertar a curiosidade da audiência ao injetar um elemento de tensão na discussão. Caso empregue essa abordagem, é mais importante ainda apresentar a solução de uma forma positiva, para demonstrar que você está eliminando a tensão relativa ao problema.

Em paralelo, apresente suas soluções ressaltando o que os outros têm a ganhar com a implementação delas. De acordo com a teoria popular de aversão à perda, as pessoas tendem a evitar os riscos e impedir que coisas ruins aconteçam — em alguns casos até estão dispostas a fazer sacrifícios para obter algo bom. Se você enfatizar demasiadamente os riscos de perda para os ouvintes, é bem provável que eles não aceitem sua sugestão.

Um dos meus exemplos preferidos desta situação tem a ver com a venda de carros. É lógico que você pode descrever um carro como "usado" ao apresentar as características e vantagens dele, mas isso fará os potenciais compradores focarem as desvantagens dos veículos usados, como a falta de confiabilidade, o custo dos consertos e assim por diante. Será muito melhor se você descrever o carro como "anteriormente aproveitado". É uma diferença sutil, mas essa escolha de palavras certamente não fará os compradores pensarem em riscos e inconvenientes. Ao contrário: deixará o cliente com a impressão de que o carro foi bem aproveitado e agora a oportunidade de fazer o mesmo lhe está sendo oferecida.

Quarta dica: Enfrente os obstáculos

Muitas pessoas desejam comer mais frutas e vegetais e diminuir o consumo de doces e gordura, pois sabem que essa mudança lhes fará muito bem. Elas têm plena consciência de que, ao se alimentarem melhor, vão perder peso, se sentir mais dispostas, controlar a pressão arterial e atingir diversas outras metas de saúde. Elas se sentem estusiasmadas com a ideia de mudar a dieta, até se depararem com algum obstáculo. Talvez morem em um lugar com pouca oferta de frutas e vegetais, ou tenham que viajar a trabalho com frequência e nem sempre encontrem opções saudáveis para as refeições. Apesar da firme determinação de adotar uma nova alimentação, elas vão encontrar dificuldades e talvez acabem continuando com a velha dieta de hambúrgueres, batata frita e refrigerante.

Quando tentamos convencer os outros, tendemos a nos concentrar apenas nos benefícios oferecidos pela solução que propomos. Por mais importantes que esses benefícios sejam, devemos também prestar atenção aos obstáculos que impedem as pessoas de fazer o que recomendamos. Se não fizermos isso, corremos o risco de perder a credibilidade. Imagine como pode ser frustrante ter alguém tentando lhe convencer dos benefícios de determinado procedimento sem apontar os riscos e desafios que você inevitavelmente terá que enfrentar. Eles acenam com algo atraente diante dos seus olhos, mas não o ajudam a conseguir aquilo — o que é bastante insensível da parte deles e não tem a menor graça para você.

Precisamos nos esforçar ao máximo para mostrar que nossas propostas e soluções são tanto práticas quanto atraentes. Algumas vezes, isso implica indicar como os obstáculos da jornada poderão ser superados. Outras vezes, significa propor nossas soluções enfatizando os obstáculos que os outros vão enfrentar. Caso pretenda convencer um amigo a jogar tênis com você, mas sabe que ele precisa tomar conta dos filhos nos fins de semana porque a esposa trabalha, sugira que joguem durante a semana. Caso esteja propondo um produto que não cabe no orçamento do potencial comprador, ofereça possibilidades de parcelamento mais flexíveis. Você também pode salientar o fato de que os produtos da concorrência são mais caros e/ou menos duráveis, de modo que o investimento que seu cliente fará certamente será mais compensador no longo prazo.

Não podemos focar apenas aquilo que desejamos ver acontecer. Teremos muito mais chance de sucesso caso consigamos ter empatia pelo cliente, expondo com absoluta sinceridade tanto as vantagens quanto os obstáculos do que estamos apresentando.[5]

QUINTA DICA: DIMINUA O PERFECCIONISMO

Quando estamos tentando influenciar os outros em uma situação de comunicação espontânea, em geral desejamos que tudo aquilo que dissermos seja perfeito. Como já vimos ao longo do livro, a busca por perfeição pode nos tornar excessivamente rígidos, ansiosos e temerosos de dizer algo errado.

No que diz respeito à apresentação de ideias e propostas, um pouco de imperfeição é uma coisa *boa*. Conforme explica o professor de marketing Baba Shiv, apresentações sofisticadas demais tendem a incentivar as críticas, pois o público espera encontrar falhas no que lhes está sendo apresentado. As pessoas costumam desconfiar das ideias alheias. Elas procuram proteger as próprias crenças e atitudes e temem instintivamente as mudanças. Por outro lado, também gostam de ver suas crenças e opiniões serem respeitadas e validadas. Querem sentir que estão contribuindo de alguma forma, e externar críticas ou oferecer sugestões é uma maneira poderosa de fazer isso.

Shiv menciona um velho ditado do Vale do Silício: caso seja um empreendedor buscando financiadores para seus projetos, "você vai apenas obter conselhos. Se buscar conselhos [porque sua ideia ainda está imperfeita], você conseguirá o dinheiro que deseja". Ele evoca uma anedota que circula no mundo da publicidade há muito tempo: a do executivo que expõe brilhantemente uma campanha para o cliente, mas não consegue aprová-la por ser perfeita demais. Seu chefe lhe deu então o seguinte conselho: coloque na peça publicitária uma pessoa com braços muito cabeludos. Assim, o cliente terá a oportunidade de dar uma opinião: substituir por alguém com os braços menos cabeludos. Ao proporcionar aos outros a oportunidade de contribuir e colaborar, você aumentará sua possibilidade de influenciá-los e de obter a aprovação almejada. Esse é o segredo.

Moral da história: um pouco de perfeição é bom. Perfeição demais, não.

APLICAÇÃO EM AÇÃO

A estrutura "Problema-Solução-Benefício" realmente funciona na maioria das situações? Com certeza. Considere os três casos expostos a seguir, que abarcam tanto a vida profissional quanto a pessoal. Cada um deles será acompanhado por uma pequena análise de como ele poderá nos beneficiar.

Primeiro caso

Em uma entrevista de emprego, você está tentando convencer alguém a trabalhar na sua empresa.

Possível resposta:
"Você não apenas vai aperfeiçoar suas habilidades na gestão de projetos, mas também terá acesso e influência nos níveis superiores da administração (Benefício). Este emprego lhe proporcionará a possibilidade de definir e implementar nosso programa de vendas, o que significa que você terá a oportunidade de causar grande impacto tanto dentro quanto fora da empresa (Oportunidade). Tanto eu quanto as demais pessoas que o entrevistaram desejamos que você faça parte da nossa equipe (Solução)."

Nesse caso, destacamos os benefícios. Ao fazer isso, apresentamos o que a pessoa tem a ganhar, persuadindo-a a desconsiderar qualquer outra oportunidade de emprego que ela esteja avaliando no momento. Enfatizando tanto o desenvolvimento das habilidades pessoais quanto os benefícios interpessoais, demonstramos que se trata de um bom emprego.

Segundo caso

Você deseja convencer alguém a lhe fazer um favor.

Possível resposta:
"Preciso mudar duas grandes estantes de lugar para conseguir colocar um tapete no meu escritório e ter uma vista melhor da minha TV (Problema). Como o ajudei a subir seu sofá novo para o segundo andar da casa, estava pensando se você poderia me retribuir esse favor me ajudando a mudar as estantes de lugar hoje à noite (Solução). Depois a gente pode assistir ao jogo e tomar um drinque juntos (Benefício)."

Nesse caso, ao mesmo tempo que lembramos ao nosso amigo que a reciprocidade ajuda a reforçar a amizade, oferecemos à "vítima" benefícios imediatos para sua boa ação.

Terceiro caso

Você vai sair para jantar com seu parceiro e deseja convencê-lo de que o restaurante escolhido é o melhor.

Possível resposta:
"Sei que você queria ir a um restaurante italiano, mas soube que o cardápio desse restaurante chinês foi reformulado e que o chef acabou de ganhar um prêmio importante (Oportunidade). Que tal irmos ao restaurante chinês hoje e prepararmos comida italiana durante a semana (Solução)? Assim podemos

experimentar o novo cardápio deles e, se prepararmos comida italiana em casa, teremos uma boa quantidade, que poderemos guardar para comer em outros dias (Benefício)."

Nesse exemplo, ao reconhecer o ponto de vista dos outros, tornamos nossa opção mais sensata e simpática. Isso deixa claro que você está escutando e aceitando as opiniões alheias, e não impondo a sua. Destacar os benefícios de longo prazo que os outros vão obter também ajuda.

MENSAGEM DE DESPEDIDA

Sempre fiquei fascinado com a habilidade das crianças em conseguir persuadir as pessoas instantaneamente. Quando meu filho mais velho tinha 12 anos, perguntou a minha esposa e a mim se podíamos comprar uma guitarra bastante cara para ele. Naquela época, o armário dele estava abarrotado de brinquedos e equipamentos abandonados, então eu disse não. Ele me respondeu com um exemplo de comunicação espontânea perfeitamente estruturada.

— Pai — disse ele —, você e mamãe não estão sempre me incentivando a ser mais criativo e a ficar ocupado?

Com essa abertura, ele articulou uma oportunidade disponível tanto para ele quanto para nós. Depois, nos ofereceu uma solução:

— Se vocês me derem a guitarra, vou poder aprender sozinho a tocar e vou ficar ensaiando no meu quarto.

Por fim, veio o benefício, igualmente válido para nós três:

— A primeira música que pretendo aprender será uma das suas favoritas do Carlos Santana, e um amigo meu me disse que aprender a tocar guitarra o ajudou a entender melhor matemática na escola.

Minha mulher e eu ficamos tão impressionados com essa argumentação persuasiva que atendemos ao desejo dele. Ficamos mais impressionados ainda quando, poucas semanas mais tarde, ele começou a tocar umas músicas bem legais com a nova guitarra. O segredo do sucesso persuasivo de meu filho foi sua habilidade em concatenar e desmontar nossas preocupações de maneira clara, sucinta e lógica. Suas argumentações também podem ser tão boas quanto. Ao tirar partido de argumentos convincentes, você pode aumentar suas chances de obter tudo aquilo que deseja sem muito desgaste, apenas percebendo as necessidades alheias e correspondendo a elas.

Quarta aplicação
DOMINANDO AS SESSÕES DE PERGUNTAS E RESPOSTAS[1]

VISÃO PRINCIPAL

Uma coisa é brilhar em uma apresentação formal bem preparada, e outra bem diferente é lidar com as perguntas da plateia ao final. De que forma podemos lidar com essas perguntas e também com aquelas feitas nas entrevistas cara a cara? Muitos conferencistas temem esse momento, considerando-o uma armadilha da qual precisam se esquivar a todo custo por medo de cometerem algum deslize que possa comprometer sua credibilidade. Se encararmos as sessões de perguntas e respostas não como um desagradável interrogatório, e sim como um *diálogo* com o público, podemos descortinar novas oportunidades para envolver os ouvintes e expandir o alcance de nossa fala. Assim agindo, podemos dominar a audiência e permanecer no controle da situação.

POR QUE ISSO IMPORTA

Talvez você pense que estou sendo otimista demais ao descrever uma sessão de perguntas e respostas como uma boa oportunidade, mas o fato é que elas realmente nos proporcionam muitas vantagens que as apresentações formais não oferecem. Primeiro, você tem a oportunidade de transmitir para o público uma imagem de veracidade e autenticidade. As pessoas sabem que você não está lendo um discurso ensaiado, e sim expressando sua verdadeira personalidade e seus pensamentos espontâneos. Ao permitir que seu eu (relativamente) cru seja exposto, você pode estabelecer um relacionamento muito mais profundo com a audiência, que apreciará sua simpatia e seu entusiasmo. Além disso, como estará interagindo com as pessoas do público individualmente, e não com uma entidade coletiva amorfa, você terá a possibilidade de obter valiosos insights a respeito das crenças e qualidades *delas*.

As sessões de perguntas e respostas permitem que você expanda e esclareça certos pontos e questionamentos que talvez não tenha tido tempo de abordar em sua comunicação anterior. Ao se mostrar capaz de responder rapidamente aos questionamentos da plateia, você demonstra domínio sobre o assunto, aumentando sua credibilidade em vez de diminuí-la.

O resultado: maior engajamento por parte do público, mais foco na sua transmissão do conteúdo, assim como a humanização e a personalização das suas mensagens.

MELHORE SEUS COMENTÁRIOS

Ao responder instantaneamente às perguntas dos ouvintes, você poderá incrementar o valor dos seus comentários utilizando um método simples que eu denomino ROD:

R **Responda à questão:** Em primeiro lugar, dê uma resposta clara e assertiva.

O **Ofereça um exemplo:** Em segundo lugar, forneça dados concretos e irrefutáveis que respaldem as suas afirmativas.

D **Descreva o valor:** Finalmente, descreva os benefícios que explicam por que sua resposta é relevante para quem perguntou.

Você não precisa seguir essa ordem. Uma boa maneira de atender aos questionamentos do público é simplesmente fornecer uma resposta, detalhes concretos e uma declaração acerca do valor e da relevância do que você está afirmando. Os detalhes concretos são fundamentais, pois os ouvintes tendem a se lembrar mais dos detalhes do que das explicações genéricas. Quando oferecemos exemplos vívidos, fica mais fácil para o público se lembrar da nossa resposta. Ao tomar a precaução de ressaltar a relevância das nossas mensagens, nós as tornamos mais urgentes e determinantes.

Eu acho o esquema ROD tão valioso que o ensinei aos candidatos a vagas de emprego quando trabalhei como gerente de recursos humanos. No início das entrevistas, eu dizia aos candidatos que faria uma série de perguntas, gostaria que eles me fornecessem as respostas, apresentassem alguns detalhes e explicassem a relevância delas (como isso os ajudaria no emprego que almejavam). Os resultados eram incríveis. Os candidatos passavam a dar respostas muito mais claras e objetivas e se sentiam muito menos ansiosos, já que dispunham de uma estrutura para orientar suas respostas. E eu, por outro lado, podia determinar quem era mais adequado para integrar minha equipe com muito mais precisão.

Vamos examinar o sistema ROD passo a passo.

Primeiro passo: Responda à questão

Responda às perguntas que lhe são feitas com a maior clareza e concisão possíveis. Não é preciso fazer um preâmbulo ou oferecer exemplos anteriores: responda diretamente à pergunta. Rodeios e desvios do tema principal comprometem a credibilidade das suas respostas, tornando-as menos transparentes e autênticas.

Exemplos:

Caso precise fazer uma apresentação formal como parte do processo seletivo para uma vaga de emprego e algum dos examinadores indague sobre sua experiência, você pode dizer: "Tenho mais de 15 anos de experiência na área."

Caso esteja apresentando um relatório de desempenho da sua equipe em um grande evento corporativo e um dos principais executivos pergunte por que o cronograma de realização está atrasado, você pode responder: "Nosso atraso foi provocado pelo problema no fornecimento de matéria-prima e outras questões logísticas."

Segundo passo: Forneça exemplos concretos

Pense em um exemplo-chave para embasar sua resposta, mas não exagere nos detalhes. Embora um pouco de desenvolvimento ajude, o excesso pode entediar os ouvintes, distraí-los e fazê-los perder o interesse. Sintetize essa parte da sua resposta em algumas breves frases, sem detalhar demais.

Exemplos:
"Trabalhei para três empresas [informe quais foram], definindo novas metas de atuação, facilitando a sinergia entre as diferentes equipes e sendo encarregado de reportar os resultados para os executivos."

"O que ocorreu foi que os materiais que utilizamos para construir a base do produto foram retidos na alfândega por dez dias a mais do que o prazo normal por causa de questões tarifárias."

Terceiro passo: Descreva os benefícios e a relevância para quem indaga

Geralmente presumimos que as pessoas vão compreender de imediato a importância do que dizemos. Infelizmente, nem sempre isso acontece. Para que o público de fato entenda o valor da sua resposta, sua competência e a importância das suas considerações, você precisa explicitar os benefícios que eles poderão auferir com seus conselhos:

Exemplos:
"Isso significa que posso identificar mais rapidamente os desafios e indicar as possíveis soluções para os problemas que você e sua equipe estão enfrentando."

"Contratamos mais alguns fornecedores e estamos pesquisando métodos alternativos de transporte para impedir futuros atrasos."

Diferentemente do primeiro exemplo, o segundo trata de uma questão negativa. Nessas situações, podemos utilizar o sistema de "relevância do detalhe" a fim de informar o que estamos fazendo para remediar o problema em questão. Vamos supor que você esteja realizando uma entrevista de emprego e alguém levanta uma questão delicada sobre um aspecto pessoal que você deve melhorar. Uma resposta possível seria esta:

"Às vezes passo muito tempo respondendo a e-mails ou mensagens no Slack e me desvio do fluxo de trabalho (Resposta). Por exemplo, costumo receber mais de vinte mensagens no início de cada turno e, com isso, acabo demorando a começar minhas tarefas (Detalhe). Agora eu programo um lembrete de dez minutos no meu smartphone e, quando escuto o alarme, sei que devo parar de responder mensagens e iniciar outras tarefas (Benefício/Relevância)."

MELHORE SEUS COMENTÁRIOS

A estrutura ROD nos ajuda a evitar respostas longas demais. Agimos de forma rápida e assertiva, dando ao público o necessário para que ele considere nossa resposta significativa e memorável. Para aumentar o poder do sistema ROD nas suas respostas, procure fazer o seguinte:

Primeira dica: Antecipe perguntas e prepare-se para elas

Ainda que as sessões de perguntas e respostas sejam espontâneas, não precisamos enfrentá-las sem preparação. Pense nas possíveis perguntas com antecedência. Quais foram os assuntos que exigiram maior reflexão quando estava preparando sua palestra? Quais são as perguntas mais desafiadoras que consegue imaginar? Algumas delas você já *sabe* que alguém vai fazer? Você tem informações sobre o público que o ajudem a antever os questionamentos que poderão ser feitos?

Quando tiver identificado possíveis questões, use o sistema ROD para determinar como respondê-las de modo mais convincente. Então, vá além e encare-as como oportunidades para expandir seu material. Que pontos de vista e temas favoritos você pode abordar ao responder a essas questões? Pense também se precisa ajustar suas apresentações formais e sua agenda de encontros de maneira a antecipar essas perguntas e colocá-lo em uma posição mais confortável para responder a elas.

Se estiver com dificuldade para conseguir respostas mais atraentes durante a preparação de suas palestras, pense em como encontrar respostas rápidas — talvez consultando outras pessoas ou pesquisando na internet. Assim que encontrar respostas satisfatórias, as pronuncie em voz alta para ver como soam — também é uma boa ideia gravá-las e depois escutá-las. Se não conseguir encontrar respostas, pense em como poderá improvisá-las no momento. Quando não sei a resposta a uma pergunta em uma situação dessas, admito isso aos ouvintes e me comprometo a entrar em contato com eles depois de determinado período de tempo.

Segunda dica: Cronometre a sessão de perguntas e respostas a seu favor

A abertura para perguntas geralmente acontece ao fim das conferências ou seminários, mas nem sempre. Caso sua apresentação aborde muitos tópicos diferentes ou seja dividida em duas partes, vale a pena fazer uma pausa e responder a algumas perguntas antes de passar para a próxima fase. De modo geral, você não deve palestrar por mais de dez minutos sem fazer uma pausa para observar o que a audiência está pensando. Isso mantém o público envolvido e lhe permite checar se as pessoas estão acompanhando seu raciocínio. Por outro lado, se fizer pausas em excesso, poderá sobrecarregar sua fala e torná-la longa demais. Isso também interromperá o fluxo de raciocínio, tornando difícil permanecer focado. Se sua apresentação durar menos do que cinco minutos, é preferível deixar as perguntas para o final.

Se estiver nervoso ou pouco familiarizado com o assunto, sugiro abrir para perguntas somente no fim da exposição. Sua autoconfiança pode crescer no decorrer da apresentação e você também pode observar as reações da plateia e sentir quais ideias foram mais bem recebidas. Isso poderá ajudá-lo a conceber respostas adequadamente, assim como a explorar o material que preparou de forma mais minuciosa. Dessa forma, caso uma pergunta inesperada surja, você não terá o fluxo de pensamento da sua exposição prejudicado.

Agora, se estiver disposto a responder perguntas do público, deixe isso claro logo no começo da sua fala. Informá-los de que você vai responder a perguntas ao final da palestra impedirá que as pessoas levantem as mãos e façam interrupções no decorrer da sua alocução. Eles também podem optar por escrever o que desejam perguntar, para indagar mais tarde. Estruturar precisamente sua apresentação, incluindo momentos de pausa em que perguntas podem ser feitas, permite que você mantenha o ritmo de forma adequada e deixe o público à vontade.

Terceira dica: Mantenha o controle ao estabelecer limites

Ao responder às perguntas da plateia, você detém mais controle do que imagina. Ao definir os parâmetros do debate para o público, você pode estabelecer quantas perguntas vai responder, quanto tempo dispõe para esse tipo de diálogo espontâneo e que tipo de assuntos são adequados. Tome o cuidado de estabelecer esses limites com clareza e não responda às perguntas que se desviem desses parâmetros.

Você pode dizer: "Ao final da minha palestra terei dez minutos para responder a perguntas sobre o novo projeto que minha equipe está desenvolvendo e o potencial que ele tem." Ou, caso esteja fazendo uma entrevista de emprego, poderá dizer: "Ficarei feliz em responder a perguntas relativas aos meus empregos anteriores."

Quando chegar a hora de responder às perguntas feitas pela internet, mantenha um controle rígido sobre os procedimentos. Muitos conferencistas abrem suas sessões de perguntas e respostas dizendo: "Alguma pergunta?" *Ideia ruim*. Alguns ouvintes podem interpretar isso como uma licença para fazer perguntas abrangentes demais e pouco relacionadas ao tema da sua palestra. Caso você tenha informado os parâmetros para o público no início da apresentação, relembre-os. "Alguém tem alguma pergunta a respeito do nosso novo projeto? Como eu disse, disponho de dez minutos para responder."

QUARTA DICA: ENCERRE A SESSÃO DE PERGUNTAS E RESPOSTAS COM UM PONTO DE EXCLAMAÇÃO

Digamos que você tenha aplicado o sistema ROD e as demais dicas que dei e, como resultado, a sessão de perguntas e respostas esteja indo a todo vapor. A última coisa que você vai querer é dar um passo em falso justamente no encerramento da sessão. Muitos conferencistas costumam terminar de um jeito estranho, murmurando "obrigado" ou "Ok, acho que acabamos aqui", antes de se retirar. Você deseja agradecer aos ouvintes pela atenção, mas acrescente um vigor extra à sua despedida lembrando-os da essência das suas ideias. Você pode dizer algo como: "Agradeço muito pelas suas perguntas. Ficou evidente que precisamos investir nesse projeto para atingir nossos objetivos." Ou: "Estou muito grato por suas perguntas e sugestões. Juntos nós temos condições de fazer esse projeto deslanchar." Pense na ideia mais importante que você deseja que o público extraia da sua apresentação ou reunião e conclua sua fala com ela. Se pensar antecipadamente no que deseja dizer na hora de se despedir, você terá a possibilidade de encerrar com chave de ouro.

Quinta dica: Assuma o controle quando estiver respondendo junto com outras pessoas

Em seminários, reuniões empresariais e outros casos não apenas uma pessoa discursa, e sim um grupo de palestrantes, que se revezam. Em casos de sessões de perguntas e respostas com diversos oradores, a discussão pode esfriar por falta de coordenação, seja porque ninguém quer assumir o comando, seja porque gente demais pretende fazê-lo.

Você pode administrar melhor essa situação adotando o método do "maestro de orquestra". Antes de a sessão de perguntas e respostas começar, escolha um dos palestrantes para exercer o papel de maestro. À medida que as perguntas forem sendo feitas, essa pessoa indicará qual dos colegas deve responder, de acordo com as especialidades, a senioridade ou o nível de interesse de cada um deles. Um bom maestro assegura que todos os palestrantes se posicionem. Com alguém direcionando as perguntas, designando quem deve responder, como um maestro de orquestra faz, a sessão de perguntas e respostas fluirá de forma controlada e organizada.

Sexta dica: Faça você mesmo a pergunta que ninguém fez

Às vezes, quando se abre uma sessão de perguntas e respostas, é difícil encontrar alguém disposto a fazer a primeira pergunta. Isso é compreensível, pois, assim como você, a plateia está migrando de um monólogo para um diálogo. As pessoas podem se sentir envergonhadas de falar em público, sobretudo se o auditório for muito grande. Elas desejam falar, mas têm vergonha de serem as primeiras.

Caso você convide as pessoas a fazerem perguntas e ninguém levante a mão ou se dirija ao microfone por iniciativa própria, faça uma pequena pausa e espere. Palestrantes ansiosos não farão isso, eles simplesmente vão encerrar o encontro. Isso me parece inadequado, pois *certamente* alguém deseja fazer uma pergunta.

Em certos casos, essa pessoa deverá ser você. Se você fez uma pausa de alguns segundos (recomendo cinco segundos) e ninguém levantou a mão para falar, faça o que eu chamo de "pergunta carta na manga". Tenha uma pergunta na manga para utilizar exatamente nessas situações. Faça você mesmo a pergunta que gostaria que alguém fizesse. Você pode iniciar dizendo algo como: "Uma pergunta que as pessoas costumam me fazer é…" ou "Quando comecei a pesquisar sobre esse assunto, a primeira coisa que me deixou intrigado foi…"

Muitas vezes essa simples pergunta inicial basta para quebrar o gelo e aumentar as chances de que alguém da plateia faça uma segunda indagação. Se ainda assim ninguém se manifestar, talvez seja melhor encerrar o encontro. Não terá sido a sessão ideal de perguntas e respostas, mas pelo menos uma pergunta foi feita — e respondida.

APLICAÇÃO EM AÇÃO

Como venho sugerindo, poderemos precisar responder a perguntas em várias situações — como palestrantes em um seminário profissional, sendo entrevistados em um podcast, em uma reunião com nosso chefe para discutir desempenho ou até em um primeiro encontro romântico. Os exemplos a seguir evocam essas situações, sugerindo o emprego da estrutura ROD para responder de forma sucinta e efetiva. Observe como a inclusão de detalhes e a preocupação com a relevância tornam suas respostas mais adequadas ao contexto.

Primeira situação

Você está em uma entrevista de emprego e o recrutador lhe pede que conte um desafio que você superou recentemente.

Possível resposta:
Em primeiro lugar, estabeleça um limite indicando que vai focar os desafios de seu último emprego, não em outros momentos de sua carreira. Então responda à pergunta. Sua resposta pode ser algo como: "Cerca de seis meses atrás, trabalhei com um colega que não conseguia concluir as tarefas no prazo, o que comprometia a habilidade do time de bater metas (R). Ele não conseguiu terminar o relatório que deveria fundamentar nosso plano de ação corretiva (O). Para resolver esse problema, conversei em particular com ele e me propus a ajudá-lo a concluir suas tarefas. Eu lhe pedi que me avisasse com dois dias de antecedência caso precisasse de ajuda. Sempre tento ser direto em situações desafiadoras e oferecer ajuda (D)." Lembre-se de que ao responder perguntas acerca de desafios ou propostas de melhorias, você pode usar a parte relevante da sua resposta (um segundo D) para explicar soluções ou planos, permitindo que o entrevistador visualize como você procederá em situações similares no futuro.

Segunda situação

Você está participando de um podcast ou de uma entrevista on-line e o entrevistador lhe pede que discorra acerca de sua relação com o tema em questão.

Possível resposta:
O segredo é se conectar com os ouvintes. O que eles vão ganhar com sua participação no evento? Sua resposta pode ser algo como: "Eu adoro comunicação (R). Estudei, ensinei e fiz *coaching* de técnicas de comunicação em diferentes setores por mais de 25 anos (O). Estou realmente entusiasmado em compartilhar um pouco do que aprendi para ajudar você e seus ouvintes a se comunicarem de forma mais confortável e confiante (D)."

Terceira situação

Você está em um evento de negócios no qual vai conhecer alguém novo. Vocês trocam perguntas genéricas somente para quebrar o gelo, e então a pessoa pergunta o que o levou até ali.

Possível resposta:
"Bem, sempre gostei de aprender coisas novas e conhecer pessoas (R). Achei o programa desse seminário realmente interessante e educativo (O). Espero ter a oportunidade de compartilhar com o público algumas das minhas experiências passadas e também aprender muito com vocês (D)."

Quarta situação

Você está em reunião com seu chefe e ele questiona o foco e a produtividade da sua equipe.

Possível resposta:
"Nas duas últimas semanas, nos concentramos no atendimento aos consumidores (R). Recebemos 20% mais chamadas relativas a dois produtos específicos desde que liberamos o novo upgrade (O). Também criamos alguns tutoriais on-line que liberamos para os consumidores que entram em contato conosco. Isso permitirá que minha equipe possa se concentrar nas outras tarefas pendentes. Além disso, planejamos criar novos tutoriais para serem liberados antes do próximo upgrade (D)."

Observe como essa resposta, focando números e dados específicos, pode ser útil. Essa é outra maneira pela qual o detalhamento pode reforçar ou fortificar nossa resposta.

MENSAGEM DE DESPEDIDA

Algum tempo atrás, um ex-aluno meu criou uma pequena empresa de consultoria para ajudar outras firmas a armazenarem seus dados na nuvem, em vez de em instalações físicas. Com o passar do tempo, esse aluno percebeu que poderia fazer o negócio crescer mais depressa caso vendesse ferramentas que poderiam ser usadas por qualquer pessoa, em vez de prestar consultoria. Assim, sob sua liderança, a empresa deixou de prestar serviços de consultoria e passou a vender software.

Como você pode imaginar, os consultores e outros empregados que trabalhavam para meu ex-aluno ficaram alarmados. Alguns temiam perder o emprego, enquanto outros pensavam que comercializando software a empresa teria o mesmo sucesso que havia obtido vendendo serviços de consultoria por tanto tempo. Para manter a empresa unida, meu ex-aluno precisaria comunicar a mudança de estratégia para os funcionários de maneira franca e aberta, expondo-se a duros questionamentos.

Trabalhamos juntos para ajudá-lo a desenvolver suas habilidades de comunicação espontânea em sessões de perguntas e respostas. Ele achou o esquema ROD muito útil. A clareza da sua argumentação reforçou sua credibilidade, assim como seu domínio dos detalhes da operação. Fez enorme diferença o fato de ele ter se preocupado em explicar como suas respostas eram relevantes para os funcionários, clientes, a missão e a visão da empresa. Embora alguns funcionários não compartilhassem seus pontos de vista, ainda assim o respeitavam porque sentiam que meu aluno estava dialogando com *eles* e levando suas opiniões em consideração. Eles sentiram que o chefe estava se comunicando com eles direta e sinceramente, respondendo a indagações de maneira focada e ponderada.

As respostas do meu aluno não se perderam no ar. Ao contrário, elas acrescentaram valor. Como resultado, não somente ele conseguiu superar os questionamentos difíceis naquele momento complicado da história de sua empresa, como passou a utilizar as sessões de perguntas e respostas como oportunidades de estreitar os laços com seus colaboradores e reforçar seu papel de liderança.

Não deixe que perguntas espontâneas o assustem. Utilize os três simples passos da estrutura ROD para manter o controle no decorrer de um diálogo. Em vez de reagir de maneira defensiva, reafirme suas ideias e as compartilhe com mais eficiência. Em vez de diminuir sua credibilidade, o esquema ROD ajudará a agregar valor à sua comunicação.

Quinta aplicação
FEEDBACK NÃO FALHA

VISÃO PRINCIPAL

Ao fornecer feedback, costumamos julgar os outros, procurando transmitir nossa sabedoria e dizer a eles o que fazer. Se, em vez disso, passarmos a encarar o feedback como um convite para resolver problemas de forma colaborativa, conseguiremos não só obter bons resultados no curto prazo, como também reforçar laços com as pessoas no longo prazo.

POR QUE ISSO IMPORTA

Quando insistimos em impor nossas ideias, corremos o risco de perpetuar uma dinâmica que nos impede de sermos realmente ouvidos. Ao nos colocarmos no papel de juízes ou de figuras de poder, olhamos os outros de cima para baixo e impomos aos receptores de nosso feedback a posição de ouvintes passivos. No melhor dos casos, nós transmitimos a informação desejada, mas perdemos a oportunidade de realizar um trabalho em conjunto. Pior ainda: corremos o risco de provocar na pessoa que recebe nossa avaliação uma postura defensiva, pois ela passa a nos considerar rígidos, preconceituosos ou punitivos.

Quando encaramos o feedback como um convite para resolver problemas em conjunto, mudamos completamente a dinâmica da conversa. Em vez de provocar sentimentos defensivos ou de repulsa, estabelecemos um clima de colaboração, responsabilidade e cordialidade. Já não estamos mais procurando gerenciar os outros, dizendo o que devem fazer, mas sim dialogando com eles no mesmo nível, trabalhando em equipe para aprimorar o que estamos fazendo ou melhorar nosso comportamento. Dessa forma, temos muito mais chance de estimular os outros a realmente progredir, além de fortalecer — não enfraquecer — nossos relacionamentos.

MELHORE SEUS COMENTÁRIOS

Uma estrutura útil, e também convidativa e colaborativa, para improvisar um feedback é aquela que eu chamo de "4 Is":

I **Informação:** Primeiro, faça observações sobre a ação ou o tipo de abordagem a respeito da qual você está provendo feedback.

I **Impacto:** Depois, esclareça o impacto sentido por você pela ação ou a abordagem em pauta.

I **Invitação:** Em terceiro lugar, faça um convite para que a pessoa colabore com a melhoria da ação ou da abordagem para a qual você está oferecendo feedback.

I **Implicações:** Finalmente, detalhe as consequências positivas ou negativas decorrentes da adoção ou não das sugestões que você forneceu.

Cumprindo cada um desses itens, você passará uma mensagem positiva, clara e construtiva que levará a um bom resultado.

Primeiro passo: Forneça informações

Inicie seus comentários com observações objetivas acerca da outra pessoa e de seu trabalho. Por mais difícil que isso seja, evite contaminar seus comentários com a emoção — mantenha-se fiel a fatos facilmente verificáveis.

Exemplos:
Caso você seja um chefe dando feedback a respeito de um relatório que chegou tarde demais, diga algo assim: "Como vocês devem ter percebido, o relatório de vendas foi enviado depois do prazo e, portanto, acabou não sendo incluído na última reunião mensal."

Caso seja um professor oferecendo feedback a um aluno, diga algo como: "Você tirou dez na primeira prova, mas apenas seis nas duas últimas."

Deixe bem claro aquilo que você *não* vai discutir. No primeiro exemplo, poderá dizer: "Gostaria de falar com vocês hoje sobre o atraso na entrega do relatório, não do conteúdo dele." No segundo: "Sua participação em sala de aula tem sido boa, mas gostaria de conversar com você sobre seu desempenho nas provas." Ao delimitar o escopo das conversas, você ajudará tanto a si mesmo quanto ao interlocutor a manter o foco.

Segundo passo: Esclareça o impacto

Com os fatos claramente expostos, externe seus sentimentos e suas opiniões acerca das mudanças que deseja ver no comportamento ou no trabalho da outra pessoa. Fale diretamente, usando a primeira pessoa do singular — por exemplo, "Eu acho" ou "Eu sinto". Você vai querer assumir a autoria dos seus pensamentos e sentimentos, pois isso demonstra como considera a questão importante. Assumir a responsabilidade por suas reações vai desestimular a outra pessoa a ficar na defensiva ou a se sentir culpada.

Exemplos:
"Sei que o progresso que fizemos no último trimestre em relação à satisfação do cliente não está muito claro para o conselho e acredito que perdemos a oportunidade de mostrar a eles como nosso trabalho foi bem-sucedido."

"Me preocupa o fato de você não estar atingindo as metas definidas para o semestre, e temo que não consiga entrar no curso preparatório que vai ajudá-lo a estudar na universidade que deseja."

Ao contextualizar o problema que deseja debater e resolver, seja claro a respeito das razões que o tornam importante. Às vezes, algumas equipes não têm a ideia precisa do papel que exercem na empresa como um todo, de modo que todos se beneficiarão ao receber informações claras a respeito da importância do trabalho que estão realizando. Da mesma forma, às vezes um aluno não tem consciência de como a queda nas notas poderá dificultar seu ingresso em uma universidade.

Terceiro passo: Faça um convite

Peça à outra pessoa algo simples e específico que levará à mudança ou melhoria que deseja. Você pode realizar esse pedido com uma pergunta para incentivar a participação da pessoa ou com uma declaração que exponha melhor o âmbito da sua colaboração.

Exemplos:
"Como podemos garantir que seus próximos relatórios cheguem às mãos da diretoria antes do prazo de entrega?" Ou: "Sugiro que vocês se programem para enviar o próximo relatório para a diretoria um dia antes do prazo estabelecido."

"Como podemos trabalhar juntos para melhorar sua nota na próxima prova?" Ou: "Quero que você assista às aulas de reforço às sextas-feiras antes da próxima prova."

A escolha das palavras é muito importante na comunicação, sobretudo quando você estiver oferecendo um feedback. Usar "nós" e fazer perguntas colocam vocês dois no mesmo nível, estabelecendo um desejo de mudança como resultado de um esforço conjunto. Isso concede ao interlocutor uma possibilidade de participação e um pouco de autonomia na resolução do problema. Você está indicando que a perspectiva dele também é importante. Parte da solução do problema decorre da inclusão, não do afastamento.

Além disso, fazer o convite de maneira afirmativa em vez de interrogativa pode acentuar a importância dele. Essa objetividade é bastante apropriada caso você já tenha oferecido feedback a respeito da questão em pauta ou esteja pressionado pela falta de tempo.

Quarto passo: Detalhe as implicações

Por fim, exponha de maneira objetiva as consequências da aceitação ou da recusa das sugestões oferecidas no feedback. Você pode indicar consequências positivas ou negativas, ou ainda combinar as duas.

> **Exemplos:**
> "Ao batermos nossas metas, mostraremos ao conselho administrativo nosso comprometimento com os clientes e a importância de nosso trabalho em equipe." Ou: "Caso o conselho administrativo veja que não conseguimos atingir nossas metas, vai questionar nosso comprometimento com a satisfação dos clientes e talvez decida reestruturar as equipes."
>
> "Caso tire dez na próxima prova, seu resultado final do trimestre será oito. Pense como isso será bom para você." Ou: "Se não conseguirmos uma maneira de melhorar as suas notas, será difícil para você obter a média necessária para conseguir sua bolsa de estudos."

MELHORE SEUS COMENTÁRIOS

Ter os "4 Is" em mente quando precisar fornecer feedback de improviso vai ajudá-lo a manter seus comentários claros, precisos e colaborativos. Eis aqui algumas dicas para usar a estrutura dos "4 Is":

Primeira dica: Prepare-se

Se estivermos em uma situação na qual talvez precisemos fornecer feedback, podemos nos prevenir fazendo a nós mesmos as seguintes indagações:

- Por que essa pessoa se comporta de forma inapropriada?
- Quais são as vantagens e as desvantagens de oferecer feedback (ou não)?
- Que tipo de comportamento *gostaríamos* de ver?

Quando iniciamos um diálogo para fornecer feedback, devemos avaliar qual o tipo e o nível de informação que poderá de fato beneficiar a outra pessoa. Ao fazer isso, não apenas ficamos mais focados em nossos comentários, como também demonstramos maior boa vontade em relação aos nossos interlocutores. Podemos ainda perguntar a nós mesmos se o feedback que desejamos fornecer pode ser mesmo útil para o outro. Se não for, é melhor não dizer nada. Por exemplo, caso um colega expresse seu descontentamento em relação a uma reunião da qual vocês dois participaram, é preferível avaliar se ele está procurando ajuda ou apenas desabafando. Entendendo suas reais necessidades, podemos reagir da forma mais adequada.

Quando minha esposa me pede feedback sobre algo que fez, ela acaba fornecendo *a mim* ideias "construtivas" sobre a maneira como eu devo dar este feedback. Eu costumo oferecer sugestões ou prover alternativas quando compartilho minhas opiniões, mas ela prefere que eu me concentre em como ela está se sentindo. Assim sendo, agora eu acho mais prudente indagar a ela o tipo de feedback que deseja receber antes de compartilhar minhas opiniões.

Segunda dica: Seja oportuno

Obtemos resultados muito mais efetivos com feedbacks realizados no melhor momento, sejam eles espontâneos ou não. Quando uma pessoa comete um deslize que exija feedback imediato, precisamos tomar uma providência o mais rápido possível. É óbvio que devemos esperar que nossas emoções mais intensas se abrandem para fazer nossos comentários com calma e objetividade. Se, por alguma razão, for impossível fornecer o feedback imediatamente, tente ao menos alertar a(s) pessoa(s) envolvida(s) que você deseja conversar com ela(s) sobre o assunto assim que possível. Pontuar esse incidente as deixará atentas para este momento.

Terceira dica: Respeite o contexto

Uma importante ressalva que deve ser feita sobre dar feedbacks instantâneos se refere ao contexto: estamos no local apropriado para oferecer o feedback com o impacto desejado? O momento também é oportuno tendo em vista o que o eventual receptor está passando?

Em geral, as pessoas recebem melhor os feedbacks quando todos os envolvidos estão preparados, dispostos e em um lugar adequado para isso. Podemos encontrar um colega em um evento público muito concorrido e nos sentirmos tentados a lhe dar um feedback. Caso o assunto a ser abordado seja muito sério, talvez essa não seja uma boa ideia, pois é provável que ele esteja com a mente dispersa, preocupado com outras coisas. Seria muito mais adequado conversar com ele depois, a sós. Talvez ele esteja tendo um dia difícil e não tenha condições de parar e conversar com calma. É possível que você o tenha encontrado num momento que o célebre treinador de vôlei Ruben Nieves chama de "hora errada para aprender",[1] e que, ao receber um feedback inesperado, ele repudie o que lhe foi dito.

Quando pensamos no contexto, devemos levar em consideração também o fato de que é sempre preferível nesses casos conversar pessoalmente. É muito mais difícil oferecer feedback on-line, por escrito ou por telefone, pois assim não saberemos qual foi a reação da pessoa ao receber o que dissemos e não teremos condições de adequar nossas mensagens da melhor maneira possível.[2]

QUARTA DICA: ADOTE O TOM CORRETO

O tom pode mudar drasticamente o significado do feedback oferecido seguindo o esquema dos "4 Is". Vamos supor que um colega de trabalho seu tenha chegado dez minutos atrasado em uma reunião importante pela terceira vez. Empregando o sistema dos "4 Is", você poderá dizer: "Ei, reparei que você está dez minutos atrasado. É a terceira vez que isso acontece. Acho que você não está dando importância à nossa reunião da mesma forma que eu. Posso ajudá-lo com isso de alguma forma para que possamos concluir nosso projeto no prazo?"

Para tornar sua mensagem mais urgente, você pode adotar um tom mais severo ao aplicar o sistema dos "4 Is", dizendo algo como: "Você está dez minutos atrasado para nossa reunião. Parece que você não está dando a devida prioridade ao nosso trabalho. Preciso que chegue dez minutos mais cedo na próxima reunião. Se não chegar, talvez precisemos removê-lo da equipe."

Observe as diferenças. A primeira hipótese tem um tom colaborativo porque você está fazendo uma pergunta e oferecendo-se para ajudar na solução do problema. No segundo caso, seu feedback é uma declaração clara que parece mais dura porque aponta as implicações negativas da falha mencionada. Tendo consciência de que o tom de voz é importante, podemos dimensionar nossa fala para transmitir a mensagem de forma mais objetiva.

Quinta dica: Mantenha o equilíbrio

Em qualquer encontro espontâneo, devemos nos preocupar em oferecer não somente uma avaliação crítica, mas também uma positiva. Antes de empregar o sistema dos "4 Is", é importante dizer algo favorável acerca de quem está recebendo o feedback. Começar sua intervenção com um comentário positivo, além de reforçar o fato de que você respeita a pessoa e seus esforços, contribui para que ela se torne mais receptiva às suas avaliações. É evidente que os outros precisam considerar seus elogios tão importantes quanto seu feedback construtivo. Elogiar alguém pelos seus esforços e depois comunicar a ele que seu trabalho precisa melhorar pode ser considerado estranho, forçado ou hipócrita. Você pode se sair melhor caso os elogie pelas contribuições reais que fizeram, tal como levantar questionamentos importantes em um seminário recente ou o apoio contínuo que concedem às novas contratações da empresa.

Sexta dica: Monitore as emoções

Ao oferecer feedback, devemos prestar atenção na maneira como nosso interlocutor está reagindo. Se ele ficar na defensiva, emotivo ou evasivo, será preciso ajustar sua fala. Em paralelo, precisamos observar nossas próprias emoções durante a conversa: será que não estamos sendo impositivos demais para nos comunicarmos de modo eficiente? Não seria melhor baixarmos o tom e moderar nossos comentários para torná-los mais eficazes? Caso o debate tenha se tornado acalorado demais, peça desculpas, sem mencionar emoções, e passe a se expressar de maneira mais objetiva. É arriscado apontar emoções. Caso você diga que a pessoa parece chateada, ela pode retrucar: "Não, não estou chateada. Estou frustrada." Assim a conversa pode se desviar dos problemas em pauta e passar para o âmbito dos sentimentos. Para reconhecer as emoções sem nomeá-las, você pode dizer algo como: "Pelo seu tom, percebo que esse tema é sensível para você. Tenho certeza de que poderemos encontrar uma boa solução se nos concentrarmos em um cronograma claro."

Sétima dica: Mantenha o foco

Pode ser que tenhamos diversas observações a fazer em nosso feedback e não apenas uma. Uma boa dica é: menos é mais. Tome cuidado em não sobrecarregar o interlocutor com um excesso de informações, pois ele terá dificuldade em processá-las. Quais são os dois pontos principais que deseja abordar? Concentre-se neles e deixe os demais comentários que porventura desejar fazer para outra ocasião.

APLICAÇÃO EM AÇÃO

As três situações a seguir evocam a variedade das diferentes situações de feedback espontâneo com as quais você pode se deparar, incluindo os casos em que os outros solicitam uma avaliação e aqueles em que você julgar importante oferecê-la. Também procurei incluir sugestões de comportamento para os casos em que você detiver algum tipo de poder ou influência sobre a outra pessoa. Para todas essas situações existem diversas ferramentas à disposição, incluindo o tom de voz, a maneira de contextualizar seus convites (como perguntas, sugestões ou declarações) e também onde ou diante de quem você deve verbalizar os seus feedbacks. Quanto mais confortável se sentir com o uso do esquema dos "4 Is", mais habilidoso se tornará em manusear essas ferramentas e se comunicar com sensibilidade.

Primeira situação

Seus colegas lhe pedem para opinar sobre um e-mail que pretendem enviar para os clientes. O e-mail é vago e confuso.

Uma possível resposta:
"Reparei que o e-mail de vocês tem três parágrafos e não termina com uma demanda objetiva (Informação). Eu ficaria confuso se recebesse essa mensagem (Impacto). Tenho duas sugestões a fazer: 1. Removam o resumo da última reunião e simplesmente forneçam um link para as notas sobre elas; 2. Informem a ação pretendida no assunto do e-mail (Invitação). Com essas mudanças, acho que será mais provável que as demandas de vocês sejam respondidas rapidamente (Implicação)."

SEGUNDA SITUAÇÃO

Sempre que seu chefe fala com os funcionários, ele tende a focar e favorecer os esforços dos homens, em detrimento das contribuições das mulheres. Isso as deixa insatisfeitas, impactando negativamente a moral delas.

Uma possível resposta:
"Eu gostaria de chamar sua atenção para o fato de que, na reunião de hoje, você se referiu apenas aos homens e não deixou que as mulheres fizessem perguntas (Informação). Talvez isso passe para as mulheres da minha equipe a mensagem de que você não valoriza tanto o trabalho delas quanto o dos homens (Impacto). Existe algo que eu possa fazer para envolver mais as mulheres da minha equipe (Invitação)? Caso possamos resolver essa questão, você vai descobrir que todos os integrantes da minha equipe terão sugestões que vão ajudar a resolver os desafios apresentados hoje (Implicação)."

TERCEIRA SITUAÇÃO

Você está participando de um evento social junto com seu filho. Os convidados estão socializando e procurando estabelecer conexões, mas seu filho permanece isolado, grudado no celular.

Uma possível resposta:
"Você está grudado no celular e não respondeu às duas últimas pessoas que cumprimentaram você (Informação). É falta de educação não interagir com as pessoas (Impacto). Desligue o telefone, por favor, e guarde-o durante os próximos 15 minutos (Invitação). Se continuar vidrado no celular, vou ser obrigado a tirá-lo de você até voltarmos para casa (Implicação)."

MENSAGEM DE DESPEDIDA

Nos últimos anos, ajudei uma ex-aluna PhD de Stanford que se tornou professora de comunicação em uma das universidades da Ivy League. "Alice" e eu desenvolvemos um excelente relacionamento, colaborando de formas diversas. Logo que começou a lecionar, ela me telefonou para dizer que estava muito aborrecida: recebeu a primeira leva de provas dos alunos e eram todas fracas. Ainda que os alunos dessem valor ao que ela ensinava, achavam que Alice estava os sobrecarregando com um material complexo demais. Ela pediu minha opinião: deveria levar a sério aquelas críticas? E o que eu achava sobre a reação dela aos comentários negativos dos estudantes?

Aplicando a estrutura dos "4 Is", destaquei que o programa do curso dela estava muito sobrecarregado, com muitas leituras e tarefas para os alunos, e que os prazos caíam sempre às segundas-feiras, o que talvez os obrigasse a estudar nos fins de semana (Informação). Depois observei que, realizando alguns ajustes simples, ela poderia melhorar o programa para adaptá-lo às disponibilidades do alunos, e lhe disse que não deveria se sentir incomodada com os comentários deles (Impacto). Para encorajá-la a resolver o problema, ofereci meu próprio programa de curso como exemplo (Invitação). Por fim, lhe disse que, se ela considerasse as sugestões dos alunos na reformulação de sua prática docente, poderia melhorar o desempenho e receber elogios no futuro (Implicações).

Alice levou meu feedback a sério, reformulando suas aulas a partir das sugestões dos alunos. Um semestre mais tarde, ela me telefonou para dizer que havia recebido uma nova rodada de avaliações que a deixou nas nuvens: a resposta dos alunos à sua nova metodologia foi muito mais positiva. Ela me agradeceu pelas minhas sugestões. Como resultado, nosso relacionamento se fortaleceu ainda mais, abrindo novas oportunidades de colaboração profissional.

Conceder feedback pode ser uma forma de demonstrar a alguém que nos importamos com ele. As pessoas se sentem felizes em saber que dedicamos nosso tempo para ajudá-las a progredir, o que pode consolidar relacionamentos duradouros, o respeito e a credibilidade. A colaboração faz toda a diferença.

Sexta aplicação
A ARTE DE PEDIR DESCULPAS

VISÃO PRINCIPAL

Muitas das habilidades que abordamos neste livro ajudaram você a se posicionar melhor em casos de comunicação espontânea. Mas o que acontece quando você comete um erro? Como pode contornar a situação e se desculpar caso tenha falado algo ofensivo ou se comportado de maneira inapropriada?

Saber pedir desculpas é uma habilidade útil, sobretudo quando você ousar se arriscar mais em casos de comunicação espontânea para deixar seu verdadeiro eu brilhar. Entretanto, muitos de nós não conhecemos os segredos dessa arte. Caso tenhamos ofendido alguém, corremos o risco de piorar as coisas se não pedirmos desculpas adequadamente. Ou pior ainda: se nem mesmo nos desculparmos. Os outros sairão do encontro frustrados, considerando-nos desrespeitosos, insinceros e incapazes de ouvir. Em vez de estabelecermos uma boa conexão colaborativa com o público, não saber lidar com os erros que fatalmente acontecerão pode levar a conflitos e ressentimentos. Podemos evitar esse desdobramento catastrófico caso compreendamos os principais componentes de um pedido de desculpas sincero e eficaz.

POR QUE ISSO IMPORTA

"Nunca peça desculpas, senhor, isso é um sinal de fraqueza."[1] Essa foi a opinião expressa pelo personagem interpretado por John Wayne no filme *Legião invencível*. Esse é um erro clássico, repetido por algumas figuras públicas hoje em dia, que se recusam a pedir desculpas ou só o fazem quando são obrigadas. Para que isso fique bem claro: pedir desculpas não é um sinal de fraqueza. É um ato de força e coragem. Isso demonstra que nos importamos com nossos relacionamentos — inclusive com colegas e desconhecidos — e estamos dispostos a deixar o ego de lado para criar um clima de harmonia e entendimento com todas as pessoas.

Desculpas servem a uma grande variedade de propósitos no contexto dos relacionamentos humanos. Mais evidentemente, ajudam a reduzir a raiva e a frustração que os outros sentem em relação a nós, diminuindo assim as chances de que pretendam se vingar. As desculpas garantem que não repetiremos os mesmos erros, aumentando nossa credibilidade em futuras interações. Um pedido de desculpas bem-feito pode ajudar os outros a perceber que não somos uns babacas e que nosso comportamento inadequado foi pontual. Ou seja, temos boas intenções, porém pisamos na bola. O pedido de desculpas também pode despertar empatia e aprofundar nossa conexão com a pessoa que ofendemos.

MELHORE SEUS COMENTÁRIOS

Para garantir que seu pedido de desculpas seja eficaz, o ideal é usar a estrutura que chamo de RAR. Pense no atendimento de emergência à beira das rodovias: é muito útil quando você está em uma enrascada. A fórmula é esta:

R **Reconhecer:** Primeiro, admita o comportamento ofensivo e assuma a responsabilidade por ele.

A **Avaliar:** Depois, reconheça publicamente a forma como seu comportamento ofensivo atingiu os outros.

R **Reparar:** Por fim, explique como pretende corrigir seus erros, especificando que ações tomará para remediar a situação e como vai mudar sua forma de pensar e agir.

Não existe um pedido de desculpas milagroso que funcione em todos os casos. As pessoas que ofendemos vão avaliar nosso pedido de desculpas de acordo com as próprias concepções e considerando a forma como nossos atos as impactaram. Muito embora um pedido de desculpas bem estruturado possa ser suficiente caso apenas tenhamos chegado um pouco atrasados a um compromisso, isso não funcionará caso tenhamos ofendido ou humilhado alguém. Independentemente da seriedade de nossa transgressão, as pessoas que ferimos desejam que nós reconheçamos o erro que cometemos e o impacto que ele causou, sobretudo o emocional, assim como desejam saber o que faremos para repará-lo. Ao combinarmos esses três elementos em uma estrutura única, garantimos que cada pedido de desculpas possa atenuar a mágoa da pessoa ofendida e projetar empatia e compreensão. Vamos dar uma olhada nesses elementos e ver como utilizá-los de modo eficaz.

Primeiro passo: Reconheça o erro e assuma a responsabilidade

Muitas vezes vemos pessoas pedindo desculpas insatisfatórias, nas quais não reconhecem suas responsabilidades pelos erros. Elas dizem algo como: "Desculpa se algo que eu disse te ofendeu." Mas se tudo o que dissermos for razoável e correto, ninguém terá motivos para se ofender com nossas palavras. Elas também podem dizer "Às vezes eu não penso antes de falar", sem mencionar que estão se desculpando por uma observação específica que ofendeu os ouvintes. Ou ainda "Desculpe-me se eu o ofendi, mas eu estava chateado com o que você havia falado sobre mim", oferecendo assim uma explicação que parece culpar os outros ou a situação em questão, eximindo-se, dessa forma, de qualquer responsabilidade.

Quando estiver se desculpando, não tente minimizar o erro, justificar-se ou explicar as razões do seu comportamento. Não se desculpe por ter feito a pessoa se sentir ofendida. Para que seu pedido de desculpas seja aceito, você precisa assumir a responsabilidade pelo erro. Descreva o que fez ou deixou de fazer, sem procurar se esconder atrás de generalizações. Lembre-se de que pedir desculpas exige coragem. Não saia pela tangente com pseudodesculpas.

Exemplos:
"Eu lamento ter esperado até o último minuto para verificar se o equipamento estava funcionando bem."

"Peço desculpas por ter usado apenas nomes e pronomes masculinos nos exemplos que dei."

"Sinto muito por ter questionado seu comprometimento no projeto na frente dos outros."

Segundo passo: Observe o impacto

Depois de ter descrito o erro cometido, você terá condições de projetar empatia. É preciso deixar bem claro que sua ação não foi apenas inapropriada, mas também prejudicial de alguma forma. Você precisa demonstrar que realmente compreende as consequências negativas daquilo que fez ou deixou de fazer, inclusive o impacto emocional nas pessoas que ofendeu.

Talvez você se sinta tentado a minimizar sua culpa, mas isso seria um grande erro. As pessoas atingidas por suas ações ou omissões sofreram um choque emocional que precisa ser redimido. Uma tentativa de "pôr as coisas em perspectiva" não só despreza o sofrimento dos outros como também serve para diminuir o seu fardo. Ao tentar se desculpar com seu filho adolescente, talvez tenha vontade de dizer que "não foi nada de mais" você ter lhe dado um beijo na bochecha na frente dos colegas quando o levou para a escola. Mas precisa reconhecer que esse pequeno gesto pode ter sido uma grande coisa para ele, pois o constrangeu na frente dos colegas. Você será visto como reativo e insensível, piorando ainda mais a situação. Quando se desculpar, é preciso mostrar que realmente *entende* por que seu comportamento foi problemático e ofensivo.

Exemplos:
"Ter que esperar até todas as atualizações do computador serem instaladas custou um tempo valioso que poderia ter sido empregado na realização do projeto."

"O uso exclusivo da terminologia masculina expressa desprezo pelas contribuições femininas e desestimula as mulheres da empresa a dar o melhor de si."

"Quando critiquei sua falta de comprometimento na frente de todos, fiz você parecer incompetente diante de toda a equipe, dando a entender que sua contribuição é inferior à dos outros."

Terceiro passo: Explique como você vai resolver a situação

Não basta assumir a responsabilidade pelos seus erros e reconhecer os danos que causaram. Se não disser como pretende resolver a situação, suas desculpas não terão muito efeito. Empresas com lideranças fracas fazem isso o tempo todo: tentam projetar empatia assumindo a responsabilidade pelas falhas e os acidentes causados por seus produtos defeituosos, mas sempre são evasivas a respeito das suas intenções de "fazer melhor". Elas não explicam quais são os passos que planejam dar, de modo que nada nunca parece mudar. Isso faz os consumidores se tornarem cínicos e perderem a confiança nessas empresas.

Evite comprometer seus relacionamentos indicando o que pretende fazer de imediato para reparar seus erros e impedir que seu comportamento ofensivo se repita. Ao ser específico acerca das suas intenções, você demonstra aos seus interlocutores que tem plena consciência dos seus atos, convidando-os assim a serem benevolentes.

Exemplos:
"Para evitar que essa falha se repita, vou passar a testar o equipamento uma hora antes do horário das apresentações, começando já na próxima semana."

"Antes da nossa próxima reunião, tomarei o cuidado de selecionar também exemplos de eficiência feminina, procurando assim equilibrá-los com os masculinos."

"Da próxima vez que eu tiver alguma dúvida, vou conversar com você em particular."

MELHORE SEUS COMENTÁRIOS[2]

Usar o sistema RAR para estruturar suas respostas permite que tanto você quanto a pessoa que você ofendeu processem o ocorrido de forma mais efetiva e produtiva. Ainda assim, não basta estruturar bem seu pedido de desculpas; é preciso pensar também quando e onde você vai se retratar. Veja a seguir alguns exemplos do uso do esquema RAR que você pode aproveitar para aumentar o impacto positivo dos seus pedidos de desculpas.

Primeira dica: Não se desculpe antecipadamente

Se estiver em uma situação na qual sente que poderá cometer algum deslize, talvez se sinta tentado a amenizar os problemas pedindo desculpas antecipadamente. Você poderá dizer algo como: "Talvez eu chegue trinta minutos atrasado, então já estou pedindo desculpas por isso." Ou: "Estarei muito ocupado fazendo contatos durante o coquetel dessa noite, então gostaria de me desculpar caso eu não lhe dê atenção." Ou ainda: "Estou com muito material para apresentar, portanto nossa reunião virtual vai se estender bastante." Ou ainda: "Estou muito nervoso. Peço desculpas caso eu tropece nas palavras."

Embora você possa pensar que está demonstrando respeito pelos outros ao se desculpar antecipadamente, isso é um verdadeiro tiro no pé. As pessoas em geral ficam desconfiadas sobre o quanto você está sendo honesto: se sabe que sua apresentação não corresponde ao tempo reservado para cada participante, por que não teve o cuidado de reduzi-la para ajustá-la ao tempo previsto? Se você realmente se preocupa em não ferir os sentimentos das pessoas, por que não pensa antes de falar e não mede suas palavras? Um pedido antecipado de desculpas também tem o efeito de chamar a atenção para seus deslizes, tornando-os muito mais marcantes para as pessoas quando de fato eles ocorrerem.

Caso tema ofender alguém com suas palavras, pese-as cuidadosamente antes de pronunciá-las.

Se for possível agir de outra forma sem que isso seja custoso para você, aja. Se não, faça o seu melhor e se desculpe após o ocorrido.

Segunda dica: Não demore muito para pedir desculpas

É bem verdade que é melhor se desculpar tarde do que nunca fazer isso, e que alguns fatores fora da sua alçada podem atrasar seu pedido de desculpas. Caso você desrespeite um colega de trabalho, falando mal dele durante uma reunião com o diretor da empresa, é mais prudente esperar que o encontro termine para então tentar reparar o erro do que tratar do assunto no momento. Da mesma forma, caso tenha ofendido seu filho ao levá-lo para a escola, é preferível esperar que ele volte para então se desculpar adequadamente.

De modo geral, entretanto, como sugeri quando discutimos os feedbacks, quanto antes nos desculparmos, melhor. Dessa forma, evitamos que o ofendido alimente raiva e ressentimento. Se pedirmos desculpas logo após cometermos um erro, as pessoas percebem que tivemos consciência do mal que fizemos e procuramos corrigi-lo de imediato, o que evidencia nossas boas intenções. Um pedido de desculpas feito no tempo certo também nos poupa do estresse pelo fato de termos prejudicado alguém. Ao nos desculparmos rapidamente, todos os envolvidos podem seguir em frente.

Terceira dica: Seja claro, específico e breve

No que diz respeito às desculpas, apenas o suficiente costuma ser bom o bastante. Quando nos sentimos culpados por um erro cometido, a ansiedade sobre nossa reputação ou sobre como as pessoas se sentem pode ser esmagadora. Podemos nos martirizar pelo que fizemos e nos sentirmos aturdidos pelo estrago que causamos, e assim nos desculpar várias e várias vezes na esperança de remediar a situação. Contudo, embora essa repetição alivie nossa consciência no momento, pode acabar incomodando ou irritando os outros. Além disso, ao enfatizar excessivamente o erro que cometemos, corremos o risco de torná-lo mais grave na mente das outras pessoas, deixando-as mais ofendidas do que já estavam. Se tivermos avaliado corretamente o dano que causamos, o fato de nos desculparmos demais não deixará que a outra pessoa se esqueça do assunto, piorando a situação.

Por mais difícil que seja, precisamos fazer um único pedido de desculpas bem pensado e estruturado, e pronto. Devemos confiar que as pessoas são gentis e sensatas o suficiente para reconhecer nosso arrependimento. Pode ser que isso não ocorra de imediato, mas em algum momento vai acontecer, quando elas tiverem oportunidade de parar e pensar sobre o assunto.

Podemos nos desculpar em excesso repetindo a mesma coisa continuamente, assim como podemos nos sentir tentados a esmiuçar todos os detalhes de nosso deslize. Mas também não é preciso pedir desculpas por cada mínima escorregada. Será que é necessário apelar para o esquema RAR em cada reunião à qual chegamos um ou dois minutos atrasados? Será que precisamos usá-lo quando o que dissemos foi razoável, verdadeiro e bem-intencionado, ainda que tenhamos medo de que nossos comentários não tenham sido bem compreendidos? Se passarmos o tempo inteiro pedindo desculpas, elas acabam perdendo o valor. Procure se desculpar de forma equilibrada: quando perceber que realmente pisou na bola, procure fazer uma reparação à altura. O melhor conselho neste caso é o daquela antiga máxima que nos recomenda tratar os outros como gostaríamos de ser tratados.

APLICAÇÃO EM AÇÃO

O esquema RAR é útil em inúmeras situações, desde as mais graves transgressões até os pequenos equívocos. Para ter uma ideia mais precisa de como ele deve ser aplicado, veja os casos a seguir.

Primeira situação

As coisas andam difíceis no trabalho e você foi dominado pelo estresse. Perdeu a cabeça em uma reunião e desrespeitou um colega. Mais tarde, cruzou com esse colega em um dos corredores da empresa e percebeu que ele estava chateado.

> **Uma resposta possível:**
> "Sinto muito por ter levantado a voz e ter interrompido você quando estava expondo seu ponto de vista. Foi muito errado da minha parte (Reconhecer). Sei que foi inaceitável e que isso diminui as chances de colaboração em nossa equipe (Avaliar). A partir de hoje, quando ficar exaltado, vou aguardar minha vez, me expressando com calma e resumindo o que ouvi os outros dizerem antes de expor minha perspectiva (Reparar)."

Nesse caso, quem cometeu o deslize não tentou justificar seu comportamento inadequado. Simplesmente reconheceu que aquilo que fez ofendeu o outro. Ao descrever o impacto causado, salientou que não apenas a pessoa ofendida foi afetada, mas também toda a equipe. Isso torna mais provável que a pessoa ofendida perceba que quem a ofendeu compreende bem como o próprio comportamento foi prejudicial. Além disso, é importante não causar constrangimento em público e se desculpar em particular. Nessa situação, um pedido de desculpas imediato e público teria feito grande diferença.

Segunda situação

Você está desenvolvendo um projeto com um colega cuja língua materna não é o português. Por causa dos problemas de comunicação, você para de pedir a opinião dele, e seu colega se sente frustrado e excluído.

Uma resposta possível:
"Sinto muito. Eu estava com dificuldades para entender o que você dizia e preferi pedir conselhos e sugestões a outras pessoas (Reconhecer). Sei que isso te deixou de fora da conversa, e que não foi legal (Avaliar). Da próxima vez, vou pedir que todos compartilhem suas ideias no chat da equipe para que eu possa considerar suas contribuições. Dessa forma, vou conseguir me concentrar mais e compreender melhor o que você e todos os outros estão dizendo (Reparar)."

Aqui, o objetivo da pessoa é basicamente um: assegurar que todos possam ser ouvidos, mesmo se alguns não falarem bem português e for difícil entender o que dizem. Veja que o segundo passo expressa empatia, porém sutilmente. A pessoa reconhece que o fato de deixar alguém fora da conversa não é correto e pode, inclusive, ser considerado ofensivo.

TERCEIRA SITUAÇÃO

Você está participando de uma reunião virtual importantíssima e se sente muito nervoso. Então percebe que errou o nome de uma pessoa. Você não quer fazer disso um drama, porém sente necessidade de se desculpar.

> **Uma resposta possível:**
> "Desculpe-me por ter pronunciado errado seu nome. Qual é a pronúncia correta (Reconhecer)? Imagino que deve ser chato ser chamado pelo nome errado e que talvez você não tenha se sentido confortável para me corrigir (Avaliar). No futuro, vou examinar previamente a lista dos participantes e indagar a maneira correta de pronunciar cada um dos nomes antes do início da reunião (Reparar)."

Nessa situação, foi importante não só o fato de a pessoa ter reconhecido publicamente o erro, mas também ter se preocupado em saber a pronúncia correta do nome. Ao fazer isso, demonstrou sua intenção em corrigir o erro, assim como de garantir que ninguém mais o pronunciasse incorretamente. Reconhecer o erro e o desconforto que ele possa ter causado foi o pulo do gato nesse caso.

MENSAGEM DE DESPEDIDA

Algum tempo atrás, cometi um grande equívoco ao ministrar um curso de comunicação com um colega. Discutíamos a importância de fornecer um contexto ao apresentar dados estatísticos porque o público pode ter dificuldade de destrinchar uma chuva de números despejada em cima dele sem dispor do contexto apropriado para avaliá-los. Pode parecer um assunto nada ofensivo. Mas espere um instante...

Para reforçar meu ponto, contei a eles a história de um executivo sênior de um dos maiores bancos mundiais para quem eu havia prestado consultoria alguns anos atrás. Como parte de sua apresentação, ele se referiu à quantia astronômica que entrava no banco diariamente. Como expliquei aos alunos, eu havia sugerido ao meu cliente que não se limitasse a apenas mencionar a quantidade de dinheiro, mas que também fornecesse algum parâmetro para que os ouvintes pudessem entender como aquela quantia era realmente astronômica. O executivo fez alguns cálculos rápidos e disse que a soma que seu banco recebia diariamente era equivalente a 25% de todo o dinheiro do mundo.

Ao dar esse exemplo, fiquei bastante satisfeito, certo de que os alunos se lembrariam melhor de tornar seus dados mais atraentes para seus ouvintes. Contudo, notei que um dos estudantes havia cruzado os braços e olhava fixamente para a parede. Durante o restante da aula, ele ficou quieto e pensativo, o que me surpreendeu, pois era um aluno sempre muito atento e participativo. Percebi então que algo que eu dissera tinha soado mal.

Depois da aula, eu me aproximei desse estudante para lhe perguntar se estava bem, e ele me disse que morava bem em frente ao banco que eu havia mencionado. Saber da quantidade inacreditável de dinheiro que passava todos os dias por ali lhe fez lembrar das próprias dificuldades financeiras e se sentir mais deprimido ainda por causa disso.

Eu me senti mal e imediatamente pedi desculpas usando a estrutura RAR. Disse que lamentava muito ter mencionado aquele banco e seu faturamento e que compreendia por que aquilo havia despertado sentimentos negativos nele. Prometi que seria mais cauteloso, evitando exemplos que poderiam ser dolorosos ou desconfortáveis para as pessoas.

Sem uma estrutura com a qual contar, eu poderia ter divagado e deixado de passar toda a mensagem que eu desejava. O esquema RAR me ajudou a manter o foco e fazer um pedido de desculpas rápido e conciso, que enfatizava como minha falha o havia impactado. Grato pela minha sensibilidade e preocupação em me desculpar, meu aluno me perdoou de imediato. Na aula seguinte, ele voltou a ser entusiasmado e participativo. E também aprendi uma lição valiosa.

Todos nós cometemos erros, de modo que todos nós podemos nos beneficiar ao aprender a arte de pedir desculpas. O sistema RAR nos desafia a nos comportamos de maneira empática e responsável quando cometemos um erro, independentemente das emoções que possamos estar sentindo no momento. Ele nos incentiva a agir, deixando de lado o ego e o comportamento defensivo para demonstrar um pouco de humildade e autoconsciência no momento em que estivermos corrigindo um equívoco em nossos relacionamentos. Ao contrário da crença popular, pedir desculpas não é sinal de fraqueza. Na verdade, é uma das formas mais eficazes para demonstrarmos que nos importamos com os outros e estamos lutando para progredir.

Epílogo

Durante o verão de 2022, uma ex-aluna minha, a campeã australiana de natação Annabelle Williams, se envolveu em uma situação de comunicação espontânea que a maioria das pessoas julgaria um pesadelo impossível de lidar. Medalhista de ouro paraolímpica que quebrou cinco recordes mundiais, Williams estava atuando como comentarista ao vivo para TV durante os Jogos da Commonwealth (a comunidade britânica de nações). Certo dia, ela recebeu um telefonema urgente da emissora: uma colega sua estava sem condições de trabalhar e o chefe queria que ela a substituísse, servindo de âncora para a transmissão principal do horário nobre.

Isso representava uma oportunidade gigantesca para Williams, já que ela nunca havia sido encarregada de apresentar um programa no horário nobre — programa este com uma audiência superior a um milhão de espectadores. Ela ficou ansiosa, pois os comentaristas geralmente se preparam durante semanas para os eventos esportivos de grande porte. Assim, quando eles têm que fazer seus comentários ou quando há um intervalo a ser preenchido, precisam ter algo interessante a dizer. Williams havia feito pesquisas exaustivas sobre as competições de natação, mas ao assumir a função de coapresentadora do programa principal, ela seria obrigada a falar a respeito de diversas outras modalidades esportivas. E teria que fazer isso de supetão, contando apenas com seu conhecimento genérico das competições que seriam realizadas.

Williams topou o desafio. Como sua primeira aparição seria na noite daquele mesmo dia, ela dispunha apenas de quatro horas para se preparar. Deixando seus dois filhos na casa da mãe, ela fez o máximo para combinar o guarda-roupa e a maquiagem e correu para a emissora junto com a equipe de produção. Para tentar acalmar os nervos, decidiu escrever seu comentário de abertura para ter condições de lê-lo no teleprompter. Imaginou que depois de superar os primeiros minutos, entraria no clima e tudo correria bem.

À noite, Williams estava calma e confiante quando foi recebida por seu parceiro no programa. Contudo, no instante seguinte, quando os refletores se acenderam e as câmeras começaram a transmitir ao vivo, o desastre ocorreu: o apresentador oficial leu no teleprompter o texto que ela havia escrito. Ela tentou ver se ele havia escrito algo que ela pudesse ler, mas não havia nada — a tela estava em branco.

Nos minutos seguintes, com um milhão de pessoas de olho nela, Williams teria que falar espontaneamente sobre vôlei de praia e corrida de obstáculos de cem metros, modalidades a respeito das quais ela nada conhecia.

O dilema dela era extremo. A maioria de nós jamais vai se defrontar com um desafio dessa proporção, sendo obrigada a comprovar suas habilidades diante do mundo inteiro. Contudo, conforme tivemos a oportunidade de ver neste livro, a alta pressão exercida pelas situações de comunicação espontânea pode surgir inesperadamente todos os dias em uma grande variedade de contextos diferentes. Sem aviso prévio, podemos ser obrigados a falar diante de colegas, chefes, consumidores, membros de nossa família ou até completos estranhos. Ainda que nossos medos ancestrais e o fracasso de experiências anteriores possam tornar esses momentos apavorantes, eles não devem nos impedir de dar a volta por cima. Não importa o quanto afável, sociável e hábil você seja com as palavras, as coisas vão fluir melhor se você usar o método "Pense rápido, fale melhor", assim como os sistemas e as estruturas que apresentei neste livro.

Este método, conforme foi visto, consiste em seis passos:

Primeiro devemos reconhecer aquilo que já sabemos: que a comunicação de forma geral e o ato de falar de improviso, em particular, geram grande estresse. Precisamos criar um plano específico para lidar com a ansiedade e conter nosso nervosismo. (Acalme-se.)

Em segundo lugar, precisamos refletir sobre a abordagem da comunicação e a forma como julgamos a nós mesmos e aos outros, encarando essas situações como oportunidades para o estabelecimento de conexões e de colaborações. (Destrave.)

O terceiro passo é nos permitir adotar novos *mindsets*, arriscar e encarar os erros como jogadas perdidas. (Redefina.)

Já o quarto é escutar atentamente aquilo que os outros estão dizendo (ou talvez não estejam dizendo), ao mesmo tempo que sintonizamos a intuição e nossa voz interior. (Escute.)

Em quinto lugar, devemos aproveitar a estrutura de criação de histórias para tornar nossas ideias mais claras, inteligíveis e atraentes. (Estruture.)

E, por fim, devemos conquistar a atenção do público tanto quanto possível para a essência do que estamos dizendo, cultivando a precisão, a relevância, a concisão e a acessibilidade. (Foque.)

Podemos executar parte do trabalho que esses seis passos exigem no momento em que estamos nos comunicando ao adotar uma série de táticas úteis. Porém, mais essencialmente, esses seis passos representam habilidades que devemos cultivar ao longo do tempo a fim de nos preparar para as situações de comunicação espontânea que acreditamos que deveremos enfrentar. Muita gente pensa que falar bem quando é colocado na berlinda exige um talento natural, composto de pensamento rápido e de ser bom de bico. Contudo, mesmo que alguns de nós já nasçam com esse talento, a verdade é que o segredo da comunicação espontânea é *preparação* e *prática*. Todos nós podemos nos tornar oradores qualificados desde que dediquemos o tempo necessário para aprender a quebrar os velhos padrões comportamentais e efetuar escolhas mais judiciosas. Em paralelo, temos que nos preparar antecipadamente para que saiamos bem em situações de comunicação espontânea, trabalhando duro no desenvolvimento das habilidades que possam nos liberar para expressar nossas ideias e nossa personalidade ao máximo.

Desenvolver uma nova habilidade ajuda a reduzir a pressão que você coloca em si mesmo. Você não precisa se estressar tentando dominar todas as técnicas de comunicação de uma só vez. Além disso, o simples fato de se concentrar em seu autoaperfeiçoamento já é digno de celebração. A maioria das pessoas nem mesmo pensa a respeito da comunicação espontânea ou, se pensa, não tem coragem para tomar uma atitude a respeito disso. O fato de ter tomado a decisão de ler este livro já comprova que você é uma pessoa consciente e corajosa. Também posso apostar que já está progredindo por ter tentado alguns dos exercícios propostos e já está lidando com situações de comunicação espontânea com mais tranquilidade e eficiência.

Convido você a continuar investindo na comunicação espontânea nas semanas, meses e anos vindouros, praticando as habilidades que discutimos aqui. Tente se colocar em situações sociais nas quais possa testar algumas das técnicas e habilidades propostas. Não teste a si mesmo apenas uma única vez — procure se esforçar para fazer isso com frequência. Considere fazer um curso de improvisação humorística mesmo que não almeje integrar a equipe do *Saturday Night Live*. Pesquise no site Toastmasters, escute podcasts como o meu, faça cursos on-line e peça feedback das suas apresentações a amigos de confiança. Este livro representa apenas o início da jornada, indicando o caminho para seu crescimento e aprimoramento como comunicador. Espero que volte a consultá-lo diversas vezes ao longo do tempo para relembrar certos pontos. Como imagino que será o caso, assim que começar a progredir, você perceberá a importância de pensar mais rápido e falar melhor, sentindo-se energizado para continuar.

Tornar-se adepto da comunicação espontânea exige paciência, comprometimento e elegância, mas, como as pessoas para quem lecionei, prestei consultoria ou fiz coaching perceberam, isso é algo capaz de mudar sua vida.

Annabelle Williams é um exemplo perfeito. Ela não travou nem se desesperou diante da enorme pressão representada por ter que falar de improviso diante da audiência televisiva. Como já havia dedicado anos de aprendizado para dominar suas ansiedades, reformular suas habilidades de comunicação e falar de maneira focada, ela teve a confiança necessária para se adaptar à desafiadora situação inesperada. Permanecendo calma, ela comentou algumas das coisas que sabia sobre vôlei de praia e da corrida de obstáculos de cem metros, e, transformando esse momento difícil em uma oportunidade de compartilhar esses fatos, ela falou com segurança, convocando em seguida a transmissão ao vivo das competições. O momento crítico foi superado com sucesso e ela continuou sendo uma das âncoras dos Jogos da Commonwealth durante quatro noites consecutivas, uma experiência que considerou emocionante e, como ela mesmo disse, "brilhante".[1] Quem sabe até onde esse sucesso vai levá-la?

Eu gostaria de concluir com uma pequena história que ocupa um grande lugar no meu coração. Quando conquistei minha faixa preta no caratê, meu *sensei* apertou minha mão e disse: "Parabéns, você se saiu muito bem. Agora podemos começar." Eu pensava que a conquista da faixa preta era de enorme importância, o ápice de um longo período de aprendizado. Mas na verdade se tratava apenas do primeiro passo — ainda há uma infinidade de coisas que eu preciso aprender. A comunicação espontânea é assim. Parabéns por ter chegado ao fim deste livro. Você agora sabe mais a respeito de viver o momento presente, projetar sua personalidade e se comunicar de maneira eficaz quando estiver sob os refletores.

Agora podemos começar.*

---

* Uma ótima maneira de continuar seu aprendizado é visitar o site que você encontrará no Apêndice 2, umas poucas páginas adiante.

Apêndice 1

ESTRUTURAS PARA SEREM USADAS EM SITUAÇÕES ESPECÍFICAS

Aplicação prática	Estrutura possível
Primeira aplicação: Conversa fiada	**"O quê - E daí - E agora"**: Defenda um argumento ou um ponto de vista (O quê); descreva o significado dessa informação (E daí); sugira o que o público deve fazer com esse novo conhecimento (E agora).
Segunda aplicação: Brindes	POEG: Explique **p**or que estão aqui e **o** que os conecta; compartilhe anedotas ou **e**nsinamentos que você aprendeu com a pessoa, grupo ou evento que está celebrando; a**g**radeça a pessoa, grupo ou evento do qual está participando e faça votos de sucesso.

Aplicação prática	Estrutura possível
Terceira aplicação: Convencimento	**Problema-Solução-Benefício:** defina o desafio, questão, ponto de vista ou **problema** que deve ser resolvido, algum com o qual a audiência se identifique; apresente uma **solução**, explicando os passos que devem ser dados ou o método que deve ser empregado para resolver o problema; descreva os **benefícios** que essas medidas trarão. **Bônus:** Quando estiver batalhando para conseguir o apoio dos outros para um novo empreendimento, complete as frases abaixo: *"E se você pudesse..."* *"Então..."* *"Por exemplo..."* *"E não é só isso ..."*
Quarta aplicação: Perguntas e respostas	**ROD: R**esponda à pergunta em uma única frase. **O**fereça um exemplo que apoie sua resposta. **D**escreva os benefícios que tornam sua resposta relevante para o indagador.

Aplicação prática	Estrutura possível
Quinta aplicação: Feedback	Os "4 Is": Forneça **I**nformação; explique o **I**mpacto; faça uma **I**nvitação; detalhe as **I**mplicações.
Sexta aplicação: Desculpas	**RAR**: **R**econheça o comportamento ofensivo e assuma a responsabilidade por ele. **A**valie como sua ofensa impactou os outros. Esclareça como vai **R**eparar os erros cometidos e como as mudanças ocorrerão.

Apêndice 2

CONTEÚDO NOVO ON-LINE

Para apoiar sua jornada rumo à habilidade de se comunicar espontaneamente com mais confiança e eficácia, eu criei o site *Think Faster, Talk Smarter* [em inglês], que será sempre atualizado com novas ideias, dicas, ferramentas e conselhos. Nele, você encontrará artigos e vídeos que tratam com mais profundidade dos conceitos explicados neste livro, assim como outros que ampliam e detalham esses conceitos. Desejo que você consulte este livro e o site para ter auxílio sempre que necessário.

Basta apontar a câmera de seu smartphone para o QR Code abaixo para ter acesso a essas informações úteis.

Agradecimentos

Este projeto teve início com uma ligação que recebi de Leah Trouwborst. Ela conseguiu que eu falasse diversos "Sim, e…", depois de alguns "Sim, mas…". Minha agente, Christy Fletcher, e sua equipe, em especial Sarah Fuentes, tiveram um papel determinante para que eu conseguisse chegar ao "Sim, e…", e sou muito grato a elas por isso. Christy também me ensinou que "Ainda não" não é apenas um bom mantra de aperfeiçoamento mental, mas também uma ótima tática de negociação. Nossas negociações foram bem-sucedidas porque me fizeram trabalhar com a incrível equipe da Simon Element, incluindo Richard Rhorer, Michael Andersen, Elizabeth Breeden, Jessica Preeg, Nan Rittenhouse, Ingrid Carabuela e Clare Maurer, além da minha editora paciente, inspirada e incrivelmente prestativa Leah Miller. Por fim, tive muita sorte de colaborar com meu auxiliar de escrita e mais novo amigo Seth Schulman. Este livro ficou muito melhor pela experiência e sabedoria de Seth, e eu também.

Muita gente me ajudou a obter os insights, os conhecimentos e a sabedoria prática contidos neste livro. Eu gostaria de agradecer a todos os meus alunos, clientes de consultoria e de coach e os convidados e ouvintes do meu podcast. Eu aprendi tanto ou mais com todos vocês do que vocês aprenderam comigo. E agradeço também aos generosos leitores beta: Lain Ehmann, David Paul Doyle, Bonnie Wright, Serene Wallace e Clint Rosenthal. Sou muito grato a todos vocês por terem tirado um tempinho para ler estas páginas.

Gostaria de agradecer também a Adam Tobin, meu parceiro nas aulas de Comunicação Espontânea, amigo e mentor. Muito obrigado, Adam, por me mostrar o poder da improvisação para o aperfeiçoamento da comunicação e de vidas. Também sou extremamente grato aos meus colegas professores assistentes Kristin Hansen, Lauren Weinstein, Shawon Jackson e Brendan Boyle, assim como sou grato ao apoio e ao conhecimento que recebi de J. D. Schramm, Allison Kluger e Burt Alper. Agradeço também à Escola de Negócios de Stanford e ao programa de Estudos Avançados pelo encorajamento constante para criar conteúdo inovador e criativo para nossos estudantes, assim como aos reitores da GSB que sempre apoiaram minhas aulas, workshops e podcast.

No que diz respeito ao *Think Fast, Talk Smart: The Podcast*, eu me sinto em débito com minha incrível produtora executiva, Jenny Luna, e todo o time do departamento de marketing e comunicação da GSB do passado e do presente, incluindo Sorel Denholtz, Page Hetzel, Kelsey Doyle, Neil McPhedran, Cory Hall, Tricia Seibold, Sacha Ledan, Aileen Sato Chang, Michael Freedman e Shana Lynch. Por intermédio do podcast, eu também agradeço o estímulo e a orientação de diversos autores de Stanford, incluindo Jennifer Aaker, Naomi Bagdonas, Bob Sutton, Tina Seelig, Jeremy Utley, Sarah Stein Greenburg, Carole Robin e Patricia Ryan Madson.

Agradeço ainda a Richard Arioto, meu *sensei* durante mais de quarenta anos, que me deu preciosas lições que continuam a guiar minha vida fora da escola de artes marciais. Também agradeço a Phil Zimbardo, por me mostrar que lecionar implica se conectar com os alunos e que pesquisar também pode ser uma arte criativa; aos meus professores da graduação, por terem me estimulado a persistir no campo da comunicação aplicada; e aos meus amigos do Book, Cooking, SINners, and Old Dudes e do time Onagadori, por terem me fornecido estímulo, diversão, apoio e "terapia".

Eu gostaria de expressar minha profunda gratidão aos membros da minha enorme família. Agradeço a meus pais e meu irmão por me encorajarem a perseguir meus sonhos e me lembrarem de que todos nós devemos cometer erros para conseguir aprender e crescer. Aos meus filhos, eu agradeço pela paciência, bem como pelo apoio técnico e emocional. Sou muito grato por seus esforços para que eu não fale nenhuma bobagem on-line.

A minha esposa, eu agradeço muito pelo amor constante, o estímulo, as lições e o aconselhamento. Você sempre apoiou plenamente meu "passatempo" de escrever livros. Muito obrigado por me recordar sempre de que devo praticar aquilo que ensino, sobretudo no que diz respeito a escutar os outros, e também por ter tanta paciência comigo enquanto eu continuo a aprimorar minhas habilidades de comunicação.

No que diz respeito ao aprimoramento de nossas habilidades de comunicação, sempre nos saímos melhor quando concedemos a nós mesmos a permissão de correr riscos e a disposição de nos perdoar quando as coisas não dão muito certo.

Notas

Introdução

1. Christopher Ingraham, "America's Top Fears: Public Speaking, Heights and Bugs". *Washington Post*, 30 out. 2014.
2. "Why Are Speakers 19% Less Confident in Impromptu Settings?", *Quantified*, 13 set. 2016. https://www.quantified.ai/blog/why-are-speakers-19-less-confident-in-impromptu-settings/.
3. Verge, "Michael Bay CES Meltdown". Vídeo do YouTube, 1:19, 6 jan. 2014, https://www.youtube.com/watch?v=23ypkgYO4Rc; Rory Carroll, "Michael Bay Walks Off CES Stage After Autocue Fails at Samsung TV Talk". *The Guardian*, 6 jan. 2014, https://www.theguardian.com/film/2014/jan/07/michael-bay-walks-out-ces-samsung-presentation.

Capítulo 1
DOME A FERA DA ANSIEDADE

1. Pesquisas indicaram que a ansiedade pode "comprometer a performance em situações que exigem muito esforço cognitivo, fazendo as pessoas apresentarem rendimento inferior às suas habilidades". Ela faz isso minando a memória de trabalho e sobrecarregando as áreas do cérebro empregadas para as tarefas de pensamento. Veja: Erin A. Maloney, Jason R. Sattizahn e Sian L. Beilock, "Anxiety and Cognition". *WIREs Cognitive Science*, v. 5, n.º 4, jul.-ago. 2014, pp. 403-11, https://doi.org/10.1002/wcs.1299.
2. Kenneth Savitsky e Thomas Gilovich, "The Illusion of Transparency and the Alleviation of Speech Anxiety". *Journal of Experimental Social Psycho-*

logy, v. 39, n.º 6, nov. 2003: 619, https://doi.org/10.1016/S0022-1031(03)00056-8.

3. Alyson Meister e Maude Lavanchy, "The Science of Choking Under Pressure". *Harvard Business Review*, 7 abr. 2022, https:/hbr.org/2022/04/the-science-of-choking-under-pressure. Para mais informações a respeito dos mecanismos de travar sob pressão, ver: Marcus S. Decaro et al., "Choking Under Pressure: Multiple Routes to Skill Failure". *Journal of Experimental Psychology*, v. 140, n.º 3, pp. 390-406, https://doi.org/10.1037/a0023466.

4. Ann Pietrangelo, "What the Yerkes-Dodson Law Says About Stress and Performance". *Healthline*, 22 out. 2020, https://www.healthline.com/health/yerkes-dodson-law. Veja também Nick Morgan, "Are You Anxious? What Are the Uses of Anxiety, if Any?". *Public Words*, 17 maio 2022, https://publicwords.com/2022/05/17/are-you-anxious-what-are-the-uses-of-anxiety-if-any/.

5. Elizabeth D. Kirby et al., "Acute Stress Enhances Adult Rat Hippocampal Neurogenesis and Activation of Newborn Neurons via Secreted Astrocytic FGF2". *eLife*, v. 2, e00362. Para um resumo desta pesquisa, veja: Robert Sanders, "Researchers Find Out Why Some Stress Is Good for You". *Berkeley News*, 16 abr. 2013, https://news.berkeley.edu/2013/04/16/researchers-find-out-why-some-stress-is-good-for-you/.

6. Pesquisadores conceberam esquemas classificatórios similares para os problemas de ansiedade para falar em público. Veja: Graham D. Bodie, "A Racing Heart, Rattling Knees, and Ruminative Thoughts: Defining Explaining and Treating Public Speaking Anxiety". *Communication Education*, v. 59, n.º 1, 2010, pp. 70-105, https://doi.org/10.1080/03634520903443849.

7. Outros também recomendam isso. Veja: Alyson Meister e Maude Lavanchy, "The Science of Choking Under Pressure". *Harvard Business Review*, 7 abr. 2022, https://hbr.org/2022/04/the-science-of-choking-under-pressure.

8. S. Christian Wheeler (professor de administração na StrataCom e professor de marketing na Escola de Negócios de Stanford), entrevista concedida ao autor em 7 de junho de 2022.

9. *The Brady Bunch*, Quinta temporada, episódio n.º 15, "The Driver's Seat", dirigido por Jack Arnold, veiculado em 11 de janeiro de 1974.

10. Alison Wood Brooks, "Get Excited: Reappraising Pre-Performance Anxiety as Excitement", *Journal of Experimental Psychology: General*, v. 143, n.º 1, 2013, DOI:10.1037/a0035325.
11. Entrevista concedida por Andrew Huberman a Matt Abrahams: "Hacking Your Speaking Anxiety: How Lessons from Neuroscience Can Help You Communicate Confidently" para o podcast *Think Fast, Talk Smart*, veiculada em 14 de maio de 2021, https://www.gsb.stanford.edu/insights/hacking-your-speaking-anxiety-how-lessons-neuroscience-can-help-you-communicate.
12. Huberman, "Hacking Your Speaking Anxiety".
13. Também podemos utilizar os mantras para outros propósitos, tal como nos tornarmos mais inclusivos e acolhedores. Veja: Deborah Gruenfeld, "Using a Mantra to Be a More Inclusive Leader". *Harvard Business Review*, 24 fev. 2022.
14. Thomas Gilovich et al., "The Spotlight Effect Revisited: Overestimating the Manifest Variability of Our Actions and Appearance". *Journal of Experimental Social Psychology*, v. 38, n.º 1, jan. 2002, pp. 93-99, https://www.sciencedirect.com/science/article/abs/pii/S0022103101914908.

Capítulo 2
POTENCIALIZE A MEDIOCRIDADE

1. Keith Johnstone, *Impro: Improvisation and the Theatre*. Nova York: Routledge, 1987.
2. Federica Scarpina e Sofia Tagini, "The Stroop Color and Word Test", *Frontiers in Psychology*, n.º 8, artigo 557, abr. 2017, https://doi.org/10.3389/fpsyg.2017.00557.
3. Para saber mais sobre a teoria da Carga Cognitiva, veja: Fred Paas e Jeroen J. G. van Merriënboer, "Cognitive-Load Theory: Methods to Manage Working Memory Load in the Learning of Complex Tasks", *Current Directions in Psychological Science*, v. 29, n.º 4, 8 jul. 2020, https://doi.org/10.1177/0963721420922183; George Christodoulides, "Effects of Cognitive Load on Speech Production and Perception" (PhD diss., Catholic University of Louvain, 2016), https://www.afcp-parole.org/

doc/theses/these_GC16.pdf; Paul A. Kirschner, "Cognitive Load Theory: Implications of Cognitive Load Theory on the Design of Learning", *Learning and Instruction*, v. 12, n.º 1, fev. 2002, pp. 1-10; e "What to Do When Cognitive Overload Threatens Your Productivity". Atlassiam.com, acessado em 24 de outubro de 2022, https://www.atlassian.com/blog/productivity/cognitive-overload.

4. Para saber mais sobre heurística, veja: Steve Dale, "Heuristics and Biases: The Science of Decision-Making", *Business Information Review*, v. 32, n.º 2, 2015, pp. 93-99, https://doi.org/10.1177/0266382115592536; e Fatima M. Albar e Antoine J. Jetter, "Heuristics in Decision Making", *Proceedings of Portland International Conference on Management of Engineering & Technology*, 2009, 578–84, DOI:10.1109/PICMET.2009.5262123. Para saber mais a respeito do papel que a heurística tem no alívio da carga cognitiva, veja: Justin Sentz e Jill Stefaniak, "Instructional Heuristics for the Use of Worked Examples to Manage Instructional Designers' Cognitve Load while Problem-Solving". *TechTrends*, v. 63, 2019, https://doi.org/10.1007/s11528-018-0348-8.

5. Susan Weinschenk, "The Power of the Word 'Because' to Get People to Do Stuff". *Psychology Today*, 15 out. 2013, https://www.psychologytoday.com/us/blog/brain-wise/201310/the-power-the-word-because-get-people-do-stuff.

6. Minha versão dessa anedota foi inspirada por Tina Seeling, "Tina Seeling: Classroom Experiments in Entrepreneurship", vídeo do YouTube, veiculado em 31 de maio de 2011, https://www.youtube.com/watch?v=VVgIX0s1wY8.

7. Maura Cass e Owen Sanderson, "To Transform Your Industry, Look at Someone Else's", *IDEO*, 22 maio 2019, https://www.ideo.com/journal/to-transform-your-industry-look-at-someone-elses.

8. Minha mais antiga memória a respeito da frase "Ouse ser chato" vem do livro de Tina Fey, *A poderosa chefona*. Costumamos mencionar esse conceito nas aulas sobre comunicação espontânea para ajudar nossos alunos a entender que eles não precisam se sentir pressionados a brilhar sempre e fazer contribuições espetaculares. Veja: Tina Fey, *A poderosa chefona*. Rio de Janeiro: BestSeller, 2013.

9. Matt Abrahams, "Speaking without a Net: How to Master Impromptu Communication", *Stanford Business*, 17 jan. 2020, https://www.gsb.stanford.edu/insights/speaking-without-net-how-master-im promptu-communication. Klein citou técnicas de outro mestre do improviso, Keith Johnstone.
10. Matt Abrahams, "Managing in the Moment: How to Get Comfortable with Being Unconfortable", *Stanford Business*, 28 ago. 2020, https://www.gsb.stanford.edu/insights/managing-moment-how-get-comfortable-being-uncomfortable.
11. Veja: Matt Abrahams, "The Trick to Public Speaking Is to Stop Memorizing", *Quartz*, atualizado em 20 de julho de 2022, https://qz.com/work/1642074/the-trick-to-public-speaking-is-to-stop-memorizing/.
12. "Our Mission", *FLS Academy*, acessado em 28 de novembro de 2022, https://fls.academy/our-mission.
13. Anthony Veneziale, "Stumbling Towards Intimacy: An Improvised TED Talk", vídeo do YouTube, 11:02, https://www.ted.com/talks/anthony_veneziale_stumbling_towards_intimacy_an_improvised_ted_talk.
14. Vivek Venugopal (vice-presidente de vendas da Mindless Inc.), entrevista concedida ao autor em 20 de maio de 2022.
15. O especialista em improvisação Adam Tobin fez comentários semelhantes no meu podcast. Veja: Matt Abrahams, "Speaking without a Net: How to Master Impromptu Communication", *Stanford Business*, 17 jan. 2020.

Capítulo 3
REFLITA SOBRE SUA MENTALIDADE

1. Ouça o relato de Dan Klein no podcast de Matt Abrahams, "Speaking without a Net: How to Master Impromptu Communication", *Stanford Business*, 17 jan. 2020.
2. Dan Klein (especialista em improvisação e conferencista na Escola de Negócios de Stanford), em entrevista concedida ao autor em 19 de junho de 2022.
3. Trevor Wallace, em entrevista concedida ao autor em 22 de junho de 2022.
4. Clay Drinko, "Is the 'Yes, and' Improv Rule a Rule for Life?", *Play Your Way Sane*, 2 set. 2020.

5. Craig O. Stewart et al., "Growth Mindset: Associations with Apprehension, Self-Perceived Competence, and Beliefs about Public Speaking", *Basic Communication Course Annual*, v. 31, n.º 6, 2019, https://ecommons.udayton.edu/bcca/vol31/iss1/6.
6. Carol Dweck, *Mindset: A nova psicologia do sucesso*. Rio de Janeiro: Objetiva, 2017; "The Power of Believing That You Can Improve", vídeo TED & Norrkoping, 10:11, https://www.ted.com/talks/carol_dweck_the_power_of_believing_that_you_can_im prove. Para escrever este capítulo, eu também me baseei no seguinte resumo do trabalho de Carol Dweck: "Carol Dweck: A Summary of Growth and Fixed Mindsets".
7. Jennifer Aaker, "Step by Step: Think of Goals as Part of the Journey, Not the Destination", *Character Lab*, 22 maio 2022, https://characterlab.org/tips-of-the-week/step-by-step/.
8. Szu-chi Huang e Jennifer Aaker, "It's the Journey, Not the Destination: How Metaphor Drives Growth After Goal Attainment", *American Psychological Association*, v. 117, n.º 4, 2019, pp. 697-720, https://doi.org/10.1037/pspa0000164.
9. Patricia Ryan Madson (especialista em improvisação e professora emérita da Universidade de Stanford), em entrevista concedida ao autor em 27 de maio de 2022.
10. Patricia Ryan Madson, em correspondência por e-mail enviada para o autor em 19 de junho de 2022.
11. Kathy Bonanno em entrevista concedida ao autor em 17 de junho de 2022.
12. Kelly Leonard, *Yes, And: How Improvisation Reverses "No, But" Thinking and Improves Creativity and Collaboration*. Nova York: Harper Business, 2015.
13. Patricia Ryan Madson (especialista em improvisação e professora emérita da Universidade de Stanford) em entrevista concedida ao autor em 12 de junho de 2022. Ela também contou essa história no livro *Improv Wisdom: Don't Prepare, Just Show Up*. Nova York: Bell Tower, 2005.
14. Michael Kruse, "The Next Play: Over 42 Years, Mike Krzyzewski Sustained Excellence by Looking Ahead", *Duke Magazine*, 16 mar. 2022, https://alumni.duke.edu/magazine/articles/next-play.
15. Michael Kruse, "The Next Play".
16. Veja: Maitti Showhopper, "New Choice", *Improwiki*, acessado em 23 de setembro de 2015, https://improwiki.com/en/wiki/improv/new_choice.

17. Tie Kim (CFO da California Health Care Foundation), em entrevista concedida ao autor em 27 de maio de 2022.
18. Jade Panugan, "'The Story of the Chinese Farmer' by Alan Watts", *Craftdeology*, https://www.craftdeology.com/the-story-of-the-chinese-farmer-by-alan-watts/.

Capítulo 4
NÃO FALE POR FALAR... ESTEJA PRESENTE

1. Fred Dust, *Making Conversation: Seven Essential Elements of Meaningful Communication*. Nova York: HarperBusiness, 2020.
2. Fred Dust (ex-sócio sênior e diretor global da IDEO), em entrevista concedida ao autor em 17 de junho de 2022.
3. Ari Fleischer (secretário de imprensa na Casa Branca durante o governo de George W. Bush), em entrevista concedida ao autor em 17 de junho de 2022.
4. Matt Abrahams, "Speaking without a Net: How to Master Impromptu Communcation", *Stanford Business*, 17 jan. 2020.
5. Guy Itzchakov e Avraham N. (Avi) Kluger, "The Power of Listening in Helping People Chance", *Harvard Business Review*, 17 maio 2018, https://hbr.org/2018/05/the-power-of-listening-in-helping-people-change.
6. Para saber mais sobre as normas de etiqueta japonesas no mundo dos negócios, veja: "Business Card Etiquette in Japan: How to Exchange Business Cards", *Japan Living Guide*, 21 jun. 2021, https://www.japanlivingguide.net/business/business-in-japan/japan-business-card-etiquette/.
7. Collins Dobbs e Matt Abrahams, "Space, Pace, and Grace: How to Handle Challenging Conversations", *Stanford Business*, 15 out. 2021, https://www.gsb.stanford.edu/insights/space-pace-grace-how-handle-challenging-conversations.
8. Debra Schifrin e Matt Abrahams, "Question Everything: Why Curiosity Is Communication's Secret Weapon", *Stanford Business*, 12 mar. 2021, https://www.gsb.stanford.edu/insights/question-everything-why-curiosity-communications-secret-weapon.

9. Guy Itzchakov e Avraham N. (Avi) Kluger, "The Power of Listening in Helping People Chance", *Harvard Business Review*, 17 maio 2018, https://hbr.org/2018/05/the-power-of-listening-in-helping-people-change.
10. Tania Israel, "How to Listen — Really Listen — to Someone You Don't Agree With", *Ideas.Ted*, 12 out. 2020.
11. Guy Itzchakov (conferencista na Faculdade de Administração da Universidade de Haifa em Israel), em entrevista concedida ao autor em 24 de junho de 2022.
12. Bob Baxley (ex-designer sênior na Apple, Pinterest e Yahoo), em entrevista concedida ao autor em 23 de junho de 2022.
13. Matt Abrahams, "Speaking without a Net: How to Master Impromptu Communcation", *Stanford Business*, 17 jan. 2020, https://www.gsb.stanford.edu/insights/speaking-without-net-how-master-impromptu-communication.
14. Matt Abrahams, "Building Successful Relationships: How to Effectively Communicate in Your Professional and Personal Life", *Stanford Business*, 18 fev. 2021..
15. Kim Zetter, "Robin Williams Saves the Day at TED When Tech Fails", *Wired*, 28 fev. 2008, https://www.wired.com/2008/02/robin-williams-/. Veja também o vídeo: Garr Reynolds, "Robin Williams on the TED Stage", *Presentation Zen*, veiculada em agosto de 2014, https://www.presentationzen.com/presentationzen/2014/08/robin-williams-on-the-ted-stage.html.

Capítulo 5
PLANEJE SUA ESPONTANEIDADE

1. Meghan Talarowski (designer de jogos e fundadora do Studio Ludo), em entrevista concedida ao autor em 29 de julho de 2022.
2. Sue Stanley (designer sênior da Toastmasters International), em entrevista concedida ao autor em 29 de junho de 2022.
3. "Music 101: What Is Song Structure?", *Masterclass*, 9 ago. 2021, https://www.masterclass.com/articles/music-101-what-is-song-structure.
4. Para saber mais sobre a estrutura ABCDE, veja: Avani Pandya, "Understanding the ABCDE Plot Structure (with Some Context on Mentoring

a Course)", LinkedIn, 21 out. 2021, https://www.linkedin.com/pulse/understanding-abdce-plot-structure-some-context-mentoring-pandya/.

5. David Labaree (professor de Educação na Universidade de Stanford), em entrevista concedida ao autor em 2 de agosto de 2022.
6. Dalmeet Singh Chawla, "To Remember, the Brain Must Actively Forget", *Quanta*, 24 jul. 2018, https://www.quantamagazine.org/to-remember-the-brain-must-actively-forget-20180724/.
7. Rachel Barclay, "Your Memory Is Unreliable, and Science Could Make It More So", *Healthline*, 13 set. 2013, https://www.healthline.com/health-news/mental-memory-is-unreliable-and-it-could-be-worse-091313.
8. "Brains Love Stories: How Leveraging Neuroscience Can Capture People's Emotions", *Stanford Business*, 2 set. 2021.
9. "Jennifer Aaker — Persuasion and the Power of Story", vídeo *Future of Storytelling*, 5:08, https://futureofstorytelling.org/video/jennifer-aaker-the-power-of-story.
10. Frank Longo (professor de Medicina e Neurologia na Universidade de Stanford), em entrevista concedida ao autor em 21 de julho de 2022.
11. Jennifer Aaker, "Faculty Profile", *Stanford Business*, acessado em 4 out. 2022, https://www.gsb.stanford.edu/faculty-research/faculty/jennifer-aaker; "Jennifer Aaker—Persuasion and the Power of Stor".
12. "Jennifer Aaker — Persuasion and the Power of Story".
13. Raymond Nasr (ex-diretor-executivo de comunicação no Google), em entrevista concedida ao autor em 8 de junho de 2022.
14. Myka Carroll, *Nova York para leigos*. Rio de Janeiro: AltaBooks, 2016.
15. Myka Carroll (diretora editorial da coleção "Para leigos" e autora de *Nova York para leigos*), em entrevista concedida ao autor em 19 de dezembro de 2022.
16. Josef Parvizi (professor de neurologia na Universidade de Stanford), em entrevista concedida ao autor em 5 de agosto de 2022.
17. James Whittington (professor de teatro e improvisação e diretor da Second City), via e-mail enviado ao autor em 12 de julho de 2022.
18. Aqui eu me baseei em Matt Button, "Impromptu Speaking Techniques", *Mattbutton.com*, acessado em 23 fev. 2019, https://www.mattbutton.com/2019/02/23/impromptu-speaking-techniques/; Leah, "4 Ways Structure Can Improve Your Communication", *Userlike*, acessado em 4 set. 2019,

https://www.userlike.com/en/blog/talk-with-structure; e "How to Use the STAR Interview Technique in Interviews", *Indeed*, acessado em 23 set. 2022, https://uk.indeed.com/career-advice/interviewing/star-technique.

19. Essas ferramentas estão disponíveis em "Table Topics", *Virtual Speech*, acessado em 4 out. 2022, https://virtualspeech.com/tools/table-topics; e "Interview Warmup" Google, acessado em 4 out. 2022, https://grow.google/certificates/interview-warmup/.
20. Karen Dunn (sócia do escritório de advocacia Paul, Weiss, Rifkind, Wharton & Garrison e especialista na preparação para debates presidenciais), em entrevista concedida ao autor em 6 de junho de 2022.
21. Raymond Nasr (ex-diretor-executivo de comunicação no Google), em entrevista concedida ao autor em 8 de junho de 2022.
22. Andrew Bright, "The Story Spine", *Panic Squad Improv Comedy*, acessado em 4 out. 2022, https://careynieuwhof.com/wp-content/uploads/2016/08/Improv-Story-Spine.pdf.

Capítulo 6
O PALAVRÃO DA COMUNICAÇÃO ESPONTÂNEA

1. Joshua VanDeBrake, "Steve Jobs' Blueprint for Revolutionary Marketing", *Better Marketing*, 24 ago. 2019, https://bettermarketing.pub/steve-jobs-blueprint-for-revolutionary-marketing-b88ec38f335; Vejay Anand, "Iconic Ads: iPod—Thousand Songs in Your Pocket," Only Kutts, 30 jul. 2021, https://onlykutts.com/index.php/2021/07/30/ipod-a-thousand-songs-in-your-pocket/.
2. Baba Shiv, entrevista com Matt Abrahams: "Feelings First: How Emotions Shapes Our Communication, Decisions, and Experiences", podcast *Think Fast, Talk Smart*, 20 nov. 2020.
3. Scott Magids, Alan Zorfas e Daniel Leemon, "The New Science of Customer Emotions", *Harvard Business Review*, nov. 2015, https://hbr.org/2015/11/the-new-science-of-customer-emotions. Pesquisas também demonstraram que a propaganda política "motiva e persuade os eleitores ao apelarem para a emoção". Veja: Youn-Kyung Kim e Pauline Sullivan, "Emotional Branding Speaks to Consumers' Heart: The Case of Fashion Brands", *Fashion and Textiles*, v. 6, n.º 2, fev. 2019, https://doi.org/10.1186/s40691-018-0164-y.

4. Jim Koch, *Quench Your Own Thrist: Business Lesson Learned over a Beer or Two*. Nova York: Flatiron Books, 2016, pp. 72-74.
5. Eu me deparei com esse termo pela primeira vez no segundo capítulo do livro de Chip e Dan Heath, *Made to Stick: Why Some Ideas Survive and Others Die*. Nova York: Random House, 2007, pp. 31-32.
6. Carmine Gallo, "Neuroscience Proves You Should Follow TED's 18-Minute Rule to Win Your Pitch", *Inc*.
7. "Glossary of Demographic Terms", *PRB*, acessado em 6 out. 2022, https://www.prb.org/resources/glossary/.
8. Justin Kestler (vice-presidente de produtos e operações na Course Hero), em entrevista concedida ao autor em 4 de agosto de 2022.
9. Anthony Dalby (designer no grupo LEGO), em entrevista concedida ao autor em 10 de agosto de 2022.
10. Para saber mais sobre essas estratégias, veja: Matt Abrahams, "Hit the Mark: Make Complex Ideas Understandable", *Stanford Business*, 29 mar. 2018, https://www.gsb.stanford.edu/insights/hit-mark-make-complex-ideas-understandable.
11. Estou em débito com Zakary Tormala em relação a esse ponto. Para mais informações, veja: Richard E. Petty et al., "Motivation to Think and Order Effects in Persuasion: The Moderating Role of Chunking", *Personality and Social Psychology Bulletin*, v. 27, n.º 3, mar. 2001, pp. 332-44, DOI:10.1177/0146167201273007.
12. Josef Parvizi (professor de Neurologia na Universidade de Stanford), em entrevista concedida ao autor em 5 de agosto de 2022.
13. "About", *Six Word Stories*, 28 dez. 2008, http://www.sixwordstories.net/about/.
14. "Largest Companies by Market Cap", *Companies Market Cap*, acessado em 6 out. 2022, https://companiesmarketcap.com/.
15. Raymond Nasr (ex-diretor-executivo de Comunicação na Google), em entrevista concedida ao autor em 8 de junho de 2022.
16. "Maximize Access to Information", *Google*, acessado em 4 out. 2022, https://www.google.com/search/howsearchworks/our-approach/.

PRIMEIRA APLICAÇÃO
FALANDO SÉRIO EM CONVERSA FIADA

1. Quanto mais nós nos revelamos, mas os outros se revelam também. Veja: Elizabeth Bernstein, "Have Better Conversations with Friends — or Anyone", *The Wall Street Journal*, 26 jul. 2022, https://www.wsj.com/articles/have-better-conversations-with-friendsor-anyone-11658845993.
2. Estudiosos descreveram as conversas em termos de alternância de turnos. Veja: Michael Yeomans et al., "The Conversational Circumplex: Identifying, Prioritizing, and Pursuing Informational and Relational Motives in Conversation", *Current Opinion in Psychology*, v. 44, 2022, pp. 293-302, https://doi.org/10.1016/j.copsyc.2021.10.001.
3. Celeste Headlee, "Why We Should All Stop Saying 'I Know Exactly How You Feel'", *Ideas.Ted*, 21 set. 2017, https://ideas.ted.com/why-we-should--all-stop-saying-i-know-exactly-how-you-feel/.
4. Correspondência por e-mail com Rachel Greenwald, 12 de agosto e 2 de dezembro de 2022.
5. Ibid.
6. Michael Yeoman et al., "Conversational Receptiveness: Improving Engagement with Opposing Views", *Organizational Behavior and Human Decision Process*, v. 160, set. 2020, pp. 131-48, https://doi.org/10.1016/j.obhdp.2020.03.011.

TERCEIRA APLICAÇÃO
FAÇA UMA PROPOSTA (IM)PERFEITA

1. Exemplos incluem Robert B. Cialdini, *Influence*. Nova York: Collins, 2007; Chip Heath e Dan Heath, *Switch: How to Chance Things When Chance Is Hard*. Nova York: Broadway Books, 2010; e Zoe Chance, *Influence Is Your Superpower: The Science of Winning Hearts, Sparking Change, and Making Good Things Happen*. Nova York: Random House, 2022.

2. Andy Raskin, "Want a Better Pitch?", *Medium*, 13 jul. 2015, https://medium.com/firm-narrative/want-a-better-pitch-watch-this-328b95c2fd0b.
3. Veja: J. L. Freedman e S. C. Fraser, "Compliance without Pressure: The Foot-in-the-Door Technique", *Journal of Personality and Social Psychology*, v. 4, n.º 2, 1966, pp. 195-202.
4. Para essa e para a dica seguinte eu me baseei no meu livro *Speaking Up Without Freaking Out: 50 Techniques for Confident and Compelling Presenting*. Dubuque, IA: Kendall Hunt, 2016.
5. Para saber mais a respeito da superação de obstáculos, veja: Andy Raskin, "The Greatest Sales Deck I've Ever Seen", *Medium*, 15 set. 2016, https://medium.com/the-mission/the-greatest-sales-deck-ive-ever-seen-4f4ef3391ba0.

Quarta aplicação
DOMINANDO AS SESSÕES DE PERGUNTAS E RESPOSTAS

1. Veja também o apêndice do meu livro *Speaking Up Without Freaking Out: 50 Techniques for Confident and Compelling Presenting*. Dubuque, IA: Kendall Hunt, 2016. Parte deste conteúdo também foi apresentada em podcasts ou em vídeos de treinamento que eu criei.

Quinta aplicação
FEEDBACK NÃO FALHA

1. Ruben Nieves (principal treinador masculino na Universidade de Stanford, principal treinador feminino na California State University, Fresno, e diretor de treinamento na Positive Coaching Alliance), em entrevista concedida ao autor em 31 de maio de 2022.
2. Therese Huston, "Giving Critical Feedback Is Even Harder Remotely", *Harvard Business Review*, 26 jan. 2021.

Sexta aplicação
A ARTE DE PEDIR DESCULPAS

1. John Baldoni, "What John Wayne Got Wrong About Apologizing", *Forbes*, 3 abr. 2019, https://www.forbes.com/sites/johnbaldoni/2019/04/03/what-john-wayne-got-wrong-about-apologizing/.
2. Para escrever esta parte, eu me inspirei no artigo de Lolly Daskol, "The Right and Wrong Way to Apologize and Why It Matters", *Inc.*, 27 nov. 2017.

EPÍLOGO

1. Annabelle Williams, "Reflecting on the past couple of weeks", *LinkedIn*.

Direção editorial
Daniele Cajueiro

Editora responsável
Ana Carla Sousa

Produção editorial
Adriana Torres
Júlia Ribeiro
Mariana Oliveira

Revisão de tradução
Manoela Alves

Revisão
Anna Beatriz Seilhe
Mariana Gonçalves
Perla Serafim

Diagramação
Alfredo Loureiro

Este livro foi impresso em 2025, pela Vozes, para a Agir.
O papel do miolo é Avena 70g/m² e o da capa é Cartão 250g/m².